中华人民共和国史研究文库

中国区域发展与生态文明建设研究

段娟 著

2020年·北京

图书在版编目(CIP)数据

中国区域发展与生态文明建设研究 / 段娟著. -- 北京：当代中国出版社, 2020.8
ISBN 978-7-5154-1056-2

Ⅰ.①中… Ⅱ.①段… Ⅲ.①区域经济发展—研究—中国②生态环境建设—研究—中国 Ⅳ.① F127 ② X321.2

中国版本图书馆 CIP 数据核字(2020)第 154245 号

出 版 人	曹宏举
责任编辑	聂文聪
责任校对	康 莹
印刷监制	刘艳平
封面设计	胡椒书衣
出版发行	当代中国出版社
地 址	北京市地安门西大街旌勇里 8 号
网 址	http://www.ddzg.net 邮箱：ddzgcbs@sina.com
邮政编码	100009
编 辑 部	(010)66572264 66572154 66572132 66572180
市 场 部	(010)66572281 66572161 66572157 83221785
印 刷	北京润田金辉印刷有限公司
开 本	720 毫米 × 1020 毫米 1/16
印 张	18 印张 2 插页 268 千字
版 次	2020 年 8 月第 1 版
印 次	2020 年 8 月第 1 次印刷
定 价	56.00 元

版权所有，翻版必究；如有印装质量问题，请拨打(010)66572159 转出版部。

《中华人民共和国史研究文库》

编辑委员会

编 委 会

主　任：姜　辉

副主任：武　力　李正华　管明军　曹宏举

编　委：张星星　张金才　郑有贵　钟　瑛　欧阳雪梅　刘　仓
　　　　李　文　姚　力　吴　超　王巧荣　宋月红　王爱云
　　　　刘志男　于俊霄　杨文利　徐国林

办 公 室

办公室主任：于俊霄

成　　　员：狄　飞　王　宇　王　敏

《中华人民共和国史研究文库》
总　序

　　历史研究是一切社会科学的基础，重视历史、研究历史、借鉴历史是中华民族5000多年文明史的优秀文化传统。中国共产党继承了这一优秀文化传统，积极倡导学习历史、研究历史，尤其是学习中共党史、中华人民共和国史（或简称"新中国史"）、改革开放史和社会主义发展史。习近平总书记指出："重视历史、研究历史、借鉴历史，可以给人类带来很多了解昨天、把握今天、开创明天的智慧。"

　　党的历史、新中国的历史，是中国共产党为中国人民谋幸福、为中华民族谋复兴的奋斗史，是我们党、国家和民族的宝贵精神财富。中华人民共和国的成立，开启了中华民族发展进步的历史新纪元。从那时起，即有学者开始对中华人民共和国史进行研究。1956年6月，黄炎培在一届全国人大三次会议上提出，应"及时收集和保存建国史料"，并"加以整理"。

　　党的十一届三中全会后，伴随党的思想路线的重新确立和对中华人民共和国正反两方面历史经验的深刻总结，新中国史研究逐渐引起党和国家以及学术界的高度关注。经过多年的艰辛探索与开拓创新，新中国史研究取得了众多学术成果，成为中国历史研究中一个最年轻的学科。

党的十八大以来，以习近平同志为核心的党中央高度重视历史，特别是党史和新中国史。习近平总书记强调："历史是最好的教科书。""学习党史、国史，是坚持和发展中国特色社会主义、把党和国家各项事业继续推向前进的必修课。这门功课不仅必修，而且必须修好。"在开展"不忘初心、牢记使命"的主题教育中，党中央专门印发通知，要求各地区各部门各单位把学习党史、新中国史作为主题教育重要内容，不断增强守初心、担使命的思想自觉和行动自觉。

当代中国研究所于 1990 年 6 月 28 日经中共中央批准成立，研究和编纂中华人民共和国史、收集和编辑国史资料、出版国史研究著作，是当代所的主要职责，也是当代所人的崇高使命。当代中国研究所成立 30 年来，撰写并经中央审定出版了《中华人民共和国史稿》序卷和一至四卷，目前正在撰写五至七卷；编纂出版了每卷 100 万字的《中华人民共和国史编年》，该书为集资料性、研究性和学术性为一体的大型编年史书。在此期间，当代中国研究所和其主管的当代中国出版社，还参与组织编辑出版了 152 卷、210 册、总计 1 亿字的大型史料性丛书——《当代中国》丛书；与中国大百科全书出版社合作编写了《中华人民共和国国史百科全书》。为迎接新中国成立 70 周年，受中央委托，当代中国研究所组织编写出版了《新中国 70 年》《中华人民共和国简史（1949—2019）》《新中国社会主义发展道路 70 年》等新中国史基本著作和六卷本《中华人民共和国史研究丛书》。此外，为了普及国史知识和消除历史虚无主义的影响，还编写出版了大众读物《中华人民共和国史小丛书》，并计划到2022年出版80种，向党的二十大献礼。上述图书均在国内外产生了重要影响，树立了新中国史研究的学术标杆，成为全国干部群众学习新中国史的基础性教材。

今天，我们已经进入中国特色社会主义新时代，正在向着社会主义现代化强国迈进，并日益走近世界舞台的中心，为整个人类社会做出越来越大的贡献。新中国的发展不是一帆风顺的，在探索建设社会主义的过程中，中国共产党遇到许多困难，也遭遇不少挫折。一些别有用心的人抓住新中国史上的曲折失误不放并夸大渲染，使一些领域成为历史虚无主义的重灾区。当代中国正经历着我国历史上最为广泛、深刻而急剧的社会变革，也正进行着人类历史上最为宏大而独特的实践创新。习近平总书记指出："当代中国是历史中国的延续和发展。新时代坚持和发展中国特色社会主义，更加需要系统研究中国历史和文化，更加需要深刻把握人类发展历史规律，在对历史的深入思考中汲取智慧、走向未来。"

历经30年不懈努力，当代中国研究所已经成为以马克思主义为指导、具有一流学术水平、汇聚一流科研人才的国史研究基地。30年来，当代所人始终以为国家写史、为人民立传为己任，牢记党和人民重托，真实记录中国共产党带领全国人民进行社会主义革命、建设和改革的光辉历程，全面反映中华民族从站起来、富起来到强起来的历史性进步，科学总结新中国每个历史阶段各方面建设的经验教训。

今年是当代中国研究所的"而立之年"，为进一步落实中央赋予当代中国研究所"存史、资政、育人、护国"的神圣职责，当代中国研究所决定设立《中华人民共和国史研究文库》(以下简称《文库》)，为当代中国研究所以及国内外从事新中国史研究的专家学者提供一个发表学术成果的平台。入选本《文库》的标准为：以毛泽东思想、邓小平理论、"三个代表"重要思想、科学发展观和习近平新时代中国特色社会主义思想为指导，坚持辩证唯物主义和历史唯物主义的立场、观点、方法，坚持实事求是、论从史出的原则，书写和记录中国共产党领导中国人民进行社会主义和新中国建设与发展的理论创新和伟大实践，总结历史经验。《文库》的目标是打造一个能够充分展示中华人民共和国史研究成果，发挥经世致用、资政育人功能的高端权威学术平台。

"装点此关山，今朝更好看。"伴随着新中国前进的步伐，中华人民共和国史研究空间广阔，任重道远。我们希望中华人民共和国史研究工作者继承优良传统，以高度的历史自觉和历史意识、宽广的历史视野和唯物史观、强烈的文化自信和历史担当，总结历史经验，揭示历史规律，把握历史趋势，服务当代，垂鉴后世，承先启后，继往开来。当代中国研究所作为党中央赋予职能、中国社会科学院直接领导的专门研究中华人民共和国史的科研机构，有责任努力构建中华人民共和国史的学科体系、学术体系、话语体系，打造史学研究的中国学派。这一目标的实现，不仅有赖于所内全体人员的不懈奋斗，也需要所外各个方面的支持和参与。本《文库》就是这样一个服务于上述目标的开放的、持久的学术成果前沿阵地，我们期待所内外的学者写出无愧于时代和人民的历史著作并列入本《文库》，在存史、资政、育人、护国工作中做出更大贡献。

姜　辉

2020 年 5 月 22 日

目　录

前　言……………………………………………………………………（ 1 ）

第一篇　区域发展战略与规划的历史回顾

从均衡到协调：新中国区域经济发展战略演进的历史考察……………（ 3 ）
改革开放初期至20世纪90年代中期我国区域
　　发展战略转变的历史考察………………………………………………（ 18 ）
促进区域协调发展中政府和市场作用的发挥……………………………（ 30 ）
改革开放以来我国区域规划工作的历史演进与经验启示………………（ 37 ）
陈云对新中国区域规划工作的贡献………………………………………（ 51 ）
新中国成立初期陈云对城市规划和建设的思考与探索…………………（ 64 ）

第二篇　区域发展差异和区域协调发展路径探索

我国共同富裕进程中破解贫富差距难题的路径探索……………………（ 77 ）
中国城乡互动发展水平的地区差异及其变动趋势研究…………………（ 91 ）
基于空间计量经济学的1986—2005年
　　我国区域城乡互动发展差异成因分析………………………………（108）
新中国成立以来农村剩余劳动力转移的历史回顾与启示………………（118）
中国共产党推进区域分工协作的探索及其启示…………………………（130）

中国FDI区位决定因素分析（1986—2009）……………………………（146）
陈云的协调发展观对资源型城市攀枝花可持续发展的启示……………（159）

第三篇　生态文明建设与绿色发展研究

毛泽东生态经济思想及其对中国特色社会主义生态文明建设的启示…（173）
陈云环境保护与资源利用思想及其对当前中国生态文明建设的启示…（189）
改革开放以来中国生态文明建设的经验启示与展望………………………（201）
中国绿色低碳发展道路的实践探索及其启示……………………………（218）
中国环保产业发展的历史回顾与经验启示………………………………（234）
特大城市群污染密集型产业转移与决定因素……………………………（250）

前　言

区域协调发展和生态文明建设是党和政府高度重视的重大经济和社会问题，也是国史研究领域中的热点问题。

中国地域辽阔，不同区域的历史基础、资源条件、经济社会发展等方面均存在较大差异，新中国成立以来，党和政府一直高度重视区域协调发展。20世纪50年代，毛泽东在《论十大关系》的讲话中强调要处理好沿海工业和内地工业的关系。20世纪60年代中期，为了加强备战以及改善生产力在沿海与内地布局不均衡的态势，中共中央、毛泽东作出了要把全国划分为一线、二线、三线，加强三线建设，防备敌人入侵的重要战略决策。1988年，邓小平提出了"两个大局"的战略构想，在这一思想的指导下，从"八五"计划开始，针对区域经济差距日益扩大的问题，中共中央开始酝酿区域发展政策的调整，在20世纪90年代中期，确立了"坚持区域经济协调发展，逐步缩小地区方针差距"的指导方针，一系列促进区域协调发展的战略举措陆续出台。1999年，党中央、国务院作出了实施西部大开发战略的重大决策。中共十六大后，党中央、国务院陆续部署了继续推进西部大开发战略、实施东北地区等老工业基地振兴战略和促进中部地区崛起规划和鼓励东部地区率先发展政策，推进了区域发展总体战略的实施。中共十八大以来，以习近平同志为核心的党中央从决胜全面建成小康社会、开启全面建设社会主义现代化国家新征程的新要求以及我国区域发展的新形势出发，作出了新时代实施区域协调发展战略的重要战略部署，推进"一带一路"建设、京津冀协同发展、长江经济带发展、粤港澳大湾区建设、长三角区域一体化发展等重大战略和西部开发、东北振兴、中部崛起、东部率先的区域发展总体战略的实施取得显著成效，构建了连接东中西、贯通南北方的多中心、网络化、开放式的区域开发格局，促进了区域间相互融通补充，推动区域协调发展向更高水平和更高质量迈进。

自然环境是人类生存、繁衍的物质基础，保护和改善自然环境，是人类维护自身生存和发展的前提，生态文明建设也是党和政府高度重视的重大经济和社会问题。新中国成立特别是改革开放以来，历届党和政府高度重视经济快速发展带来的环境污染和生态破坏等问题，从环境保护基本国策的确立到可持续发展战略的提出，从科学发展观、和谐社会观、生态文明观的逐步推进，中国在生态建设与环境保护领域作出了不懈的努力，生态文明建设纳入"五位一体"总体布局，努力建设美丽中国的战略部署逐步实施，环境保护与经济发展之间的矛盾日益改善。党的十九大召开后，生态文明建设和生态环境保护提升到前所未有的战略高度，"坚持人与自然和谐共生"成为新时代坚持和发展中国特色社会主义的基本方略之一，建设美丽中国作为全面建设社会主义现代化强国的重大目标，"生态文明建设""绿色发展""美丽中国"写进党章和宪法，以新环保法为代表的一系列法律和制度陆续实施。2018年5月，全国生态环境保护大会召开，习近平在会上提出新时代生态文明建设要贯彻"六项原则"、构建"五个体系",即坚持人与自然和谐共生、坚持绿水青山就是金山银山、坚持良好生态环境是最普惠的民生福祉、坚持山水林田湖草是生命共同体、坚持用最严格制度最严密法治保护生态环境、坚持共谋全球生态文明建设;建立健全以生态价值观念为准则的生态文化体系、以产业生态化和生态产业化为主体的生态经济体系、以改善生态环境质量为核心的目标责任体系、以治理体系和治理能力现代化为保障的生态文明制度体系、以生态系统良性循环和环境风险有效防控为重点的生态安全体系。习近平生态文明思想的确立,进一步推进新时代生态文明建设迈向新台阶。

同时也应看到,近年来,我国区域发展和生态文明建设在取得明显成效的同时仍然面临一些突出问题。在区域发展中,我国区域发展差距依然较大,区域分化现象逐渐显现,无序开发与恶性竞争仍然存在,区域发展不平衡不充分问题依然比较突出,区域发展机制还不完善。在生态文明建设中,现阶段,人们对美好生活和美丽生态环境的需求日益增加,但由于我国城镇化、工业化、农业现代化还未完成,无序开发和过度开发依然存在,导致优质耕地和生态空间逐渐减少,环境承载能力已经达到或接近上限,环境污染和生态破坏问题严重,我国提供清新空气、清洁水源、舒适环境、宜人气候等优质生态产品的供给能力仍然不足,生态环境质量问题仍然是全面建成小康社会的明显短板和经济社会可持续发展的瓶颈制约。

基于区域发展和生态文明建设研究的重要意义、取得的良好成效、面临的诸多问题,本书分三篇,分别对区域发展战略与规划的历史进程和历史经验、区域发展差异和区域协调发展路径的探索以及生态文明建设的历史经验与绿色发展等问题进行了研究，同时还对区域发展和生态文明建设中的交叉研究领域中相关问题，如资源型城市转型问题、区域空间规划问题、城市群污染产业布局和产业转型升级等问题进行了探讨，具体研究内容如下。

第一篇为区域发展战略与规划的历史回顾。区域发展战略是根据不同区域的资源分布状况、经济和社会发展条件以及该区域进一步发展面临的机遇和挑战，对区域未来发展的战略方针、战略目标、战略布局和战略举措等作出的全局性的宏观谋划。中国各地区自然资源禀赋差别较大，经济和社会发展极不平衡，作为经济社会发展战略的重要组成部分，区域发展战略的制定有利于区域经济格局的优化、区域发展差距的缩小、区际关系的改善以及国民经济发展整体效益的提升。本篇系统、客观地对新中国成立以来不同历史阶段区域发展战略提出的国内外背景、实施进程以及对区域经济发展格局和国民经济发展的影响效应进行分析，探讨了中国区域经济发展从不平衡到协调发展的演变历程，总结了区域经济发展要坚持科学的发展理念，处理好政府与市场、中央与地方、公平与效率的关系等历史经验。同样作为对区域发展的宏观谋划，区域规划在促进区域发展战略的实施、加强政府宏观调控、促进生产力布局的优化和推动区域一体化进程等方面也发挥着重要作用，本篇还对改革开放以来中国区域规划工作的历史进程和历史经验以及陈云对区域规划和城市规划工作的贡献进行了探讨，并对当前如何更好地推进区域规划和城市规划工作进行了思考。

第二篇为区域发展差异和区域协调发展路径探索。随着社会主义市场经济的快速发展和工业化、城市化进程的加快，日益突出的城乡区域发展差异问题，阻碍了城乡区域协调发展的进程。本篇从六个视角多维度对区域发展差异和区域协调发展路径进行了探讨。一是从共同富裕的视角出发，对改革开放以来党和政府为实现共同富裕目标，努力缩小区域差距、城乡差距、贫富差距的路径进行了探讨。二是从城乡互动发展的视角出发，对中国城乡互动发展的区域差异及其成因进行了研究。三是从农村剩余劳动力转移和城乡劳动力流动的视角出发，对城乡一体化和区域一体化进程中农村剩余劳动力转移的历史进程和历史经验进行了探讨。四是从区域分工和协作的视角出发，通过总结改革开放前中国共产党处理区域分工与合作问题的经验教训，对如何发挥地区比较优势，合理规划区域的分工与协作，促进各地区的综合发展，从而缩小区域发展差距、协调区域经济发展等进行了探讨。五是以外商直接投资（FDI）区域分布差异的视角，探讨了FDI的空间分布差异和影响FDI区位决定的影响因素。六是从资源型城市转型的视角出发，通过分析陈云的协调发展观，对促进资源型城市经济、社会、资源、环境协调发展的路径进行了探讨。

第三篇为生态文明建设与绿色发展研究。新中国成立特别是改革开放以来，中国经济在保持长期快速增长的同时也带来了日益突出的生态环境问题，为了解决经济发展与环境保护之间的矛盾，党和政府高度重视生态环境对经济社会发展的影响，通过在实践中不断探索，中国共产党生态文明建设思想日益成熟，生态文明体制制度体系加快形成、生态环境治理取得显著成效。本篇回顾了中国共产党生态文明建设思想及其实践探索、改革开放以来中国生态文明建设的历程和经验。同时本篇还对绿色发展的相关问题进行了研究。绿色发展是生态文明建设的必然要求，代表了当今科技和产业变革方向，推动形成绿色发展方式和生活方式，是发展观的一场深刻革命。基于推动绿色发展的重要意义,本篇从绿色低碳发展道路、环保产业发展、城市群污染产业布局与时空演进的影响机制等视角出发,对如何加强绿色发展的制度创新、如何推动绿色环保产业发展、如何优化产业结构与空间布局、如何推动经济绿色转型和实现高质量发展等进行了探讨。

当经济社会发展到一定阶段后,区域发展和生态文明建设这两者之间是相互影响、相互支持的。尤其是现阶段,区域发展和生态文明建设统筹融合具有重要的研究意义。2018年1月,习近平在中共中央政治局第三次集体学习时强调,现代化经济体系是由社会经济活动各个环节、各个层面、各个领域的相互关系和内在联系构成的一个有机整体,其中建设彰显优势、协调联动的城乡区域发展体系以及资源节约、环境友好的绿色发展体系都是建设现代化经济体系的重要组成部分。关于这两大体系建设,习近平指出,要实现区域良性互动、城乡融合发展、陆海统筹整体优化,培育和发挥区域比较优势,加强区域优势互补,塑造区域协调发展新格局以及实现绿色循环低碳发展、人与自然和谐共生,牢固树立和践行"绿水青山就是金山银山"理念,形成人与自然和谐发展现代化建设新格局。2018年11月,《中共中央、国务院关于建立更加有效的区域协调发展新机制的意见》明确提出,要坚持新发展理念,紧扣我国社会主要矛盾变化,按照高质量发展要求,立足发挥各地区比较优势和缩小区域发展差距,坚决破除地区之间利益藩篱和政策壁垒,加快形成统筹有力、竞争有序、绿色协调、共享共赢的区域协调发展新机制,促进区域协调发展。2019年,党的十九届四中全会通过的《中共中央关于坚持和完善中国特色社会主义制度 推进国家治理体系和治理能力现代化若干重大问题的决定》指出,建立全国统一、权责清晰、科学高效的国土空间规划体系，整体谋划新时代国土空间开发保护格局，综合考虑人口分布、经济布局、国土利用、生态环境保护等因素，科学布局生产空间、生活空间、生态空间，是加快形成绿色生产和生活方式、推进生态文明建设、建设美丽中国的关键举措，是保障国家战略有效实施、促进国家治理体系和治理能力现代化的必然要求。

本书尽管对区域发展和生态文明建设中的诸多问题进行了探讨，但还有待继续拓展研究思路和研究领域，尤其是对这两大领域的融合发展问题，应该继续探索。今后有以下课题值得深入探讨：重大区域发展战略中的生态环境保护问题，如推进京津冀区域生态环境协同发展、长江经济带绿色发展、粤港澳大湾区环境保护合作、长三角一体化绿色创新发展以及黄河流域生态保护和高质量发展等；如何将生态环境保护融入国土空间规划的制定中，加强人口、经济、资源、环境在空间上的协调等问题；针对城市群之间及城市群内部的分化以及城市群面临的环境污染问题，如何加强城市群生态环保合作、推进城市群生态环境治理体系建设、促进城市群高质量发展等问题；如何健全重点生态功能区的生态补偿机制问题；针对区域分化现象，如何制定差别化的区域政策，加强区域协调发展的难点和重点区域，如资源枯竭地区、产业衰退地区、生态严重退化地区的生态保护和修复以及自我发展能力的提升等问题；如何评价不同区域绿色发展水平的区域差异等问题，希冀今后在上述这些领域中能够产生更多的成果。

本书的研究成果大多数都是笔者自进入当代中国研究所至今，通过参加国史学术年会、"陈云与当代中国学术研讨会"等学术会议以及参加各类研究课题和国情调研中的研究积累，感谢当代所领导和老师们的大力支持。同时本书有幸入选《中华人民共和国史研究文库》，作为献礼当代中国研究所成立30周年的成果之一，也感谢《中华人民共和国史研究文库》编委会领导和老师们的大力指导；感谢当代中国出版社领导和编辑们的辛勤付出；感谢责任编辑聂文聪老师对书稿逐字逐句的审阅。新时代的国史研究前景光明、任务艰巨，笔者将在自己的研究领域努力耕耘，力争完成更多高质量的研究成果。

第一篇 区域发展战略与规划的历史回顾

从均衡到协调：新中国区域经济发展战略演进的历史考察

区域经济发展战略是指对一定区域范围内的经济发展所进行的重大的、带有全局性的谋划。[①] 新中国成立以来，我国区域经济发展历经均衡发展战略、非均衡发展战略、协调发展战略三阶段的演变。系统梳理不同阶段区域经济发展战略的提出背景、内容以及影响效应，认真总结区域经济发展战略制定的历史经验，对于未来科学合理的区域发展战略的制定具有一定的理论和实践意义。

一、新中国成立以来区域经济发展战略的演变历程回顾

新中国成立以来，我国区域经济发展战略历经均衡发展、非均衡发展、协调发展三阶段的演进，即1949—1978年区域经济均衡发展战略阶段、1979—1990年区域经济非均衡发展战略阶段、1991年以后区域经济协调发展战略阶段。

（一）区域经济均衡发展战略阶段（1949—1978年）

1949年新中国成立时，中国共产党面对的是生产力薄弱且分布不合理的现实，这主要因为旧中国的近代工业大多受外国资本控制，因此生

---

① 豆建民主编：《区域经济发展战略分析》，上海人民出版社2009年版，第2页。

产力主要集中于外来力量易于控制、对外贸易方便的东北和东南沿海地区，而面积广大、资源丰富的内地和边疆少数民族地区则很少有像样的工业。这种生产力布局造成了工业生产与原料产地的严重脱节，工业分布与资源分布不相适应，不利于新中国的大规模开发建设和社会主义的工业化。同时，从国外环境来看，新中国成立时，世界上已形成了资本主义和社会主义相互对峙的两大阵营，以美国为首的西方资本主义国家对中国采取敌视、封锁和孤立政策。特别是1950年6月朝鲜战争爆发后，中国的国家安全更受到严重的威胁。

上述国内外背景说明，合理的经济布局有助于巩固国防、促进国家经济社会良性发展。新中国成立以后，随着国民经济恢复和建设的展开，中国共产党开始着手改变历史上形成的不合理的经济布局状况。1950年8月下旬，中财委召开计划会议。会议讨论了编制1951年计划和三年奋斗目标的问题，提出经济战线在今后两三年内的主要任务是搞好经济的调整与恢复，同时进行一些必要的建设。[①] 会议要求在三年内必须做好以下几项工作：组织生产过去依赖国外供应的原材料；将一部分工厂迁移到接近原料、市场的地区，改变工业生产过分集中于沿海地区的不合理现象；三年内在工业方面新的建设应放在加强国防力量上等。在上述政策思想的指导下，经过三年经济恢复，我国生产力布局不合理的状况有所改观。按1952年不变价格计算，1949—1952年，沿海工业产值由100.2亿元增加到243.2亿元，内地工业产值由40亿元增加到100.1亿元，两者分别增长了1.43倍和1.5倍。这个时期，沿海工业产值占工业总产值的比重由71.5%下降到70.8%，内地工业产值由28.5%上升到29.2%。[②]

经过三年的国民经济恢复，虽然内地得到了建设和发展，但旧中国遗留下来的沿海与内地生产力布局不合理的状况并未得到根本改观。1952年，在全国343亿元的工业总产值中，沿海所占比重仍然高达69.4%，而内地仅占30.6%；工业固定资产原值沿海所占比重为72%，内

---

① 《陈云年谱》中，中央文献出版社2000年版，第63页。
② 汪海波：《中国现代产业经济史》，山西经济出版社2006年版，第66页。

地仅为 28%。① 面对这种格局，中国共产党领导集体在编制"一五"计划时，将"平衡工业布局"作为有计划地发展国民经济的重要任务之一。《关于发展国民经济的第一个五年计划的报告》指出："要逐步地改变旧中国遗留下来的这种不合理的状态，在全国各地区适当地分布工业的生产力，使工业接近原料、燃料的产区和消费地区，并使工业的分布适合于巩固国防的条件，逐步地提高落后地区的经济水平，这是有计划地发展我国国民经济中的重要任务之一。"② 在"一五"计划的指导下，我国开始了大规模的经济建设。"一五"期间建设的项目，特别是苏联援建的项目，主要配置在东北地区、中部地区和西部地区。150 项中的 106 个民用工业企业，布置在东北地区 50 个，中部地区 32 个；44 个国防企业，布置在中部地区和西部地区 35 个，其中有 21 个安排在四川、陕西两省。③ 总体来看，"一五"时期的工业布局是合理的。到 1957 年，广大内地的投资占全国投资总额的比重从 1952 年的 39.3% 上升到 49.7%，沿海地区的比重则从 43.4% 下降为 41.6%。随着一些新建项目的建成投产，内地的工业产值占全国工业总产值的比重也从 1952 年的 29.2% 上升到 1957 年的 32.1%。④

但"一五"后期，我国经济建设中的许多问题开始暴露出来，主要表现为过于重视内地建设，而忽略了沿海地区的发展，这导致 1954 年和 1955 年内地工业分别增长了 22.4% 和 9.9%；而沿海地区只增长了 13.7% 和 3.6%，其中上海分别只有 7.4% 和 4.5%，天津分别只有 11.6% 和 2.1%。⑤ 针对这一问题，党和国家领导人开始重新探索沿海与内地的发展关系。1956 年，毛泽东在中共中央政治局扩大会议上作了《论十大关系》的报告，其中专门谈了沿海和内地的关系。他指出："沿海的工业基地必须充分利用，但是，为了平衡工业发展的布局，内地工业必

---

① 参见《中国工业经济统计资料 1949—1984》，中国统计出版社 1985 年版，第 137 页。
② 李富春：《关于发展国民经济的第一个五年计划的报告》，《人民日报》1955 年 7 月 8 日。
③ 参见薄一波：《若干重大决策与事件的回顾》上，中共党史出版社 2008 年版，第 210 页。
④ 参见薄一波：《若干重大决策与事件的回顾》上，中共党史出版社 2008 年版，第 210—211 页。
⑤ 《李富春选集》，人民出版社 1992 年版，第 167 页。

须大力发展。只是最近几年，对于沿海工业有些估计不足，这要改变一下。""新的工业大部分应该摆在内地，使工业布局逐步平衡，并且有利于备战，这是毫无疑义的。但是沿海也可以建立一些新的厂矿，有些也可以是大型的。""好好地利用和发展沿海的工业老底子，可以使我们更有力量来发展和支持内地工业。如果采取消极态度，就会妨碍内地工业的迅速发展。"①根据毛泽东这一发展沿海经济、促进内地建设的思想，中共八大通过的《关于发展国民经济的第二个五年计划（1958—1962）的建议》指出："在第二个五年计划期间，必须根据资源情况和合理分布生产力的原则，在内地继续建立和积极准备建立新的工业基地，使全国各地区经济逐步走向平衡发展。但是在内地进行大规模工业建设的同时，还必须积极地、充分地利用并且适当地发展近海各地原有的工业，这不仅是为着适应国家和人民日益增长的需要，而且也是为着支援内地的建设。"②中共八大提出的合理布局生产力的原则是中国共产党对适合中国国情的区域生产力布局战略的一次新的探索和尝试，为正确处理沿海与内地的关系提供了新的思路，即区域经济发展应采取均衡发展战略，将内地工业作为战略重点，使其得到大力发展，但为了保证战略重点的建设，也必须允许沿海工业有一定程度的发展。

但是，1957年下半年以后，由于受逐步滋长起来的"左"的指导思想的影响，中共中央要求各协作区或有条件的各省、直辖市、自治区，也要形成各自独立的比较完整的工业体系，这引发了一场"全民大炼钢铁、大办工业、盲目追求高速度"的"大跃进"运动。"大跃进"时期，中央将全国划分为七大协作区，要求各个经济区域按照全国统一规划，"尽快地分别建立大型的工业骨干和经济中心，形成若干个具有比较完整的工业体系的经济区域"。③这使中共八大设定的"二五"时期的生产力布局方针和部署发生变化，同时还带来了各地区产业结构趋同、生产布局呈现"星罗棋布、遍地开花"的状况，极大地影响了中国区域经济的良性发展。1961年1月，中共八届九中全会提出"调整、巩固、充

---

① 《毛泽东文集》第7卷，人民出版社1999年版，第25—26页。
② 《建国以来重要文献选编》第9册，中央文献出版社1994年版，第362页。
③ 《建国以来重要文献选编》第11册，中央文献出版社1995年版，第344页。

实、提高"的八字方针,对国民经济进行全面调整,地方独立工业体系的建立被迫告停。同时,国家也加大对内地的投资建设,以内地建设的投资额占全国总投资额的比重为例,继"二五"时期提高到53.7%之后,1963—1965年又上升到58%。①

20世纪60年代初,台湾海峡战云密布,美国加入了侵略越南的战争,中苏关系恶化,中国周边面临多方面的战争威胁。但中国当时的工业布局还比较脆弱而且不合理,14个100万人口以上的大城市集中了约60%的主要民用机械工业、50%的化学工业和52%的国防工业②,这对备战十分不利。从战备的需要调整工业布局,成为迫切需要考虑的重大问题。1964年5月15日至6月17日,中共中央召开计划会议,对第三个五年计划进行讨论,会议期间毛泽东初步提出要加快"三线"③建设的思想。8月中旬,中央书记处举行会议,继续讨论"三线"建设问题。毛泽东指出:"现在工厂都集中在大城市和沿海地区不利于备战,工厂可以一分为二,要抢时间迁到内地去。各省都要建立自己的二、三线。"④依据这一指示精神,1965年中央将全国分为一线、二线、三线地区,以备战为目的开展"三线"建设成为当时国民经济发展的中心任务。"三线"建设决策分两个阶段实施。第一阶段即"三五"计划时期。《关于第三个五年计划安排情况的汇报提纲(草稿)》明确提出:"第三个五年计划必须立足于战争,从准备大打、早打出发,积极备战,把国防建设放在第一位,加快三线建设,逐步改变工业布局。"⑤根据计划部署,我国将西南地区作为建设重点开展"三线"建设。5年累计,内地建设投资达到611.15亿元,占全国基本建设投资的66.8%。其中,"三线"地区的11个省、自

---

① 林善炜:《中国经济结构调整战略》,中国社会科学出版社2003年版,第356页。
② 《建国以来重要文献选编》第19册,中央文献出版社1998年版,第131页。
③ "三线"主要是根据地区的战略位置不同进行划分。其中一线为战略前沿,包括东部沿海和东北的省市区;三线为战略后方,包括四川、贵州、陕西、甘肃、青海、宁夏、广西、湖北、湖南、山西10省区;二线为防御地带,指一线、三线之外的省区。
④ 《中华人民共和国国民经济和社会发展计划大事辑要(1949—1985)》,红旗出版社1987年版,第219页。
⑤ 《建国以来重要文献选编》第20册,中央文献出版社1998年版,第360页。

治区的投资为 482.43 亿元，占基本建设投资总额的 52.7%。[①] 第二阶段为 "四五" 计划时期。根据 "四五" 计划提出 "要建立不同水平、各有特点、各自为战、大力协同的经济协作区，要将内地建设成为一个部门齐全、工业协调发展的强大战略后方" 的战略安排，"三线" 建设的重点转向 "三西"（豫西、鄂西、湘西）地区，同时继续进行大西南地区建设。这 5 年，内地的投资比重稍有下降，但仍占全国基本建设投资总额的 53.5%，其中 "三线" 地区占基本建设投资总额的 41.1%。[②]

改革开放前我国实施的 "加强内地建设、平衡生产力布局、巩固国防" 为目标的区域经济均衡发展战略对于内地的经济发展、我国生产力非均衡布局的改善、民族团结和国家安全的增进曾发挥了积极作用，但也产生了不容忽视的诸多问题。首先，这一战略违背了生产力发展的客观规律，通过抑制东部发达地区来强化内陆地区的发展，反过来削弱了东部对内地经济发展的支持能力，所追求的只是一种低水平的平衡。其次，该战略过分强调区域均衡发展而忽视了经济发展的效率原则，造成了较大的资源浪费。尤其是 "三线" 建设，在内地，特别是在经济较为落后的区域所进行的生产力布局，实际上是一种 "嵌入" 的方式[③]，大小企业一律 "靠山、分散、进洞"，布点较为分散，企业之间、工业部门之间无法建立起正常的经济联系，难以形成综合生产能力和产生规模经济效益。

（二）区域经济非均衡发展战略阶段（1979—1990 年）

1978 年 12 月 13 日，邓小平在中共第十一届三中全会召开前夕举行的中共中央工作会议闭幕会上发表了题为《解放思想，实事求是，团结一致向前看》的讲话。他提出："在经济政策上，我认为要允许一部分地区、一部分企业、一部分工人农民，由于辛勤努力成绩大而收入先多一些，生活先好起来。一部分人生活先好起来，就必然产生极大的示范力量，影响左邻右舍，带动其他地区、其他单位的人们向他们学习。这样，就会使整个国民经济不断地波浪式地向前发展，使全国各族人民都能比

[①] 汪海波：《中国现代产业经济史》，山西经济出版社 2006 年版，第 286 页。
[②] 陆大道：《中国工业布局的理论与实践》，科学出版社 1990 年版，第 26 页。
[③] 林善炜：《中国经济结构调整战略》，中国社会科学出版社 2003 年版，第 360 页。

较快地富裕起来。"①从区域经济发展的角度而言，中国各地区的自然资源分布和社会经济文化发展的条件存在较大差异，国家在政策和资金方面向部分条件较好的地区倾斜，允许和鼓励这些地区先富起来，可以产生较大的示范效应，并推动其他地区和整个国民经济的发展。邓小平提出的"允许和鼓励部分先富、先富带后富、逐步实现共同富裕"的论断成为中国区域经济发展战略调整的重大指导思想。依据邓小平的论断，中国共产党在对改革开放前30年的区域均衡发展战略进行反思的基础上，提出了沿海地区优先发展的区域经济非均衡发展战略。"六五"计划指出，要"积极利用沿海地区的现有经济基础，充分发挥它们的特长，带动内地经济进一步发展"。②"七五"计划的建议指出："要按照经济技术发展水平和地理位置相结合的原则，并适当考虑行政区划的完整性，将全国划分为东部、中部、西部三个经济地带"，"七五"期间中国区域经济发展布局是"要加速东部地带的发展，同时把能源、原材料建设的重点放到中部，并积极做好进一步开发西部地带的准备"。③

根据"六五"计划和"七五"计划的战略部署，国家采取了一系列政策措施促进东部沿海地区优先发展。首先，政策和资金向沿海地区倾斜。在政策方面，国家加强了对经济特区、沿海开放城市的工业、港口、航空机场与城市建设，并对这些地区在财政、税收、信贷、投资等方面给予优惠。在资金方面，"六五"时期，在全国基本建设投资分配中，沿海地区所占比重由"五五"时期的42.2%提高到47.7%，内地由50%下降到46.5%。"七五"时期，沿海与内地基础建设投资之比仍高达1.29∶1，远高于"六五"时期的1.03∶1。④其次，实施沿海对外开放政策。1979年7月，中共中央、国务院正式批准广东、福建两省，在对外经济活动中，实行特殊政策、灵活措施。1984年初，中央决定进一步开

---

① 《邓小平文选》第2卷，人民出版社1994年版，第152页。
② 《中华人民共和国国民经济和社会发展第六个五年计划（1981—1985）》，《人民日报》1982年12月13日。
③ 《中共中央关于制定国民经济和社会发展第七个五年计划的建议》，《人民日报》1985年9月26日。
④ 魏后凯：《中国国家区域政策的调整与展望》，《发展研究》2009年第5期，第22页。

放大连、秦皇岛等沿海 14 个港口城市。1985 年初至 1987 年底，国务院决定把珠江三角洲、长江三角洲、闽南漳—泉—厦三角地区及山东半岛、辽东半岛等开辟为沿海经济开放区。这些特区和开放城市组成了中国沿海开放地带和工业城市群，在工业、农业、交通等方面具有领先优势。1990 年 6 月，中共中央、国务院正式批准上海市开发和开放浦东新区，实行某些经济特区的优惠政策。一条从南到北沿海岸线延伸的沿海对外开放地带由此形成。

区域经济非均衡发展战略的实施，在当时曾发挥了积极作用，沿海地区特别是东南沿海新兴工业地区的发展，推动了中国全方位对外开放格局的形成和中国经济市场化改革进程；东部地区的率先发展，提高了资金的运转效益，使沿海地区成为最具活力的经济高速增长区，实现了国民经济整体效率的最大化；东部地区的优先发展，产生了较大的扩散效应，在一定程度上支持了中西部地区的发展。1952—1978 年，东、中、西三大地带人均国民收入年均增长分别为 4.63%、2.92%、3.53%，而 1978—1992 年，年均增长速度分别提高到 8.28%、6.73%、7.1%。[①] 但是这一战略也产生了不容忽视的负面影响。首先，拉大了地区发展差距。从 1980 年到 1991 年，东部地区社会总产值占全国的比重由 52.9% 上升到 58.5%，中部地区却由 31.4% 下降到 26.6%，西部地区由 15.7% 下降到 14.0%。[②] 其次，在实行一系列向东部沿海地区倾斜的政策措施的过程中，不同程度地存在着倾斜范围过窄、倾斜力度过大和倾斜时限过长的状况[③]，在追求效率的同时，相对忽略了兼顾公平的目标。最后，区域经济非均衡发展战略的实施举措还不够完善，不可避免地导致了区域经济封锁、区域产业结构趋同、区域之间的利益摩擦和冲突、过分追求经济增长而忽视对资源和环境的保护等诸多矛盾和问题。

（三）区域经济协调发展战略阶段（1991 年以后）

20 世纪 90 年代以来，随着中国现代化建设的逐步推进以及社会主义

---

① 林善炜：《中国经济结构调整战略》，中国社会科学出版社 2003 年版，第 362 页。
② 刘再兴：《中国生产力总体布局研究》，中国物价出版社 1995 年版，第 55 页。
③ 林善炜：《中国经济结构调整战略》，中国社会科学出版社 2003 年版，第 362 页。

市场经济体制的建立，针对我国区域差距日益扩大的状况，区域非均衡发展战略开始被区域经济协调发展战略所替代。

1991—1998年，区域协调发展战略开始启动。"八五"计划纲要指出，中国地域辽阔，各地区经济发展和资源分布很不平衡，因此，要"按照统筹规划、合理分工、优势互补、协调发展、利益兼顾、共同富裕"的原则[①]，进一步改善地区经济结构和合理布局生产力。1995年9月，中共十四届五中全会通过的《中共中央关于制定国民经济和社会发展"九五"计划和2010年远景目标的建议》进一步明确提出，要把"坚持区域经济协调发展，逐步缩小地区发展差距"作为今后我国经济和社会发展必须贯彻的一条重要方针。根据这一部署，"九五"计划纲要专设"促进区域经济协调发展"部分，提出要"按照统筹规划、因地制宜、发挥优势、分工合作、协调发展"的原则[②]，处理好全国各个地区之间的关系。1997年9月，江泽民同志在中共十五大报告中对促进地区经济协调发展作了明确规定，特别强调，要"从多方面努力，逐步缩小地区发展差距"。

1999年以后，区域协调发展战略开始全面实施。1999年9月，中共十五届四中全会正式提出西部大开发战略。2000年12月，国务院颁布了《关于西部大开发若干政策措施的通知》，从整体上规定了西部开发的重点、国家重点支持的方面。2002年中共十六大报告首次将东北振兴问题提升到国家战略层面。2003年10月5日，中共中央、国务院联合发布了《关于实施东北地区等老工业基地振兴战略的若干意见》。2007年8月，国务院正式批复了《东北地区振兴规划》。2004年3月5日，国务院总理温家宝在政府工作报告中首次正式提出"促进中部地区崛起"。2006年4月，中共中央、国务院发布了《关于促进中部地区崛起的若干意见》。2007年1月，国务院办公厅下发了《关于中部六省比照实施振兴东北地区等老工业基地和西部大开发有关政策范围的通知》。2006年3月，国家"十一五"规划纲要首次正式提出东部地区率先发展战略。纲要指出：东

[①] 《十三大以来重要文献选编》下，人民出版社1993年版，第1500页。
[②] 《十四大以来重要文献选编》中，人民出版社1999年版，第1868页。

部地区要率先提高自主创新能力；率先实现经济结构优化升级和增长方式转变；率先完善社会主义市场经济体制，在率先发展和改革中带动帮助中西部地区发展。2007年7月，国务院办公厅下发了《国务院关于编制全国主体功能区规划的意见》，将国土空间划分为优化开发、重点开发、限制开发和禁止开发四类。要求根据不同区域的资源环境承载能力、现有开发密度和发展潜力，统筹谋划未来人口分布、经济布局、国土利用和城镇化格局。2007年10月，中共十七大报告明确提出，要"继续实施区域发展总体战略，深入推进西部大开发，全面振兴东北地区等老工业基地，大力促进中部地区崛起，积极支持东部地区率先发展。加强国土规划，按照形成主体功能区的要求，完善区域政策，调整经济布局"。[①] 2009年初至2010年8月，国家陆续批复了13个区域发展规划，规划区域涉及长三角、珠三角、北部湾、环渤海、海峡西岸、黄三角、东北三省、中部和西部，在短短不到两年的时间内，我国新的区域经济版图逐渐成型。如此多区域发展规划的密集出台，客观上有利于促进区域协调发展以及培育更多的区域增长极。2009年9月22日，国家主席胡锦涛在联合国气候变化峰会开幕式上，发表了题为《携手应对气候变化挑战》的重要讲话，明确表示中国"将继续坚定不移为应对气候变化作出切实努力"，同时强调中国将进一步采取四项强有力的措施应对气候变化，其中之一就是"积极发展低碳经济"。"低碳经济"理念的提出对区域发展战略模式提出了严峻的挑战。它要求区域发展规划要立足各地区的区情条件，重点支持各类区域优势产业的形成和发展，引导重要产业在区域之间合理地聚集和扩散；注重发展生态经济、循环经济；深化地区之间的分工，发展地区间贸易，增强地区之间的协作与合作；突出战略创新，形成低碳经济时代的差别化、特色化、优势化的区域战略模式，从而为全国各类区域的协调发展奠定基础。2010年3月5日，国务院总理温家宝在政府工作报告中继续强调要"实施区域发展总体战略，重在发挥各地比较优势，有针对性地解决各地发展中的突出矛盾和问题；重在扭转区域经济社会发展差距扩大的趋势，

---

① 《中国共产党第十七次全国代表大会文件汇编》，人民出版社2007年版，第24页。

增强发展的协调性"。①

区域经济协调发展战略的实施，使各地区呈现良好的发展态势。从四大板块 GDP 增长率来看，2001 年，东部、中部、西部、东北 GDP 增长率分别为 10.2%、9.12%、9.61%、9.2%，2007 年，东部、中部、西部、东北 GDP 增长率分别提高到 14.17%、14.07%、13.94%、14.23%。②虽然中部、西部和东北地区的 GDP 增长率已逐步赶上东部地区，但中国经济总量和生产力布局仍不断向东部地区集中。1980—2006 年，东部地区实现 GRP 占各地区总额的比重由 43.6% 迅速提高到 55.7%；而东北地区所占比重由 13.7% 下降到 8.5%；中部地区所占比重由 22.3% 下降到 18.7%；西部地区由 20.4% 下降到 17.1%。③这种集中化将不利于区域经济的协调发展，中国区域经济协调发展战略的实施依然任重而道远。

二、历史经验总结

新中国成立以来我国区域经济发展战略的不断演进和突破，反映出中国共产党区域经济发展思想的不断创新和日趋成熟。回顾新中国成立以来我国区域经济发展战略的演变历程，可以总结出丰富的历史经验。

（一）区域经济发展要坚持科学发展观

新中国成立后相当长一段时期，受"生产关系决定论"和"均衡布局论"的影响，我国片面地认为地区经济的不平衡是资本主义的产物，社会主义应当由国家有计划地均衡配置生产力。在这种平衡发展观的指导下，我国实施了区域经济均衡发展战略。大量资金向内地的投入推动了我国中西部地区的发展，但该战略忽视了生产力布局的效率原则，影响了国民经济水平的整体提高，实际上追求的只是一种低水平的

---

① 温家宝：《政府工作报告——2010 年 3 月 5 日在第十一届全国代表大会第三次会议上》，人民出版社 2010 年版，第 24 页。
② 参见王磊、常黎：《国家"十一五"规划纲要城乡和区域协调发展任务实施进展》，《经济研究参考》2009 年第 50 期，第 31 页。
③ 魏后凯：《中国国家区域政策的调整与展望》，《发展研究》2009 年第 5 期，第 25—26 页。

平衡。改革开放后，随着党的十一届三中全会的召开，党中央明确提出"社会主义的根本任务是发展生产力"[①]的重要观点。而我国区域经济发展存在较大差异，片面追求生产力平衡发展，必然忽视经济效益的提高和生产力的发展。社会主义根本任务的提出使生产力在区域经济发展中占主导地位和区域经济发展不平衡的观点得以确立。在这种非均衡发展观的指导下，均衡发展战略开始向非均衡发展战略转变。非均衡发展战略的实施促进了国民经济整体效率的提高，但不可避免地也带来了地区差异日益拉大的现实问题。从区域经济发展观的演变历程可以看出，均衡发展观和非均衡发展观尽管都曾发挥过积极作用，但它们的弊端也阻碍了区域经济的协调发展。现阶段，要坚持以科学发展观统领我国区域经济发展。科学发展观所强调的是以人为本、全面、协调、可持续，坚持以科学发展观为指导，就是要充分发挥各地区的自身优势，统筹规划，重点突破，促进各地区之间形成优势互补、分工协作、相互促进、良性互动的协调关系。坚持科学发展观，将能有效解决区域经济发展面临的诸多矛盾和问题，更好地推动区域经济的良性发展。

（二）区域经济发展要将政府调控和市场机制有机结合

改革开放前我国实施的区域均衡发展战略是在高度集权的计划经济体制下进行的。该战略在资源配置上，主要依靠指令性计划制定区域发展目标，由中央集中统一管理全国的物资分配，通过强制性的行政手段限制部分地区的发展，结果造成了巨大的资源浪费和经济损失。改革开放后，市场在资源配置中的作用日益凸显，生产要素以利益最大化为驱动力，趋于向投资产出率高的地区流动。市场机制的作用促进了区域比较优势的发挥，推动了宏观经济的最优化，但也使地区经济发展的"循环积累因果效应"和"马太效应"日益明显，区域差距不断拉大。因此，单纯的计划手段和单纯的市场机制运作都不利于区域经济的协调发展，只有将两者有机结合才能保证区域经济发展战略顺利实施。我国地域广

[①]《十三大以来重要文献选编》上，人民出版社1991年版，第13页。

阔，各地区资源禀赋存在较大差异，政府要发挥对区域经济发展的宏观调控作用，在尊重市场经济客观规律的前提下，加强相关政策的协调和机制建设，形成既各具特色又有机统一的区域政策体系，促进各经济区域间的合理分工与协调发展。

（三）区域经济发展要正确处理公平与效率的关系

公平与效率是区域经济发展战略追求的两大目标，也是处理地区发展关系的逻辑基点和基本原则。[①]新中国成立以来，党中央在不同历史时期区域经济发展战略的制定上，对区域公平与效率目标的选择各有侧重。改革开放前我国实施的均衡发展战略，侧重于突出"公平优先"原则，这一目标取向推动了内地经济的发展，却忽视了沿海地区经济实力的发挥，因此在这种忽视效率的"公平优先"原则下实施的均衡发展战略追求的只是一种低水平的平衡。改革开放后，我国经济发展战略目标开始向"提高经济效益"转向，"公平优先"原则开始被"效率优先"取代。但在"效率优先"目标下实施的区域经济非均衡发展战略，由于片面强调效率，往往忽视了公平和协调发展目标的实现，因此，虽然推动了东部沿海地区的高速经济增长，但也导致了区域差距的持续扩大，不利于国民经济的可持续发展。实际上，公平与效率是既统一又矛盾的一对范畴，从区域经济关系考察，短期内公平与效率存在着矛盾，但是，从长期看，二者统一于经济社会的长期可持续发展。[②]因此，制定和实施区域经济发展战略时，正确的目标取向是尽可能寻求效率与公平的有机统一。现阶段，我国要继续实施区域经济统筹协调发展战略，既要发挥各地比较优势，又要采取强有力的宏观调控措施，促进生产要素在区域间自由流动，健全区域合作机制和扶持机制，加大国家对欠发达地区的支持力度，促进基本公共服务均等化，增强发展的协调性。

[①] 杨小军、何京玲：《基于公平与效率视角的我国区域经济发展战略演进》，《商业研究》2009年第5期，第38页。
[②] 郭丽：《建国后中国区域经济发展战略的嬗变——兼论区域公平与效率目标的逻辑演进》，《税务与经济》2009年第6期，第23页。

（四）区域经济发展要正确处理区域差距问题

区域经济差距是许多国家经济发展过程中不可避免的现象。正确看待地区经济发展差距，关系国家经济发展全局和现代化目标的顺利实现。中国区域差距的存在是在一定历史条件下形成的，解决区域差距也需要经历较长的历史时期，因此，要全面、发展地认识和处理地区差距问题并采取应对措施。我们不能完全消极地把地区差距的扩大归因于国家发展决策的失误，虽然国家区域政策的相对倾斜是造成区域差距扩大的原因，但各地区之间要素禀赋、经济基础、市场发育程度等存在的差异也是重要因素。同时，我们也要充分认识到区域发展不平衡的积极和消极效应。实际上，地区之间适度的不平衡在某种程度上有利于资源在区域间有效流动，实现合理分工和优势互补，从而提高全社会的宏观经济效率。但是，超过一定限度的不平衡则会给经济、政治和社会发展带来一系列负面影响。因此，现阶段要高度重视并采取有效措施缩小区域差距的存在。各地区要在协调发展大目标的前提下，遵循自主合作、自由交易的市场法则，促进要素的自由流动。国家也要完善区域发展重大规划和政策，引导地区之间的经济合作，加强对落后地区的政策支持力度。

三、启示

新中国成立以来区域发展战略演变的回顾以及历史经验的总结，对未来科学合理的区域发展战略的制定具有一定的指导意义。虽然区域经济发展战略历经多次调整，但区域经济社会发展差距依然存在，因此，增强发展的协调性是现阶段区域发展需要解决的首要问题。今后，在实施区域发展总体战略时，要以科学发展观为指导，不断探索区域统筹协调发展机制和对策。

第一，建立健全区域协调机制，构建和谐的区域关系。要探索新的区域利益协调机制，鼓励各地区努力追求本区域的经济利益，实现"发挥优势、发展特色、普遍增长"的区域经济新格局；合理构建区际竞争关联机制，打破资源、市场利益的条块分割，把东北老工业基地改造、西部大开发、中部地区综合优势的发挥、东部有条件地区的率先发展共同纳入国民经济整体协调发展体系当中，形成地区间共同发展的区域结构；健全互助机制，加快完善公共财政体系，按照公共服务均等化原则，加大国家对欠发达地区的扶持力度。

第二，增强区域政策在宏观调控中的作用。要从国家区域协调发展的全局出发，打破东部、中部、西部和东北的界限，统筹安排和部署全国的经济布局。要根据不同地区的资源禀赋、产业基础、发展阶段等因素，明确各区域的战略布局、功能定位等，确定财政转移支付政策、税收政策、金融政策等的基本导向。要按照主体功能区和关键问题区两种类型区，实行差别化的区域调控和国家援助政策，促进区域经济协调发展。① 同时，为保障区域政策的有效实施，要健全区域法律法规体系，提高区域政策实施的有效性和规范性。

第三，促进城镇化健康发展，形成若干要素集聚能力强的新城市群。坚持大中小城市和小城镇协调发展，按照循序渐进、布局合理、节约土地、功能完善的原则，提高城镇综合承载能力，积极稳妥地推进城镇化。要继续发挥珠江三角洲、长江三角洲、环渤海地区对内地经济发展的辐射作用；继续发挥经济特区、上海浦东新区、天津滨海新区在自主创新中的重要作用；有条件的区域，要以特大城市和大城市为龙头，通过统筹规划，形成若干人口分布合理、要素集聚能力强的新城市群，使城镇群成为我国区域发展的核心引擎。

[原载《兰州商学院学报》2010 年第 26 卷第 6 期]

---

① 魏后凯：《中国国家区域政策的调整与展望》，《发展研究》2009 年第 5 期，第 25—26 页。

改革开放初期至 20 世纪 90 年代中期我国区域发展战略转变的历史考察

区域经济发展战略是一个国家经济社会发展总体战略的重要组成部分。新中国成立之初至改革开放前，我国实施的是以"平衡生产力布局、加强内地建设、巩固国防"为目标的区域经济平衡发展战略。该战略具有一定的历史必然性，也产生了积极的影响，但随着国内外形势的变化和中共十一届三中全会召开后我国经济发展指导方针的大转移，其存在的严重缺陷开始暴露，这种通过抑制沿海地区来强化内地区域的发展战略违背了生产力发展的客观规律，忽视了区域生产力布局的效率原则，追求的只是一种低水平的平衡并造成了较大的资源浪费。基于此，平衡发展战略必然会被非均衡发展战略所替代。本文以改革开放初期至 20 世纪 90 年代中期为研究时限，重点分析了平衡发展战略向 1981—1985 年实施的沿海地区优先发展和 1986—1992 年实施的三大地带梯度推移的非均衡发展战略转变的原因，总结了非均衡发展战略的实施步骤，并在当时的历史背景下客观评价了该战略的影响效应。

一、战略转变原因的历史考察

改革开放初期至 20 世纪 90 年代中期，中国区域经济平衡发展战略向非均衡发展战略的转变有其深刻的国际国内背景和主客观原因。

(一)十一届三中全会召开后经济发展方针的转变

1978年12月18日至22日召开的中共十一届三中全会,作出了把全党工作着重点从"以阶级斗争为纲"转移到"以经济建设为中心"的社会主义现代化建设上来的重大决策。这一伟大的历史转折也为中国共产党区域经济发展战略思想的转变提供了新的契机。具体表现在四个方面。

1. 经济发展战略目标向"提高经济效益"转向

中共十一届三中全会召开后,过去片面追求高速度的急躁冒进发展道路开始转向以提高经济效益为中心,保证国民经济稳定协调健康发展道路。1981年11月30日到12月13日召开的五届全国人大四次会议讨论了转变中国经济建设指导方针问题。会议提出了国民经济建设的十条方针,认为"这十条经济建设方针,是调整、改革、整顿、提高方针的具体体现,今后,我们考虑一切经济问题,必须把根本出发点放在提高经济效益上。我们要彻底改变长期以来在'左'的思想指导下的一套老的做法,真正从我国实际情况出发,走出一条速度比较实在、经济效益比较好、人民可以得到更多实惠的新路子"。①"提高经济效益"这一根本目标的提出,直接导致了国家投资和发展重点向经济效益较好的沿海地区倾斜,改变了区域生产力布局,促进了区域经济非均衡发展战略的实施。

2. 经济体制改革新要求的提出

十一届三中全会对经济体制改革也提出了新的要求,指出:"现在我国经济管理体制的一个严重缺点是权力过于集中,应该有领导地大胆下放,让地方和工农业企业在国家统一计划的指导下有更多的经营管理自主权;应该着手大力精简各级经济行政机构,把它们的大部分职权转交给企业性的专业公司或联合公司;应该坚决实行按经济规律办事,重视价值规律的作用。"②经济体制改革的新要求对区域经济发展战略的调整提供了制度保障。改革开放前我国实施的区域平衡布局战略是在高度集权

---

① 《人民日报》1981年12月1日。
② 《人民日报》1978年12月24日。

的计划经济体制下进行的。随着计划经济体制向市场经济体制逐步转轨，市场在资源配置中的作用日益凸显，同时中央及各专业部门的权利有所削弱，而地方的地位和作用逐步加强。因此，过去那种以中央政府为主体的高度集中统一的生产力平衡布局战略必然会被"效率优先、兼顾公平"的适应社会主义市场经济体制的非均衡发展战略所取代。

3. 全党工作着重点向社会主义现代化建设的转移

新中国成立后，实现全国人民的共同富裕成为中国共产党追求的首要目标。毛泽东等中共中央领导人在处理区域经济发展的指导思想上，过分追求国民经济的空间均衡化，片面追求发展的高速度，导致了地区经济结构趋同、区域之间缺乏横向联系以及资源配置效率和经济效益低下等诸多问题。更严重的是忽视了沿海老工业基地生产力的充分利用，使内地建设失去有力支持，也延缓了社会生产力的整体提高。邓小平在总结这段历史经验教训时说："多少年来我们吃了一个大亏，社会主义改造基本完成了，还是'以阶级斗争为纲'，忽视发展生产力。"①

中共十一届三中全会以后，党中央通过对过去30年发展生产力教训的认真反思，确立了以经济建设为中心的社会主义初级阶段的基本路线，提出"社会主义的根本任务是发展生产力"的重要观点。中共十三大报告指出："社会主义社会的根本任务是发展生产力。在初级阶段，为了摆脱贫穷和落后，尤其要把发展生产力作为全部工作的中心。是否有利于发展生产力，应当成为我们考虑一切问题的出发点和检验一切工作的根本标准。"②社会主义根本任务的提出，是对中国社会主义初级阶段基本国情的正确认识，也为区域经济发展战略的顺利转变提供了坚实的理论前提。由于中国处在社会主义初级阶段，区域经济发展极不平衡，片面追求生产力平衡发展，必然忽视经济效益的提高。确立发展生产力在区域经济布局中的主导地位，将有利于区域非均衡发展战略的实施和区域经济整体效益的优化。

4. 现代化分"三步走"战略目标的实施

中共十一届三中全会之后，党中央根据社会主义初级阶段的基本国

---

① 《邓小平文选》第3卷，人民出版社1993年版，第141页。
② 《十三大以来重要文献选编》上，人民出版社1991年版，第13页。

情,在总结历史经验教训的基础上,清醒地认识到"社会主义经济建设必须从我国国情出发,量力而行,积极奋斗,有步骤分阶段地实现现代化的目标"。[①]1982年9月,邓小平在中共十二大的开幕词中指出,我们的现代化建设,必须从中国实际出发,"把马克思主义的基本原理同我国的具体实际结合起来,走自己的路,建设有中国特色的社会主义,这就是我们总结长期历史经验得出的基本结论"。[②]

这种从实际出发的中国现代化发展战略构想,为区域经济发展提供了重要理论依据。中国幅员辽阔,各地区在自然资源、地理区位、产业结构、经济发展水平等方面存在较大差异,为更好地实现"三步走"的发展战略,中国只有打破均衡发展的传统思维模式,考虑和承认各地区的特点和差别,发挥各区域的优势,扬长避短,才能保证社会主义现代化建设的顺利进行,最大限度地促进国民经济整体优化。

(二)国际形势的变化

一方面,随着20世纪70年代国际政治关系的调整,和平与发展成为当代世界的两大主题。关于战争与和平问题,邓小平指出:"世界战争的危险还是存在的,但是世界和平力量的增长超过战争力量的增长。……在较长时间内不发生大规模的世界战争是有可能的,维护世界和平是有希望的。"[③]时代主题的转换,使中国具有同世界其他国家发展经贸关系的良好国际环境,为区域经济发展战略的调整也提供了前提和基础。

另一方面,世界新科技革命蓬勃发展,经济、科技在世界竞争中的地位日益突出,这为中国经济和社会发展带来难得的机遇和挑战。邓小平认为:"现在世界发生大转折,就是个机遇。"[④]"我国可以利用的矛盾存在着,对我们有利的条件存在着,机遇存在着,问题是要善于把握。"[⑤]面

[①] 《三中全会以来重要文献选编》下,人民出版社1982年版,第840页。
[②] 《邓小平文选》第3卷,人民出版社1993年版,第2—3页。
[③] 《邓小平文选》第3卷,人民出版社1993年版,第127页。
[④] 《邓小平文选》第3卷,人民出版社1993年版,第369页。
[⑤] 《邓小平文选》第3卷,人民出版社1993年版,第354页。

对这种机遇和调整，中国区域经济发展战略的选择，应该根据世界经济发展的总趋势来及时调整区域经济发展思路，努力融入世界经济发展的潮流，以加快中国现代化的进程。

（三）我国对外开放政策的实施

改革开放前，我国的经济建设采取的是以自力更生为主、争取外援为辅的方针。内地由于自然资源丰富，且地处腹地、有利于备战的需要，成为当时中国区域经济发展的战略重点。

1978年12月，中共十一届三中全会明确提出了对外开放的基本方针，指出："要在自力更生的基础上积极发展同世界各国平等互利的经济合作，努力采用世界先进技术和先进设备。"[①] 中共十一届三中全会以后，对外开放政策继续完善和发展。1982年9月，中共十二大特别提出了扩大对外经济技术交流的问题，指出："实行对外开放，按照平等互利的原则扩大对外经济技术交流，是我国坚定不移的战略方针。"[②] 1984年10月，中共十二届三中全会通过了《关于经济体制改革的决定》，提出要积极发展多种经济形式，进一步扩大对外的和国内的经济技术交流。1987年10月，中共十三大关于对外开放工作明确指出，要进一步扩大对外开放的广度和深度，进一步扩展同世界各国包括发达国家和发展中国家的经济技术合作与贸易交流；必须继续巩固和发展已初步形成的"经济特区—沿海开放城市—沿海经济开放区—内地"这样一个逐步推进的开放格局。

在一系列方针政策的指导下，中国对外开放步伐逐步加快，东部沿海地区由于具备比内陆地区更为优越的地理环境和经济基础，在体制和政策上将享受更多的优惠条件，使这些地区率先发展起来，并带动其他地区的发展，将成为中国区域经济发展战略调整的必然选择之一。

（四）对改革开放前区域平衡发展战略存在问题的反思

从新中国成立之初到改革开放前30年，面对旧中国生产力严重失衡

[①]《三中全会以来重要文献选编》上，人民出版社1982年版，第6页。
[②]《十二大以来重要文献选编》上，人民出版社1986年版，第24页。

的格局和紧张的国际环境，中国共产党将比较落后的内地作为经济布局和投资的重点，实施了以"加强内地建设、平衡生产力布局、巩固国防"为目标的区域经济平衡发展战略。该战略对于内地的经济发展、我国生产力非均衡布局的改善、民族团结和国家安全的增进曾发挥了积极作用，但同时也产生了不容忽视的诸多问题：首先，这种战略违背了生产力发展的客观规律，通过抑制东部发达地区来强化内陆地区的发展，反过来削弱了东部对内地经济发展的支持能力，所追求的只是一种低水平的平衡。其次，这种战略过分强调区域均衡发展而忽视了经济发展的效率原则，造成了较大的资源浪费。尤其是"三线"建设，在内地特别是在经济较为落后的区域所进行的生产力布局，实际上是一种"嵌入"的方式①，大小企业一律"靠山、分散、进洞"，企业之间、工业部门之间无法建立起正常的经济联系，难以形成综合生产能力和产生规模经济效益。

中国地域辽阔、人口众多、原有经济基础薄弱且发展极不平衡，超越一定时期生产力发展水平，过分追求地区间的平衡发展，将难以实现各地区共同富裕的远大目标。邓小平指出："我们坚持社会主义，要实现全国人民的共同富裕，然而平均发展是不可能的。过去搞平均主义，吃'大锅饭'，实际上是共同落后，共同贫穷，我们就是吃了这个亏。"②邓小平的深刻论断实际上是对传统区域经济发展模式的反思。以牺牲效率为代价追求公平的区域发展思想并不符合中国国情，中国的区域经济发展战略必然会经历从平衡到不平衡的重大调整。

（五）"部分先富、先富带后富、逐步实现共同富裕"思想的指导

1978年12月13日，邓小平在中共十一届三中全会召开前夕举行的中共中央工作会议闭幕会上发表了题为《解放思想，实事求是，团结一致向前看》的讲话。在讲话中，他第一次鲜明提出："在经济政策上，我认为要允许一部分地区、一部分企业、一部分工人农民，由于辛勤努力

---

① 林善炜：《中国经济结构调整战略》，中国社会科学出版社2003年版，第360页。
② 《邓小平文选》第3卷，人民出版社1993年版，第155页。

成绩大而收入先多一些，生活先好起来。一部分人生活先好起来，就必然产生极大的示范力量，影响左邻右舍，带动其他地区、其他单位的人们向他们学习。这样，就会使整个国民经济不断地波浪式地向前发展，使全国各族人民都能比较快地富裕起来。"①1984年10月20日，中共十二届三中全会通过的《中共中央关于经济体制改革的决定》对这一经济政策作了充分肯定。《决定》指出："社会主义社会要保证社会成员物质、文化生活水平的逐步提高，达到共同富裕的目标。但是，共同富裕决不等于也不可能是完全平均，决不等于也不可能是所有社会成员在同一时间以同等速度富裕起来。只有允许和鼓励一部分地区、一部分企业和一部分人依靠勤奋劳动先富起来，才能对大多数人产生强烈的吸引和鼓舞作用，并带动越来越多的人一浪接一浪地走向富裕。"②

邓小平提出的"允许和鼓励部分先富、先富带后富、逐步实现共同富裕"的论断是促使中国区域经济发展战略调整的重大指导思想之一。从区域经济发展的角度而言，中国各地区的自然资源分布和社会经济文化发展的条件存在较大差异，国家在政策和资金方面向部分条件较好的地区倾斜，允许和鼓励这些地区先富起来，可以产生较大的示范效应，并推动其他地区和整个国民经济的发展。在邓小平这一重要的政策思想的指导下，区域经济非均衡发展战略将会顺利实施并进入良性轨道。

（六）梯度推移理论的引入和指导

我国理论界在对传统社会主义区域经济理论进行反思的同时，也引入了国外盛行的梯度推移理论，这对中国区域经济发展理论和实践的重构发挥了重大作用。梯度推移理论起源于美国哈佛大学费农教授首创的"工业生产生命周期阶段论"。该理论根据地区间经济发展水平存在的差距，将较为发达地区视为高梯度地区、不发达地区视为低梯度地区，认为新兴产业和高技术产业应在高梯度地区优先发展，而传统产业应在低梯度地区发展，产业结构的优化逐步有序地从高梯度地区向低梯度地区

---

① 《邓小平文选》第2卷，人民出版社1994年版，第152页。
② 《人民日报》1984年10月21日。

转移。

  梯度推移理论打破了片面强调"均衡布局"的传统区域布局模式，从客观实际出发，承认地区发展非均衡的现实，认为条件较好的地区应较快地发展起来，并通过产业和要素从高梯度区域向低梯度区域的转移，带动落后地区的发展。改革开放以来，在计划经济向市场经济过渡的初始阶段，该理论符合经济发展的客观规律和中国特定经济发展阶段的客观要求，对于中国区域经济发展战略的转变提供了理论指导。

二、战略的实施

  基于国际国内形势和中共十一届三中全会召开后我国经济发展指导方针的转变，改革开放初期至20世纪90年代中期，中国区域经济实施了东部沿海地区优先发展（1981—1985年）和三大地带梯度转移（1986—1992年）的非均衡发展战略。

（一）1981—1985年东部沿海地区优先发展战略的实施

  "六五"计划指出，要"积极利用沿海地区的现有经济基础，充分发挥它们的特长，带动内地经济进一步发展"。[①] 根据这一指导思想，国家采取了一系列措施，实施了向沿海地区倾斜的区域发展政策。首先，不断加大对外开放的步伐。1984年初，中央决定进一步开放沿海14个港口城市：大连、秦皇岛、天津、烟台、青岛、连云港、南通、上海、宁波、温州、福州、广州、湛江、北海。1985年初至1987年底，国务院决定把珠江三角洲、长江三角洲、闽南漳—泉—厦三角地区及山东半岛、辽东半岛等开辟为沿海经济开放区。这些特区和开放城市组成了中国沿海开放地带和工业城市群，在工业、农业、交通等方面具有领先优势。其次，政策和资金向沿海开放地区倾斜。在政策方面，国家加强了对经济特区、沿海开放城市的工业、港口、航空机场与城市建设，并对这些地区在财政、税收、信贷、投资等方面给予优惠。在资金方面，1981—1985年，沿海11

[①] 《人民日报》1982年12月13日。

个省区市的工业基本建设投资占全国的比重由"五五"期间的44.0%提高到46.0%。1984年在全国基本建设总投资中，广东省首次居第一位。长期以来居后的上海，其工业基本建设投资占全国9.6%，居第一位。① 最后，内地投资比重下降。如1965—1967年，第一次"三线"建设高潮时在四川省的投资占全国的14.5%，到1984年该比值下降到4.4%。

（二）1986—1992年三大地带梯度转移战略的实施

改革开放后至20世纪80年代中期，随着全国生产力布局的展开，沿海与内地的划分显得过于笼统，不能适应生产力布局的要求和改革开放新形势的需要。随着梯度推移理论引入中国，国家决策机构开始用三大地带代替沿海与内地的传统划分方法。1985年9月23日通过的《中共中央关于制定国民经济和社会发展第七个五年计划的建议》指出："要按照经济技术发展水平和地理位置相结合的原则，并适当考虑行政区划的完整性，将全国划分为东部、中部、西部三个经济地带。"② 1986年六届全国人大四次会议通过的《中华人民共和国国民经济和社会发展第七个五年计划（1986—1990）》中进一步界定了东、中、西部三大地带③的范围。三大经济地带范围的划分，较为客观地反映了中国经济技术发展水平存在的梯度差异特征。根据这一特征，"七五"期间，国家选择了三大地带梯度转移战略，国务院总理在《关于第七个五年计划的报告》中指出："在投资的地区分布上，要根据东部、中部和西部地带的经济发展情况和资源条件，确定不同的投资重点和恰当的投资比例，使东部地带的发展和中部地带以及西部地带的开发更好地结合起来。"④

根据"七五"计划在三大地带发展方面的指导方针，国家根据各地

---

① 陆大道等：《1997中国区域发展报告》，商务印书馆1997年版，第8—9页。
② 《人民日报》1985年9月26日。
③ 东部沿海地带包括辽宁、河北、北京、天津、山东、江苏、上海、浙江、福建、广东、广西11个省、市、自治区（未包括台湾、香港、澳门，1988年海南从广东省分离出来建省后为12个省、市、自治区）；中部地带包括黑龙江、吉林、内蒙古、山西、安徽、江西、湖南、湖北、河南9个省、自治区；西部地带包括四川、云南、贵州、西藏、陕西、甘肃、青海、宁夏、新疆9个省、自治区（重庆成为直辖市后，就包括10个省区市）。
④ 《人民日报》1986年4月14日。

区的实际，选择了不同的发展举措。东部沿海地区在加强能源、钢铁、石油化工、机械制造、汽车、造船等重工业的同时，大力发展了电子、家电、通信等新的工业部门和行业，在出口工业品的生产方面也有了大幅增加；各种类型的经济技术开发区、高新技术园区以及沿海地区的经济特区等，成为各地区经济的主要增长点和技术创新的主要基地；西北和西南的能源富集区域，重点发展了能源开发。主要是陕甘宁地区的天然气，晋陕及内蒙古自治区的煤炭，黄河上游、长江上游主要支流和红水河的水能。同时在西北和西南还发展了一批基础原材料的生产。其中包括酒钢和攀钢等钢铁厂的扩建，在水能丰富的地区新建和扩建了一批有色金属的冶炼和加工，等等。[1]

三、战略的综合评价

改革开放初期至20世纪90年代中期实施的区域经济非均衡发展战略，在当时曾发挥了积极作用，但也产生了不容忽视的负面影响。

（一）正面效应

改革开放初期至20世纪90年代中期实施的区域经济非均衡发展战略所产生的积极影响体现在：第一，沿海地区特别是东南沿海新兴工业地区的发展，推动了中国全方位对外开放格局的形成和中国经济市场化改革进程。第二，东部地区的率先发展，提高了资金的运转效益，使沿海地区成为最具活力的经济高速增长区，实现了国民经济整体效率的最大化。"六五"期间，全国GDP的年增长速度达到9%以上，几乎为"五五"期间的2倍，其中，东部沿海地区的经济增长更为迅速。14个开放城市1984年的人口占全国7.7%，工业产值却占全国的23.1%，人均工业产值为全国的3倍。[2] "七五"时期，东部沿海地区的高速发展成为整个国民经济快速增长的主要发动力。1979—1988年，按可比价格计

---

[1] 陆大道等：《1997中国区域发展报告》，商务印书馆1997年版，第10页。
[2] 陆大道等：《1997中国区域发展报告》，商务印书馆1997年版，第9页。

算，中国国民生产总值平均每年增长 9.6%，超过 1953—1978 年年均增长 6.1% 的速度，大大高于世界上绝大多数国家年平均增长 2%—3% 的速度。① 第三，东部地区的优先发展，产生了较大的扩散效应，在一定程度上支持了中西部地区的发展。1952—1978 年，东、中、西三大地带人均国民收入年均增长分别为 4.63%、2.92%、3.53%，而 1978—1992 年，年均增长速度分别提高到 8.28%、6.73%、7.1%。②

（二）负面效应

改革开放初期至 20 世纪 90 年代中期实施的区域经济非均衡发展战略也带来了一定的负面效应。第一，拉大了地区发展差距。在 1979—1995 年的 17 年间，我国经济年均增长速度为 12.8%，而西部地区为 8.7%。在 1995 年的国内生产总值比率中，东部地区则由 1978 年的 5.01% 提高到 57.7%，西部地区则由 1978 年的 15.6% 下降到 14.0%。东西部相比，人均 GDP 由 1978 年的 1∶0.52 扩大到 1995 年的 1∶0.43。③ 第二，在实行一系列向东部沿海地区倾斜的政策措施的过程中，不同程度地存在着倾斜范围过窄、倾斜力度过大和倾斜时限过长的状况④，在追求效率的同时，相对忽略了兼顾公平的目标。第三，区域经济发展战略的实施举措还不够完善，不可避免地导致了区域经济封锁、区域产业结构趋同、区域之间利益摩擦和冲突、过分追求经济增长而忽视对资源和环境的保护等诸多矛盾和问题。

（三）对正负效应的正确认识

综上所述，实行非均衡发展战略时期虽然是我国经济增长速度最快的时期，但也是地区间差距增大的最快时期，并带来了一系列在当时难以克服的矛盾和问题。因此，从总体上来看，区域经济非均衡发展战略在一定程度上对我国经济发展贡献巨大，但并非是我国区域发展战略历

---

① 《十三大以来重要文献选编》中，人民出版社 1991 年版，第 613—614 页。
② 林善炜：《中国经济结构调整战略》，中国社会科学出版社 2003 年版，第 362 页。
③ 李柱甫、唐亮星：《我国区域经济发展战略的演变》，《技术与市场》2007 年第 10 期。
④ 林善炜：《中国经济结构调整战略》，中国社会科学出版社 2003 年版，第 362 页。

程中最成功的一次选择和尝试，不过值得一提的是，正因为该战略存在的诸多问题，才为20世纪90年代中后期区域经济非均衡协调发展战略的实施提供了前提和契机。

四、结论与启示

本文重点对改革开放初期至20世纪90年代中期中国区域经济平衡发展战略向非均衡发展战略转变的原因进行了历史考察，并回顾了该时期东部沿海地区优先发展战略和三大地带梯度转移战略实施的相关举措，最后在当时的历史背景下客观评价了该战略对区域经济发展所产生的正面和负面效应。本文认为，改革开放初期至20世纪90年代中期实施的非均衡发展战略对于促进东部沿海地区的发展、中国全方位对外开放格局的形成、市场化改革的完善、国民经济整体效益的提高曾发挥了积极作用。但也不可避免地产生了地区差距扩大、兼顾公平目标的忽略、区域产业结构趋同、区域之间利益摩擦和冲突、对资源和环境的破坏等诸多矛盾和问题。

同时，通过对改革开放初期至20世纪90年代中期中国区域经济发展战略的历史考察，可得到两点启示：第一，一定时期的发展战略都具有一定的历史必然性，在当时也都发挥过积极作用，但也存在着一些不容忽视的问题。因此，对不同时期的发展战略都要放在当时特殊的历史背景下来审视和评价，这对于客观分析历史战略问题，并从中总结经验和教训将会有所裨益。第二，要正确认识历史战略问题的正负效应。随着国内外形势、经济体制、党的指导思想和方针的不断调整，在特定的历史时期曾发挥过重要作用的传统战略必然会被适应国内外形势的新的发展战略所替代，因此，我们不能对一种战略持绝对的肯定或否定态度，要在当时特定的历史环境下看其产生的积极效应，同时要从长远来看其产生的负面影响，因为一种战略所存在的弊端往往会成为新战略出台的强大引擎和动力。

［原载《党史文苑（学术版）》2009年第6期］

促进区域协调发展中政府和市场作用的发挥

尊重经济发展的客观规律，使市场在资源配置中起决定性作用和更好发挥政府作用，对新常态下推进经济结构性改革，保持经济平稳健康增长具有重要意义。解决区域发展差距，优化区域结构，协调区域发展是经济结构性改革的一个重要方面，需要在认识和总结新中国成立以来发挥政府与市场作用协调区域发展的历史经验的基础上，厘清新常态下市场与政府的角色定位，塑造要素有序自由流动，促进主体功能约束有效、基本公共服务均等、资源环境可承载的区域协调发展新格局。

一、政府调控和市场机制有机结合是促进区域协调发展的历史经验

建立完善的市场机制，打破行政壁垒，消除地区封锁，构建统一公平的市场，促进要素流动，推动各地区比较优势的发挥，是区域协调发展的基础。在充分发挥市场作用的同时，也不能忽视各级政府的宏观调控作用。中央政府在解决区域差距、贫困和收入分配等问题上，具有市场不可替代的作用。同时由于中国各地区资源条件、市场发育程度和经济社会发展水平存在的差异，中央政府对区域发展的调控效果还需要发挥地方政府在区域层面的自主调控作用。政府调控与市场机制的有机结合是促进区域协调发展的基本经验，认识和解决新中国成立以来各阶段区域发展面临的问题，与能否正确认识和处理政府与市场的关系以及中

央政府与地方政府的关系紧密相连。

改革开放前，为恢复和发展国民经济，中国仿效苏联，建立了中央高度集权的计划经济体制。一方面，在计划经济"均衡布局论"的指导下，为平衡生产力布局，将全国分为沿海与内地两大经济地带，实施了以内地为建设重点的区域均衡发展战略。该战略虽然在中国工业化初期对平衡生产力布局和内地发展发挥了一定作用，但抑制了各地区在经济建设方面的积极性，导致了区域间高度垂直型分工和单一纵向型经济联系。根据沿海与内地资源禀赋、经济、科技实力等方面存在的差异，为加强内地建设，中央政府将大量原料和能源指向型工业布局在内地，形成了内地以开发农业、矿产资源以及发展原材料工业为主，沿海以加工制造业为主的垂直型区域分工格局。同时，在内地建立的一些中央部属企业，在条块分割的区域管理模式下，与沿海工业企业间建立的是单一纵向型产业联系，不利于区域之间的分工与协作。另一方面，为加强中央政府对地区经济的统一管理和进一步均衡生产力布局，我国按自然地理位置和行政区划分协作区，并要求各个协作区根据本区域的资源等条件，按照全国统一的规划，分别建立大型的工业骨干企业和经济中心，形成若干个具有比较完整的工业体系的经济区域。为了适应各经济协作区建立独立完整的工业体系的需要，中央政府还将一些经济管理权限下放给地方。当时的区域经济管理体制改革试图探索从以部门"条条"为主的计划体制改变为以地方为主的"条块"结合的管理体制，但在"大跃进"运动的影响下，这次改革并未触动行政性计划经济体制，不能发挥市场机制在地区之间配置资源的作用，加上在过多过急的权力下放的同时缺少必要的制约，未能处理好中央和地方的关系，导致地区封锁倾向的滋生。各地从本地区利益出发，片面追求工业自成体系，本着"万事不求人"的原则，盲目投资建厂，重复引进、重复生产，致使各经济区无法形成不同层次、各具特色的区际分工体系，经济秩序出现失控混乱状态。各地区"大而全""小而全"的经济结构也割裂了地区之间的联系和协作，严重影响了整个国民经济的发展速度和效益。总体而言，改革开放前，中央政府作为唯一的经济利益主体，采取自上而下、垂直统一的纵向管理模式，统一安排地区经济建设计划、规模、生产所需资金、市场等，地方政府与企业一直作为中央政府管理的中介与附属物而存在。虽然为了提高地方积极性，中央政府曾下放过一部分权力给地方，但由于未能处理好中央与地方的关系，最终未能激发企业与地方发展经济的积极性。应该说，传统僵化的计划经济体制，不按市场经济运行规律而进行的区域经济分工与协作，是导致改革开放前地区之间不能建立合理的竞争与合作关系的阻碍因素。

中共十一届三中全会召开后，国民经济发展方针逐步转向提高经济效益，发展生产力，指令性计划范围越来越小，市场在资源配置中发挥的作用逐步增强。鉴于计划经济时期实施的以内地建设为重点的平衡发展战略对区域经济效益的忽视，改革开放初期至20世纪90年代中期，我国开始实施东部沿海地区优先发展进而带动内地发展的区域经济非均衡发展战略，一系列政策和资金向沿海地区倾斜，推动了中国市场化改革的进程，提高了国民经济整体效率，在一定程度上也带动了中西部地区的发展。但由于市场经济体制的不完善，政府宏观调控的缺失，该战略在实施过程中存在倾斜范围过窄、倾斜力度过大和倾斜时限过长的问题，在追求效率的同时，相对忽略了公平，致使地区发展差距日益拉大。同时这一时期宏观管理体制的重大变革也使地方政府作为区域经济发展主体的地位逐步得到确认。为发展地方经济，各地区在"扬长避短、发挥优势、坚持自愿、组织联合"的原则下，开展了多种形式的横向经济协作，一定程度上促进了经济结构和地区布局的合理化。但由于区域管理制度的不完善，区域协调与问题解决机制的不健全，随着地方政府主体意识的日益强化，区域分工造成的区际利益的扭曲，也导致了区域市场封锁、重复建设、原料大战、区际冲突加剧，区域经济差距进一步扩大。

随着中共十四大明确提出建立社会主义市场经济体制的改革目标，面对区域经济发展的矛盾和冲突以及区域发展的失衡态势，中共中央提出要按照"统筹规划、合理分工、优势互补、协调发展、利益兼顾、共同富裕"的原则，加强对中国地区经济发展的宏观规划，在全国统一市场经济的前提下，发挥各地区的比较优势，实现资源优化配置，协调地区经济发展。随着市场经济体制的进一步完善和政府宏观调控作用的加强，中央政府进一步对区域发展作出一系列具体部署，引导市场在配置资源方面发挥基础性作用，加快市场体系培育和发展的同时，对区域发展进行正确指导和宏观调控。通过实施"四大板块"的区域发展总体战略，健全市场机制、合作机制、互助机制和援助机制等区域协调互动机制，充分发挥不同地区的比较优势，促进了生产要素合理流动，推动了区域良性互动发展；通过落实主体功能区战略，按照全国经济合理布局的要求，规范开发秩序，控制开发强度，形成了高效、协调、可持续的国土空间开发格局；通过完善并创新区域政策，缩小政策单元，提高区域政策的精准性，实现了区域资源有效利用和优化配置，促进了全国经济布局的合理化。尽管区域战略和政策的有力实施带来了区域经济发展的重大变化，但区域发展面临的形势依然严峻，区域间人均GDP、人均财政收入等重要指标差距还在拉大，区域无序和不良竞争仍然存在，日益严重的大城市病，区域过度开发带来的交通拥堵、用地紧张、环境污染等问题还未得到根本解决。面对经济发展面临的一系列矛盾和问题，中共中央提出全面深化改革的战略目标，要求正确处理好政府和市场的关系，使市场在资源配置中起决定性作用和更好发挥政府作用。在区域发展上，提出要继续坚持协调发展，在协调发展中拓宽发展空间，在加强薄弱领域中增强发展后劲；打破阻碍要素自由流动的行政壁垒，加强跨区域合作机制的顶层设计，推进京津冀协同发展、长江经济带建设和丝绸之路经济带建设等重大国家战略的实施，推动大范围、跨区域的经济合作和协同发展；全面提高资源配置效率，构筑区域经济优势互补、主体功能定位清晰、国土空间高效利用、人与自然和谐相处的区域发展格局，逐步实现不同区域基本公共服务均等化。

通过回顾新中国成立至今我国区域发展中政府与市场作用的发挥，应清醒地认识到政府调控和市场机制有机结合，正确处理中央与地方的关系是促进区域协调发展的历史经验。传统计划经济体制下，各经济区域没有独立的经济利益；区域均衡发展战略过分注重公平，忽视了市场经济运行规律，导致国民经济整体缺乏活力。市场经济体制转轨时期，区域非均衡发展战略过分注重效率，区域差距日益拉大；市场发育的不健全以及区域管理体制的不完善，导致区域市场封锁，区域冲突加剧。随着市场经济体制的完善，区域协调发展战略的顺利推进，需要充分发挥市场在资源配置中的决定性作用，创新政府区域调控和治理机制，正确处理中央政府和地方政府的关系，在"强政府、强市场"作用下，将引导区域经济逐步走向更有效率、更加公平、更可持续的良性发展轨道。

二、新常态下促进区域协调发展中政府和市场作用的发挥

中国经济发展步入新常态，区域经济发展也呈现新的特征，区域经济协同发展的新格局逐步显现，"京津冀协同发展"、"长江经济带"上升为国家战略和"一带一路"倡议的提出，区域经济新的增长点不断涌现；国内资源与国际资源、国内市场与国际市场进一步打通，区域开放合作力度日益加强。同时，新常态下的区域协调发展也面临诸多问题和挑战。随着经济发展速度从高速转向中高速，近年来中西部和东北地区经济增速超过东部地区的态势将发生变化，区域协调发展面临困难和挑战；随着经济发展方式从规模速度型粗放增长转向质量效率型集约增长，经济发展动力从要素驱动、投资驱动转向创新驱动，东部地区实现创新发展，中西部和东北地区调整产业结构和推动经济转型面临更大压力。面对新常态下区域发展呈现的新特征和新矛盾、新问题，需要充分发挥市场在配置资源中的决定性作用，同时加强政府的宏观调控能力，完善区域协调发展的体制机制，实施更加细化的区域发展政策，积极培育区域经济新增长极，谋划区域发展新格局，推动实施适应新常态的区域经济发展战略。

发挥市场在配置资源中的决定性作用，是促进新常态下区域协调发展的动力机制。长期以来我国地区间的行政壁垒较为严重，阻碍了市场作用的有效发挥。新常态下，要进一步消除地区行政壁垒，构建全国统一开放、竞争有序的市场体系，积极推进区域资本、技术、人力资源、土地、信用服务市场建设，促进生产要素在区域间的顺畅流动和优化配置。同时，加强政府的宏观调控，根据不同区域发展的特点实施更加细

化的区域发展政策，完善政府跨区域治理能力，加强区域分工与合作，促进区域协同发展，也是新常态下推进区域协调发展的有力保障。首先，继续深入实施区域发展总体战略，优化经济发展空间格局。在新常态下，西部大开发战略要转变思路，强化内生开发模式，政策倾斜和外部援助要融入当地的产业发展之中，进一步激发西部地区的增长潜力，增强内生发展动力。同时西部大开发还要强化深度开发模式，给予西部地区特殊的扶持政策，支持落后地区、薄弱领域的发展。经济新常态下，东北老工业基地存在的深层次体制机制和结构性矛盾凸显，经济增速持续回落，部分行业生产经营困难。东部振兴战略实施中，要努力破解老工业基地的发展难题，促进政府职能转变，激发市场活力，健全区域创新体系，推动经济转型升级，积极发展战略性新兴产业，全面提升产业竞争力。新常态为中部地区也带来了新的机遇和挑战，要大力实施体制机制创新驱动战略，加强新型城镇化发展，为中部崛起增加内原动力；开拓国际国内市场，实施内陆开放型经济战略，为中部崛起提供外部驱动力。新常态下，东部地区结构调整、创新发展面临更大挑战。要继续实施创新驱动战略，通过结构升级和体制创新，打造中国开放型经济升级版，发挥东部地区在全国经济结构调整和转型发展中的引领和辐射带动作用。其次，随着"京津冀协同发展"、"长江经济带"上升为国家战略和"一带一路"倡议的提出，经济新常态下，要继续深化改革开放，加强顶层设计，推进政府、市场与社会组织的多元协作，打破阻碍要素自由流动的行政壁垒，减少区域之间的利益冲突，增加区域之间的利益分享，优化分工格局，鼓励各地区在互利共赢、优势互补的基础上，推动跨区域经济合作和协同发展，提高区域资源配置效率，协同解决涉及多个区域、多个行政主体的环境、生态、流域、基础设施建设、基本公共服务不均等、行政区经济等诸多问题。再次，随着经济发展动力从传统增长点转向新的增长点，要积极培育新的区域经济增长极，加强海洋经济、流域经济发展，促进各类功能区有序发展，发挥其辐射示范作用，推动区域经济社会转型升级，构筑区域经济发展新动力。最后，随着国内市场与国际市场的进一步打通，要结合"一带一路"倡议的实施，统筹推进国内国际区域合作，积极参与全球经济治理，"引进来"与"走出去"结合，对内开放与对外开放并重，内陆开放与沿陆桥开放并行，创建国际竞争新优势，加快形成优势互补、分工协作、均衡协调、更高层次、更多维度、更多联动的区域开放新格局。

[原载《当代中国史研究》2016年第1期]

改革开放以来我国区域规划工作的历史演进与经验启示

区域规划是时代发展的产物，是社会进步的一种标志，是国家和地区调控区域发展的一种手段。[①]1956—1960年，我国早期的区域规划工作开始起步，其后随着"文化大革命"的爆发，受政治形势的影响，区域规划工作一度处于停滞状态。改革开放后，随着国内外形势的变化，为贯彻落实国民经济总体计划，我国借鉴国外国土整治规划的经验，开始编制包括国土规划在内的多种类型的区域规划。20世纪90年代，随着社会主义商品经济向社会主义市场经济转变，整个国民经济管理朝着加强宏观调控、微观放开搞活的方向发展，各级政府在区域经济发展中获得了更多的自主权，对其管理水平提出了更高的要求，迫切需要区域发展规划以崭新的面目、丰富的内涵和较强的适应性去指导市场经济的发展，[②]区域规划工作由此得到蓬勃发展。

一、改革开放以来我国区域规划工作的历史回顾

改革开放以来，我国区域规划的发展和演变大致经历了以下四个阶段。

[①] 崔功豪、王兴平：《当代区域规划导论》，东南大学出版社2006年版，第1页。
[②] 方创琳：《区域发展规划论》，科学出版社2000年版，第41页。

（一）20世纪80年代初：编制和实施地区国土开发整治规划

中共十一届三中全会以后，国家在区域经济发展的指导思想上发生重大转变，即从片面追求平衡发展方针开始逐步转向扬长避短、发挥各地区的经济优势、搞好地区间的分工协作、促进国民经济更快发展的方针。1980年中共中央发布13号文件，作出关于开展区域规划工作的决定。文件指出：区域规划可以先从重点建设地区和重要工业基地做起。要根据各省市区发展国民经济的任务，在一定区域范围内搞好生产力的合理配置，安排好各部门之间的协作关系。区域规划的方针是"扬长避短，发挥优势"。[①]1980年7月，国务院颁发《关于推动经济联合的暂行规定》，提出推进原料产地与加工地、企业之间的横向经济联合，并提出"扬长避短、发挥优势、保护竞争、促进联合"的方针。[②]1982年12月，五届全国人大五次会议通过的《中华人民共和国国民经济和社会发展的第六个五年计划（1981—1985）》[③]，首次专门列出"地区经济发展计划篇"，把全国划分为东部沿海、内陆、边远少数民族三种不同类型地区，并提出各类地区的发展方针。在经济总体布局上，纠正过去偏重内陆地区建设、忽视沿海地区发展的倾向，转为一方面着重发挥沿海地区的经济技术优势，一方面有步骤有计划地开发内陆和少数民族不发达地区的资源，同时积极推进地区之间和各地区内部的横向联合，通过自下而上、平等协商的方式建立众多不同层次的区域性经济组织。"六五"计划还规定编制部分地区国土开发整治规划，首先是编制以上海为中心的长江三角洲的经济区划，以山西为中心包括内蒙古西部、陕北、宁夏、豫西的煤炭、重化工业基地的经济区划。

按照"六五"计划的战略部署，20世纪80年代初，我国的区域规划工作从以下方面展开：第一，建立一批多层次、多形式的跨行政区区域合作组织，如西南五省六方协作区、沿黄河经济协作区、长江沿岸城市

---

① 孙尚清主编：《论经济结构对策》，中国社会科学出版社1984年版，第320—321页。
② 《国务院关于推动经济联合的暂行规定》，《中华人民共和国国务院公报》1980年第8期。
③ 《中华人民共和国国民经济和社会发展第六个五年计划》，《中华人民共和国国务院公报》1983年第9期。

市长联席会议、长株潭经济区等。区域合作组织的建立，加强了不同行政区之间的物资协作、技术协作和经济联合，区域合作组织共同探索一些重大的和中长期的区域发展问题，促进了区域规划工作的开展。第二，借鉴国外国土规划的理念编制部分地区国土开发整治规划。国家及各地区成立了专门的职能机构组织开展规划工作，组织编制全国国土开发总体规划以及专项的涉及国土开发、利用、整治和保护的区域规划。国土规划包括10个方面的内容：自然条件和国土资源的综合评价、社会经济现状分析和远景预测、国土开发整治的目标和任务、自然资源开发的规模布局和步骤、人口和城市化、交通通信动力和水源等基础设施的安排、国土整治和环境保护、综合开发的重点区域经济规划、国土规划的客观效益评价、国土规划的实施措施。[①]在具体实施中，我国首先启动了以上海为中心和以山西为中心的地区经济规划。对包括工业、农业、交通运输、城乡建设、内外贸易、旅游等行业在内的上海综合经济区而言，在编制规划时，既考虑了全国对上海经济区的要求，也从上海经济区的自然条件、工业基础、农牧渔业发展现状、工业原材料来源、能源与运输条件、劳动力与科学技术条件等实际情况出发，对上海经济区发展的战略方向以及各行业的综合发展进行了合理安排。对于山西能源基地建设综合经济规划的研究，在对山西能源基地的有利条件和局限因素进行深入分析的基础上，根据国家对能源的要求以及山西省内各地区资源地域组合的特殊性、经济发展条件的类似性、经济发展方向的一致性和区内区际联系的合理性，规划了省内各地区经济发展的主要方向和各个地区的经济特征。此外，国家还编制了以京津唐，沈阳、武汉、重庆、广州、西安为中心的中央一级或省一级的区域规划。同时，也逐步开展了省以下的区域规划工作，如吉林的松花湖地区、浙江的宁波滨海地区、湖北宜昌地区的区域规划编制工作都开始逐步实施。

该时期启动的第一轮国土规划工作，针对过去我国基本建设管理工作中存在的只管基本建设项目的弊端，在对影响国民经济发展的自然资源、劳动资源和社会经济资源进行综合考察的基础上，全面系统地摸清

---

① 孙久文：《区域经济规划》，商务印书馆2004年版，第37页。

了我国的国情和区情，为合理地编制国土总体规划提供了科学依据；提出了国土开发布局的总体构想，谋划了重点经济带或重点经济区域发展的生产力布局问题；将保护环境、不断提高环境质量与地区经济综合发展结合起来，推动了国土开发过程的生态环境问题的研究，为社会主义现代化建设坚持从我国国情出发，合理开发利用各地区国土资源，充分发挥地区优势，统筹规划、因地制宜地发展国民经济创造了良好条件。

（二）20世纪80年代中后期：编制和实施经济协作区区域规划

20世纪80年代中期，经济技术梯度推移理论被引入中国，并成为国家决策结构划分经济地带和制定区域发展政策的重要依据。1985年9月，《中共中央关于制定国民经济和社会发展第七个五年计划的建议》中第一次将全国划分为东部、中部、西部三个经济地带，指出，我国经济分布客观上存在着东、中、西部三大地带，要正确处理我国东部、中部、西部三个经济地带的关系，充分发挥它们各自的优势和发展它们相互间的横向经济联系，逐步建立以大城市为中心的、不同层次、规模不等、各有特色的经济区网络。[①]1986年4月，六届全国人大四次会议通过的《中华人民共和国国民经济和社会发展第七个五年计划（1986—1990）》中，进一步提出了建设全国经济区网络的设想：进一步推动上海经济区、东北经济区、以山西为中心的能源基地、京津唐地区、西南"四省（区）五方"地区等全国一级经济区网络的形成和发展；形成以省会城市和一批口岸与交通要道城市为中心的二级经济区网络。这些城市，要敞开大门，同周围中、小城市和地区发展广泛的横向经济联系，增强辐射力，形成范围不同各具特色的经济区；发展以省辖市为中心的三级经济区网络。各省、自治区直辖的城市，要根据各自的地位和条件，同周围的县城、集镇以至农村加强联系，促进城镇之间、城乡之间贸易的发展，积极发展各种形式的经济技术联营与协作，开展技术交流，信息咨询和人

---

① 《中共中央关于制定国民经济和社会发展第七个五年计划的建议》，人民出版社1985年版，第18—19页。

才培养等多种形式的服务工作。①

按照"七五"计划的部署，20世纪80年代中后期开始，区域规划工作的重点围绕经济协作区展开。国家先后成立了上海经济区规划办公室、东北经济区规划办公室、以山西为中心的能源基地规划办公室，我国又开始进入一个新的区域规划阶段。1982年底，国务院决定成立以山西为中心的能源基地规划办公室。规划办公室的主要任务是负责制定基地内的经济、社会发展规划，加速开发和建设我国的能源基地；协调基地内部之间、地区之间、地区与部门之间的关系，使基地同全国经济的发展紧密结合起来。1983年3月，国务院上海经济区规划办公室正式成立。规划办的主要任务是解决条块矛盾，解放生产力，形成区域内不同形式的经济联合组织；发挥上海作为全国经济中心的作用，大力发展高、精、尖、新的加工工业和出口产品，为周围地区和全国各地提供高质量多功能的服务。1985年9月，国务院将东北能源交通规划办公室改为东北经济区规划办公室。规划办公室的主要任务是制定地区的经济、科技、社会发展规划以及国土规划；组织和推动跨省区、跨部门的横向经济联合；对宏观经济中的一些长远性、战略性重大问题深入调查研究，提出意见供国家决策。上述三个经济区办公室的成立，推动了20世纪80年代中后期经济协作区区域规划的顺利开展。如上海经济区办公室积极探索区域横向经济联合方式；协调区内能源建设；制定《上海经济区发展战略纲要》，明确提出要充分发挥中心城市作用，打破条块分割，把横向经济联系更好地组织起来，逐步形成以大中城市为依托的、不同规模的、开放式、多层次、网络型的经济区。东北办公室努力提高区域内城市的组织程度，把各城市的分工、协作及各种形式的联合推向新的水平；加强了区内连接城乡的各种交通运输及通信设施的建设，增强了城市的各种功能，充分发挥了各级城市的多种服务作用；制定了能源、交通和老企业技术改造规划以及一些重点地区的国土规划，对黑龙江东部、内蒙古东部、吉林珲春、辽宁中部等地区的煤、电、运建设问题提出了可行

---

① 《中华人民共和国国民经济和社会发展第七个五年计划》，人民出版社1986年版，第106—107页。

性方案。以山西为中心的能源基地规划办公室在山西与基地五省区开展横向经济联合上取得较大进展,其特点是由过去的以物易物、协作加工,发展为通过物资协作,引进资金、引进技术、引进人才;由一次性、临时性协作,向长期、稳定的方向发展,初步呈现了多层次、多渠道、多形式的协作局面。① 应该说,该时期由国务院牵头组织开展的区域规划工作,在一些重大问题上促进了各地区达成基本共识;通过加强地区内的横向经济联合,协调了各行政区之间的利益关系,促进了区域合作。

(三) 20 世纪 90 年代:编制和实施大经济区区域规划

20 世纪 90 年代初,面对区域经济发展失衡引发的诸多负面效应,依据国内外经济政治和社会形势的新变化,对中国区域经济发展战略适时进行调整和完善,确保中国经济持续快速协调发展,已成为中央领导集体所面临的新课题。《中共中央关于制定"八五"计划的建议》及七届全国人大四次会议批准的《国民经济和社会发展十年规划和第八个五年计划纲要》提出,生产力的合理布局和地区经济的协调发展,是中国经济建设和社会发展中一个极为重要的问题。中国地域辽阔,各地区经济发展和资源分布很不平衡。正确处理全国经济发展与地区经济发展之间以及地区经济之间的关系,不仅关系到各种优势的发挥和经济的合理发展,而且关系到国家的统一和全国各民族的团结。因此,按照"统筹规划、合理分工、优势互补、协调发展、利益兼顾、共同富裕"②的原则,进一步改善地区经济结构和合理布局生产力,从国民经济整体效益出发,加强对中国地区经济发展的宏观规划,实现资源的合理利用和优化配置;在全国统一市场经济的前提下,充分发挥各个地区的比较优势,促进地区经济的合理分工与协作;合理调整不同地区和产业的比较利益,促进地区经济的协调发展。

1996 年 3 月,"九五"计划和 2010 年远景目标纲要指出,要按照市场经济规律和经济内在联系以及地理自然特点,突破行政区划界限,在

---

① 李海舰等:《圈层开放 扩大开放的新战略》,中国财政经济出版社 1992 年版,第 134 页。
② 《十三大以来重要文献选编》下,人民出版社 1993 年版,第 1500 页。

已有经济布局的基础上,以中心城市和交通要道为依托,逐步形成7个跨省区市的经济区域。进一步发挥各地区的优势,发展各具特色的优势产业。①

根据"八五"计划和"九五"计划的部署,国家开始重视大经济区的规划工作,通过编制和实施大经济区规划,不断扩大跨地区的经济联系。原国家计委牵头启动了全国七大经济区区域发展规划的编制工作。如西南和华南部分省区区域规划工作于1990年启动,1992年经国务院批复并实施。规划的实施打通了西部通达沿海地区的通道,促进了广西北海、钦州、防城港等地区的港口建设以及云贵桂高速公路建设,同时也促进了西南地区的农业及热带、亚热带作物的发展以及水电开发、能源和有色金属工业的发展。西北地区区域发展规划在1993年经国务院批准转发,主要涉及西北地区经济发展的指导思想及目标、重点任务、经济布局和政策措施等内容。如加强与中亚国家合作、加快发展能源和原材料工作、改善交通和水利等。环渤海地区区域规划于1994年由国务院批复转发,主要谋划了京津和山东的机械电子工业和金融商贸等服务业,天津、山东的港口业和海洋渔业,山西、内蒙古自治区的煤炭及电力工业基地建设、旅游业发展以及该区域交通水利发展、渤海湾的生态环境保护等问题。长江三角洲及长江沿岸地区区域规划于1995年以中央文件的名义转发,该规划提出以浦东为龙头推动三角洲及长江沿岸地区开发开放的要求。规划内容较全面,涉及石化、钢铁、化工、建材等原材料加工的、高技术的、轻工纺织的、食品工业的,长江水道和公路交通发展、国际金融贸易信息及上海航运及物流中心服务业发展等与生产力水平多层次、产业结构多样化发展相关的问题。东北地区区域发展规划1996年完成编制工作,该规划提出了关于国有经济的转轨及石油、钢铁、煤炭、电力等大型国有企业改组改制问题,资源枯竭地区的经济转型问题,加快沿边开发开放的问题,建立农业大基地的问题等。

该时期的区域规划工作由国务院部署开展,原国家计委负责牵头组织,编制依据明确,组织动员力度大,有力推动了规划的顺利实施。同

---

① 《十四大以来重要文献选编》中,人民出版社1997年版,第1868页。

时，该时期正好处于全国贯彻落实邓小平南方谈话的新阶段，各地区都希望通过区域经济联合加快本地区发展，因此参与规划制定和实施的积极性较高，推动了规划的实施进程。当然，该时期的区域规划工作也有诸多经验教训值得总结：大经济区域规划工作缺乏指导、跟踪、监督机制，影响了规划实施成效的有效评价；规划没有很好地与国家当时的区域政策相配套。当时国家区域政策的实施对象主要是东部沿海地区和中西部地区以及少数民族地区、贫困地区等，而几大经济区域的政策体系多是一些支持性和鼓励类的口号，针对性和可操作性不强，影响了实施的成效；由于存在行政区的体制障碍，地区之间仍然在重大项目上存在重复建设和恶性竞争，难以实现编制和实施区域规划的最终目标。

（四）2000年至今：编制和实施不同层级与区域发展总体战略相衔接的区域规划

从21世纪开始，我国进入全面建设小康社会，加快推进社会主义现代化的新的发展阶段，区域发展面临新的形势和任务。2000年10月，"十五"计划的建议指出，要实施西部大开发战略，加快中西部地区发展，合理调整地区经济布局，促进地区经济协调发展。[①]2002年11月，党的十六大把"地区差别扩大的趋势逐步扭转"作为全面建设小康社会奋斗目标的重要内容，提出我国东部、中部和西部各有侧重的发展战略，强调要加强东、中、西部经济交流和合作，实现优势互补和共同发展，形成若干各具特色的经济区和经济带。2003年10月，十六届三中全会在提出科学发展观的同时，把包括统筹区域发展在内的"五个统筹"作为完善社会主义市场经济体制的基本原则，把形成促进区域经济协调发展的机制作为未来发展的主要任务之一。2005年10月，十六届五中全会审议通过的《中共中央关于制定国民经济和社会发展第十一个五年规划的建议》在全面总结我国区域协调发展实践经验基础上，提出了全面系统的区域发展总体战略：实施西部大开发、东北地区等老工业基地振兴、中部地区崛起、东部

---

① 《十五大以来重要文献选编》中，人民出版社2001年版，第1380页。

地区率先发展。①2007年10月，党的十七大报告把"城乡、区域协调互动发展机制"和"主体功能区布局基本形成"纳入实现全面建设小康社会奋斗目标新要求中，强调要进一步增强发展协调性，对推动区域协调发展提出了更高要求。2010年10月，《中共中央关于制定国民经济和社会发展第十二个五年规划的建议》将主体功能区建设提升到国家战略高度。2010年12月，国务院印发了新中国成立以来第一部全国性空间开发规划——《全国主体功能区规划》，提出要控制开发强度，规范开发秩序，逐步形成人口、经济、资源环境相协调的国土开发格局。2012年11月，党的十八大报告明确提出要继续实施区域发展总体战略，充分发挥各地区比较优势，优先推进西部大开发，全面振兴东北地区等老工业基地，大力促进中部地区崛起，积极支持东部地区率先发展。

随着区域发展总体战略的实施和区域协调发展要求的不断提高，区域规划的探索和创新也相应进入一个新的阶段，一系列与国家区域发展总体战略相衔接的区域规划相继编制。2008年9月和12月，国务院分别印发《关于进一步推进长江三角洲地区改革开放和经济社会发展的指导意见》和《关于珠江三角洲地区改革发展规划纲要（2008—2020年）的批复》，对这两个地区加快实现科学发展、和谐发展、率先发展作出具体的战略部署。2009年9月，国务院印发《关于进一步实施东北地区等老工业基地振兴战略的若干意见》，总结了振兴工作的重要经验，进一步充实了振兴战略，制定了东北地区等老工业基地加快转变经济发展方式，贯彻落实科学发展观的新政策。2009年底，国家发展和改革委员会制定了《促进中部地区崛起规划》，细化了落实促进中部地区崛起的各项政策措施。2010年6月，在西部大开发战略实施10年之际，中共中央、国务院印发《关于深入实施西部大开发战略的若干意见》，总结了10年来西部大开发工作的主要成就，对今后西部大开发战略作了全面部署。为了进一步落实上述一系列与区域发展总体战略相衔接的区域规划，国务院相继组建了负责西部、东北和中部战略的专门机构，来组织开展规划的编制、指导监督和评

---

① 《中共中央关于制定国民经济和社会发展第十一个五年规划的建议》，《人民日报》2005年10月19日。

估工作，所编制和实施的区域规划取得较大成效。但由于各经济区之间在资源条件、区位条件、生态和环境容量问题、经济技术基础、市场化程度等方面存在较大差异，国家在对区域发展进行宏观调控时，用相同的政策手段，搞"一刀切"，很难适应不同地区的发展要求，最终必然会损害地区的合理利益。同时，四大板块经济区域之间互相攀比优惠政策，中央与地区之间反复博弈，最终导致区域政策在实施中难以实现因地制宜。

为解决上述问题，2005年至今，中央政府紧紧围绕促进区域协调发展这一重大战略任务，先后批准发布了一系列新区、综合配套改革试验区以及经济区规划，许多区域规划上升为"国家战略"，成为国家宏观调控在区域层面上落实的重要手段和缩小区域发展差距、推进区域经济一体化进程的重要举措。从2005年6月21日国务院正式批准上海浦东新区综合配套改革试点开始，截至2014年7月17日《珠江—西江经济带发展规划》的批复，共有80余项区域规划及相关政策文件上升为国家战略。近年来批准实施的一系列战略性区域规划的特点是：空间尺度不断细化。进入新阶段以来我国推出的一系列更加精细的区域规划，空间范围从四大板块层面逐步缩小到跨省区以及省级和省内层面，避免了区域政策"一刀切"的弊端。规划的实施还同时发挥了中央政府和地方政府的积极性。目前一些上升到国家战略的区域规划，很多都由地方制定和提出，中央负责监督实施。通过上下互动出台的区域规划，保证了国家战略意图得以落实，也兼顾了地方发展经济的主动性和积极性。一系列战略性区域规划的实施也产生了良好的成效。我国区域经济版图更加细化，区域经济增长点由南向北、由东向西展开，形成了区域经济发展点面结合、左右联动的新格局。另外，促进了我国区域内外一体化程度。对内方面，跨行政区区域规划的出台打破了区域壁垒，促进了区域市场和要素的融合；对外方面，增强了边疆地区对外开放程度，构建了我国对外的开发开放地区总体格局。

二、我国开展区域规划工作的历史经验总结

通过对改革开放以来我国开展区域规划工作的历史回顾，可以看出，从20世纪80年代初编制地区国土开发整治规划到近年来一系列上升为

国家层面的战略性区域规划的实施,彰显了区域规划在加强政府宏观调控、完善区域政策体系、促进生产力空间布局不断优化和推动区域一体化进程等方面发挥的重要作用,同时,随着区域发展面临的国内外形势的变化,区域规划在实施过程中也面临诸多问题和挑战,区域发展总体战略的实施和区域协调发展依然任重道远。

第一,区域规划的编制和实施要遵循科学的发展理念,响应国家发展规划对区域发展提出的战略要求。改革开放以来我国在不同历史阶段开展的区域规划工作,其指导方针和任务都与当时国家经济社会发展目标要求紧密相关,如 20 世纪 80 年代初,围绕国家"六五"计划中提出的"加强地区横向经济联合"的目标要求,编制了部分地区的国土开发整治规划;20 世纪中后期,围绕国家"七五"计划中提出的"建立经济区网络、促进区域合作"的目标要求,编制了经济协作区区域规划;20 世纪 90 年代,围绕"八五"计划中提出的"建立跨省区市的经济区域,统筹规划、合理分工、优势互计划补、协调发展"的目标要求,编制了大经济区区域规划;进入 21 世纪以来,围绕"十五"计划、"十一五"和"十二五"规划提出的推进全面系统的区域发展总体战略的目标要求,编制了不同层级的与区域发展总体战略相衔接的区域规划。可以说,改革开放以来我国编制和实施的一系列区域规划已成为政府调控经济活动的重要手段和缩小区域差距、加强区域联系的重要途径。

第二,制定科学有效的区域政策是保障区域规划有效实施的重要手段。区域政策是国家所有政策类型中唯一能够对经济版图产生积极的空间干预的政策手段,它不但作用于空间差异的弥合、区域发展的协调,而且能够在促进优势区域加快崛起的过程中打造提高国家竞争力的空间抓手。[①] 区域规划工作的成效如何,主要取决于当时国家区域政策的内容、力度及适用范围。[②] 区域规划的有效实施要与国家发展战略和区域政策的调整创新联系起来。改革开放至今区域规划工作的实践证明,制定区域政策时充分考虑其空间层次性、差异性和依赖性,能有效地促进区域规

---

① 孙久文、原倩:《我国区域政策的"泛化"、困境摆脱及其新方位找寻》,《改革》2014 年第 4 期。

② 杨伟民主编:《发展规划的理论与实践》,清华大学出版社 2010 年版,第 93 页。

划的顺利实施。一方面,区域政策的制定要考虑空间尺度的影响。空间尺度过大易导致政策的普适性较差;空间尺度过小则易造成政策随意化问题。另一方面,区域政策的制定要考虑空间相互依赖性和差异性的影响。在制定区域政策时要根据空间依赖性的特点,完善区域协调机制;同时也应注意空间差异性的存在,因地制宜地对区域发展实施分类指导。应该说,把握区域政策的合理层次,形成科学有序的空间尺度体系,注意空间差异性和依赖性的影响,对保障区域政策和规划的实施效果具有重要意义。

第三,区域规划的编制和实施要同时发挥中央政府和地方政府的积极性,既体现国家意志,又兼顾地方利益诉求。通过改革开放以来区域规划编制和实施历程,可以发现,中央政府和地方政府对区域规划的制定和实施非常重视,一方面中央政府希望通过编制和实施区域发展规划解决日趋复杂多样的区域性问题,另一方面地方政府则希望通过编制和争取中央政府批准区域发展规划获取更多的实际利益及良好声誉。[1]实践证明,通过上下互动出台的区域规划一方面使地方政府更加明确发展的目标,调动了地方贯彻落实区域政策的积极性;另一方面中央部门通过监督规划的实施,体现了国家意志,保障了整体利益最大化。

三、我国开展区域规划工作的现实启示

根据新的形势变化,立足区域发展的现状,党的十八大和十八届三中全会对实施区域发展战略作出了新的要求和部署,国家"十三五"规划的编制也把统筹协调区域发展作为一项重要内容。当前,区域规划工作作为落实国家宏观调控的重要手段,需要进一步更新思想观念、完善工作方式、优化体制机制,为落实党中央、国务院的决策部署和促进区域协调发展发挥重要作用。

第一,规划编制的目标和任务应更加体现科学性和协调性。一方面,

---

[1] 吴昊、马琳:《中国大量编制区域发展规划的原因及其实施难题》,《东北亚论坛》2013年第3期。

区域规划的核心任务是搞好区域空间的综合协调。要在深入实施区域发展总体战略的基础上，以市场为基础，从更高层次和更广空间，通过构建跨区域大交通大流通、推动产业转移和承接以及产业梯度发展，来培育新的区域经济带和增长极，促进资源优化配置和优化区域发展格局。另一方面，面对粗放经济增长模式带来的资源衰竭和日益严重的生态环境危机，新时期区域规划应由经济单目标型规划转向综合目标型规划。要以转变经济发展方式为主线，将结构调整、技术创新、改善民生、环境保护结合起来，在科学发展、全面协调、可持续发展的战略要求指导下，规划方案相应增加缓解社会矛盾、构建和谐社会、营造良好的人居环境和社会文化环境等方面的内容，同时把经济发展与环境保护等有机结合起来，坚持陆海统筹，大力发展海洋经济，依托重要流域带动区域发展，进一步提高国土空间开发的科学性和协调性。

第二，规划编制方法需要进一步优化。编制科学的区域规划，可为政府宏观调控和社会管理提供重要依据。在规划的编制过程中，不同层级政府及其职能部门编制的规划体现了各自的目标，反映了各自不同的利益追求，区域规划的编制过程实际上是对部门规划、行业规划和下一层次的规划进行整合和完善的过程。基于此，规划编制组织形式应由自上而下的强制型规划转向上下互动的协商型规划，编制过程中需要围绕已确定的规划目标，综合协调好长远利益与近期利益、国家整体利益与地方局部利益、相关各部门之间的利益以及不同社会群体之间的利益关系，规划的内容和安排要充分考虑不同层级政府及其职能部门各自的合理建议，对区域发展存在的关键矛盾和问题进行分析，对关系区域整体发展的重大事项进行统筹安排，使区域规划在体现国家意志的同时充分发挥地方和部门的比较优势，从地方和部门发展的实际出发相应推出关于产业、基础设施、社会发展、环境保护等一系列政策措施和项目安排，从而提高规划编制的合理性和针对性，保证规划决策的科学性和可操作性。

第三，规划实施亟待加强体制机制创新。首先，通过实施分类指导的区域规划和区域政策文件，优化区域分工，完善区域协同合作机制。一方面，在区域总体发展规划内容中，要重视区域发展差异性和不同区域的比较优势，落实因地制宜、发挥优势的战略部署，注重分区开发建设和分类指导东部地区，要提高产业结构层次和发展的竞争力；承担支持中西部加快发展的责任，与中西部形成优势互补、互利共赢、协调发展的新格局。中西部地区要通过实施跨区域、次区域的区域规划，积极培育新的区域经济带和经济增长极。东北地区要通过区域规划解决体制性、机制性和结构性问题，加快形成经济增长的内生动力和可持续发展机制。另一方面，区域规划的实施在注重对区域发展进行分类指导的同时，也要建立健全完善的区域合作机制，促进区域之间的经济合作和协同发展。要消除市场壁垒，促进要素流动，引导产业有序转移；克服行政区划的体制性障碍，协调合作各主体的利益诉求，形成多层次、多领域的区域协调机制和高效灵活的运转机制；广泛运用政府间合作交流联席会议制度、高层领导定期沟通制度和部门协调制度等，加强区域间重大事项的协商与沟通机制；实行地区互助政策，开展多种形式对口支援，包括加大对革命老区、民族地区、边疆地区、贫困地区的扶持力度。其次，健全规划监督和评估机制。建立一套指标体系，形成适宜的评估办法和规范的评估内容和评估程序，加强总体部署，组织专门班子，与相关地方和部门进行及时有效的沟通和联系，对各地区区域规划方案和文件的实施情况进行检查评估，并充分发挥部际联席会议机制的作用，及时解决评估中和规划实施过程中出现的困难和问题，提出解决对策，指导改进区域规划工作。最后，完善规划实施的法律保障机制。规划立法工作的主要目的是要把规划的前期研究、衔接协调、颁布实施、评估调整等一套流程纳入法制框架，减少规划编制和实施的随意性。基于此，必须把区域规划的权威性提上议事日程，及早制定《区域规划法》，使区域规划从编制到实施和监管都具有法律约束力，对随意违反规划的行为予以制裁，从而使区域规划真正成为区域内各主体一体化的行动指南。

［原载《中州学刊》2014年第9期］

陈云对新中国区域规划工作的贡献

中国幅员辽阔、经济文化发展极不平衡，区域发展规划有助于合理安排生产力布局，使一定区域内社会经济各部门以及区域各分区之间达到协调配合、各项工程建设更加有序进行，从而保证国民经济健康、持续、快速发展。陈云作为新中国重要的经济建设领导者，对区域经济规划工作尤为重视，在区域生产力布局、协作区经济关系等问题上都进行过深入思考和不懈探索。他的思想对历史上正确解决我国沿海与内地的经济布局、工业生产力的合理配置、经济区之间的分工与协作等问题发挥了重要作用。

一、统筹协调沿海与内地的经济布局

新中国成立初期，我国面临的国际和国内环境极其复杂。从国内环境来看，首先，工业基础薄弱。1949年，全国工农业总产值比1936年减少1/3以上，新式产业只约占全国工农业总产值的17%，其余83%均为传统产业。[①] 其次，生产力布局不均衡。70%以上的重工业、轻工业畸形分布在东部沿海狭长地带，只有30%在内地。[②] 从国外环境来看，新中国成立时，世界上已形成了资本主义和社会主义相互对峙的两大阵营，

---

① 许涤新、吴承明主编:《中国资本主义发展史》第3卷，人民出版社1993年版，第742页。
② 《中国共产党历史》第2卷上，中共党史出版社2011年版，第413—414页。

以美国为首的西方资本主义国家对中国采取敌视、封锁和孤立政策。特别是1950年6月朝鲜战争爆发后,中国的国家安全更受到严重的威胁。面对严峻的国内外形势,新中国成立以后,中国共产党开始着手改变历史上形成的不合理经济布局,以利于巩固国防和国民经济的恢复和发展。1950年8月下旬,陈云组织召开计划会议。会议主要讨论了编制1951年计划和三年奋斗目标问题[1],要求将一部分工厂迁移到接近原料、市场的地区,改变工业生产过分集中于沿海地区的不合理现象,作为在三年内必须做好的几项工作之一。这一计划方针表明了新中国成立初期中国共产党试图扭转沿海与内地不均衡布局的决心,也标志着统筹协调沿海与内地工业布局战略的开端。在上述政策思想的指导下,一方面,国家注意发挥原有工业基地的作用,特别是重点恢复和发展了当时重工业基础较好的东北地区;另一方面,考虑到国防安全等因素,少数工厂搬迁到了内地。这些举措使旧中国生产力分布极不均衡的状况有了初步改善。按1953年不变价格计算,1949—1952年,沿海工业产值占工业总产值的比重由71.5%下降到70.8%,内地工业产值由28.5%上升到29.2%。[2]

尽管经过三年的国民经济恢复,内地得到了建设和发展,但旧中国遗留下来的沿海与内地生产力布局不合理的状况并未得到根本改观。1951年2月,毛泽东在中央政治局扩大会议上提出了"三年准备、十年计划经济建设"的战略构想,决定自1953年起实施第一个五年计划。设想通过五年计划的制定从整体上对全国的生产力布局进行规划。"一五"计划从1951年开始制定,到1955年公布,共编制了五次,第四次是由国家计委编制的,第一、二、三、五次都是在陈云直接领导下编制的。[3] "一五"计划就工业化来说,首先是发展战略、布局和方向问题。在这几个重大问题上,陈云都通过主持编制和组织实施"一五"计划,使

---

[1] 《中华人民共和国国民经济和社会发展计划大事辑要(1949—1985)》,红旗出版社1987年版,第9页。

[2] 汪海波:《中华人民共和国工业经济史》,山西经济出版社1998年版,第106页。

[3] 《陈云与新中国经济建设》,中央文献出版社1991年版,第195—196页。

党中央的意图得到了全面的贯彻落实。① 关于工业化的主要任务，陈云在《关于发展国民经济的第一个五年计划的报告》中指出："第一个五年计划的基本任务，概括地说来就是：集中主要力量进行以苏联帮助我国设计的 156 个单位为中心的、由限额以上的 694 个建设单位组成的工业建设，建立我国的社会主义工业化的初步基础。"② 这一任务反映了我国进行社会主义工业化必须实行优先发展重工业的战略思想。发展重工业的一个显著特点就是要求生产、加工企业必须靠近原料产地，而我国的煤炭、金属、非金属等矿产资源，主要分布在内陆地区，这对优先发展重工业的工业化发展战略的实施极为不利。为了实现工业化发展目标，必须改善旧中国留下的工业生产布局极端不合理和区域经济发展极端不平衡的畸形状态，统筹协调沿海与内地的工业布局。关于工业化布局问题，历时 5 年、数易其稿的"一五"计划明确指出，我国工业原来畸形地偏集于一方和沿海的状态，在经济上和国防上都是不合理的。我们的工业基本建设的地区分布，必须从国家的长远利益出发，"在全国各地区适当地分布工业的生产力，使工业接近原料、燃料的产区和消费地区，并适合于巩固国防的条件，来逐步地改变工业分布不合理的状态"。③ 关于在各地区如何适当分布的问题，"一五"计划也作了合理部署。一方面，内地建设要重点加强，要积极地进行华北、西北、华中等地新的工业基地的建设，同时，也要在西南开始部分的工业建设；另一方面，对于经济基础较好的沿海地区，也要充分发挥其优势，要合理地利用东北、上海和其他城市的工业基础，发挥它们的作用，以加速工业的建设。按照"一五"计划对工业基本建设的部署，我国的工业布局在全国范围内迅速展开。"一五"期间建设的项目，特别是苏联援建的项目，主要配置在东北地区、中部地区和西部地区。150 项中的 106 个民用工业企业，布置在东北地区 50 个，中部地区 32 个；44 个国防企业，布置在中部地区和

---

① 朱佳木：《陈云与中国工业化起步过程中若干基本问题的解决》，《当代中国史研究》1995 年第 3 期。
② 《陈云文集》第 2 卷，中央文献出版社 2005 年版，第 590 页。
③ 《建国以来重要文献选编》第 6 册，中央文献出版社 1993 年版，第 423 页。

西部地区 35 个，其中有 21 个安排在四川、陕西两省。①这种工业布局态势即是实施"重点建设内地工业，同时注意利用和发展沿海工业"的统筹协调战略的充分体现。

虽然"一五"期间通过实施"重点建设内地工业，同时注意利用和发展沿海工业"的统筹协调战略，扭转了旧中国遗留下来的沿海与内地工业布局极不平衡的状态，但工业建设中新的矛盾又凸显出来。由于当时国家采用的主要是转移投资的建设方式，在新中国成立初期资金极为匮乏的情况下，大量增加内地建设资金，必然会使沿海建设资金急剧减少，原有生产能力得不到扩大。据统计，"一五"期间，中国最大的工业基地上海得到的国家投资仅有 12.28 亿元，占全国同期基本建设投资总额的 2.08%，比同期上海上缴国家的固定资产折旧费还少。②工业总产值 1955 年与 1952 年相比，内地增长 96%，沿海七省三市只增长了 54.4%，低于全国水平。全国工业增长速度 1955 年比 1954 年增长 8%，天津只增长 2.1%，上海甚至下降 4.5%。而实际上，沿海工业仍然是全国资金积累的主要来源，按照"一五"计划的安排，1957 年比 1952 年增加的工业总产值中，约有 70% 主要靠沿海的原有企业，内地新建、改建企业只能占 30%。因此，沿海工业发展速度逐年下降的趋势，必然会严重地影响全国的经济发展，最终将使内地的资金也得不到保证。

要解决上述矛盾，沿海与内地的经济布局必须要重新规划。即必须要从大局着眼，消除本位主义和局部观点，一方面要加强内地的建设，另一方面也要重视沿海地区的发展，并充分发挥沿海工业对内地工业的支持作用。最早对这一问题进行思考的是陈云。1954 年 12 月 31 日，陈云在国务院座谈会上指出："五年计划中新建的工厂在内地，内地的市场可以靠新的来维持。上海、天津没有新建的工厂，旧的搞垮了，就不能维持。"他提出"要利用原有工业设备，控制新建和扩建，控制国家基本建设的投资"。③1955 年 11 月 16 日，他在中央工作会议上更加明确地指出："沿海城市是历史上工业发展早的地方，现在内地也要发展，要开工

---

① 薄一波：《若干重大决策与事件的回顾》上，中共党史出版社 2008 年版，第 209—210 页。
② 彭敏主编：《当代中国的基本建设》上，中国社会科学出版社 1989 年版，第 70 页。
③ 《陈云文选》第 2 卷，人民出版社 1995 年版，第 268—269 页。

厂，但是沿海城市的生产能力有余，内地工厂建立起来后，沿海城市就会发生困难。""我们应该根据原料、生产、销售和运输的情况，进行综合研究，确定哪些工厂应在沿海，哪些工厂应在内地。"①

之后，1956年4月25日，毛泽东在《论十大关系》的讲话中也专门将"沿海工业与内地工业的关系"作为一个重要方面进行了深刻论述。他指出："新的工业大部分应该摆在内地，使工业布局逐步平衡，并且有利于备战，这是毫无疑义的。但是沿海也可以建立一些新的厂矿，有些也可以是大型的。""好好地利用和发展沿海的工业老底子，可以使我们更有力量来发展和支持内地工业。如果采取消极态度，就会妨碍内地工业的迅速发展。"②《论十大关系》的讲话发表后，1956年5月3日，陈云在与上海工商界人士座谈时指出，上海在技术、文化方面是一个有基础的地方，中央已确定要充分利用的方针。这样投资不多，却可以增加很多产量，也可以减少失业人员。③应该说，毛泽东、陈云等中共领导人从全局出发提出的沿海与内地经济建设要统筹兼顾的指导方针，及时处理了经济建设中的一系列矛盾和问题，是对适合中国国情的区域经济发展道路的探索。

二、合理规划工业生产力的配置

合理配置资源，优化地域经济空间结构，科学布局工业生产力，是区域规划的核心内容。地区工业布局及其组合在很大程度上决定了区域经济乃至整个国民经济的结构和发展，因此，在新中国成立初期我国工业化的起步阶段，地区工业的合理布局即成为区域规划工作的主体内容。对此，陈云指出："在全国范围内有计划地合理地布置工业生产力，是基本建设中具有长远性质和全面性质的问题，是一个带有战略意义的问题。"④对于这一具有战略意义的问题，他进行了深入的思考和不懈的探索。

---

① 《陈云文选》第2卷，人民出版社1995年版，第284页。
② 《毛泽东文集》第7卷，人民出版社1999年版，第25—26页。
③ 《陈云年谱》中，中央文献出版社2000年版，第304—305页。
④ 陈云：《当前基本建设工作中的几个重大问题》，《红旗》1959年第5期。

（一）工业布局接近原料、燃料产地和消费地区，按优化指向原则进行厂址选择

根据不同产品的生产工艺和经济技术特点、消耗和资金占有量的差异，可将工业企业分为原料指向型、燃料动力指向型、市场指向型等类别。为了提高企业及全社会的劳动生产率和经济效益，工业布局必须根据各类企业的特点，选择最优指向区位，使工业尽可能接近原料、燃料和消费地，获得最大的投资效果，这即是工业布局的优化指向原则。陈云曾对这一原则进行过阐述。他指出："企业的布置，应当接近原料、燃料产地和消费地区，使我们能够用尽可能少的投资获得最大限度的经济效果。"① 如果工业企业的布局脱离了原料、燃料产地和消费地区，势必会增加供应和运输的困难，并且提高产品成本，在经济上造成长期的不合理。

对于"一五"期间建设的项目，特别是对苏联援建的项目的布局问题，陈云也曾根据工业布局的优化指向原则进行过认真思考。以长春汽车厂的厂址选择为例，1950年12月，苏联政府按照毛泽东、周恩来与斯大林商定的帮助中国建设一个汽车制造厂的协议，建议在北京附近建设一个年产3万辆吉斯150型4吨载重汽车的工厂。厂址究竟应该选在哪里？当时有很多建议，西安、太原、北京西郊衙门口、石家庄等地都曾作为选择之一。当时兼任第一任重工业部部长的陈云，主持第一汽车制造厂的筹备工作，他主张不急下结论，应该反复进行研究测算。1951年1月18日，陈云在听取重工业部副部长刘鼎和汽车工业筹备组负责人孟少农关于汽车制造厂筹备工作的情况汇报会上决定：建设目标同意苏方意见；厂址在东北的四平至长春之间选择；建设开始期定为1953年。② 事后，经过几次论证，中苏专家一致同意将厂址选在长春孟家屯。1951年3月，国家计划委员会正式批准了这一方案。1951年4月4日，陈云在中国共产党第一次全国组织工作会议上对选址缘由进行了阐释。他从建汽车厂需要的电力、钢铁、木材、运输等问题综合考虑，认为汽车厂

---

① 陈云：《当前基本建设工作中的几个重大问题》，《红旗》1959年第5期。
② 《陈云年谱》中，中央文献出版社2000年版，第79页。

的厂址应该接近原料、燃料产地，还必须考虑到运输成本，力求用尽可能少的投资获得最大限度的经济效果。他说：如果这个汽车厂全年的生产量是3万辆汽车，电力就需要2.4万千瓦，西安只有9000千瓦，光修电站就需要几年时间。还需要钢铁，一年要二十几万吨，而石景山钢铁厂生产这么多钢铁，要在5年或者6年以后。木材要2万立方米，在西北砍木头，山都要砍光。还有运输问题，每年的运输量是100万吨，而西安到潼关铁路的运输量不超过200万吨，光汽车工厂就够它运的了。讨论结果是中国的第一个汽车工厂只能够设在东北。① 在新中国工业化的起步阶段，陈云按照工业布局的优化指向原则，对一些重要的待建项目选址提出指导性建议，使"一五"期间的一些重要企业建在接近原料、燃料产地，使供产销更好地结合起来，生产组织比较合理，缩短了运输里程，降低了产品成本。

（二）工业布局的适当集中与适当分散

具有有机联系或协作的工业生产，在一定地域范围适当集中布置，可以产生"集聚效益"。但是，工业集中到一定的限度，超过地区的承载能力，则会向相反方向转化，导致效益下降以致产生负效益。因此应该实行面上分散、点上集中，适当集中与适当分散相结合。② 工业布局的适当集中与适当分散是社会主义工业布局的重要原则之一。陈云在主持编制"一五"计划的过程中重点强调了这条原则。《关于发展国民经济的第一个五年计划的报告》指出，我国工业布局原来畸形地偏集于沿海的状况在经济上是不合理的，工业建设必须在全国各个地区适当地分布。而为了改变原来工业地区分布的不合理状态，必须建设新的工业基地，而首先改建和扩建原有的工业基地，则是创造新工业基地的必要条件之一。"不论改建和扩建原有的工业基地或建设新的工业基地，企业地点的布置都应该避免过分集中，应该适当地分开安排在具有一定距离的邻近的地带。"③ 按照这条重要原则，"一五"时期，我国的工业项目布点在宏观上

---

① 《建国以来重要文献选编》第2册，中央文献出版社1992年版，第197页。
② 梁怀主编：《中国经济布局概论》，中国地质大学出版社1988年版，第89页。
③ 《人民日报》1955年7月8日。

比较分散，156项重点工程分布在各大区，但在中观上，除了采掘工业受资源分布影响外，大多数工业都集中布局在大中城市，这样的布局产生了良好的经济效益。

根据"一五"时期建设的经验和针对当时工业布局存在的问题，1958年9月28日，陈云在华北协作区基本建设工作会议上阐述了工业布局应当适当集中与分散的原则。他指出，关于工业布局，要处理好集中与分散的关系。为了避免城市过大，造成生活供应和运输上的困难，并为今后逐步消灭城乡差别，有必要把工业分散到中小城市，防止过分集中在大城市。①1958年10月10日，在东北协作区基本建设工作会议上，陈云提出，在东北实行避免过分集中、力求适当分散的方针，比在全国其他地区更有可能和必要。②之后，陈云在《当前基本建设工作中的几个重大问题》③一文中将"企业的布置是集中一些好，还是分散一些好"作为重要问题之一进行了深刻论述。他认为，在大中城市根据可能和需要新建或者扩建一些企业是必要的，但多数的企业应当适当分散建设在中小城镇或者有矿产资源的地方。他从建厂的速度、成本、经济合理性等方面进行了论述。第一，在中小城镇和新矿区建设工厂的速度，并不会比在现有大中城市建设工厂慢，而且还可能更快一些。因为中小城镇和新矿区的供电、供水、物资供应和交通运输比较方便，如果组织得当，同样可获得技术援助。第二，在中小城镇和新矿区建设工厂的投资成本不会超过大中城市，可能还要省一些。中小城镇和新矿区可以就地使用建筑材料、多用临时工，这样就降低了非生产性建筑的标准，减少了非生产性建筑的面积，也就减少了投资成本。第三，在中小城镇和新矿区建设工厂，在经济上更加合理。企业适当分散在中小城镇和新矿区，可以得到当地人力和物力等方面的支援，而且在投入生产以后，可以使供产销更好地结合起来，生产组织比较合理，运输里程适当缩短，产品成本更加降低。同时，由于企业得到原料的生产者和产品的消费者的直接监督，更便于改善经营管理，提高产品质量，增加产品品种。

---

① 《陈云年谱》中，中央文献出版社2000年版，第434页。
② 《陈云年谱》中，中央文献出版社2000年版，第435页。
③ 陈云：《当前基本建设工作中的几个重大问题》，《红旗》1959年第5期。

(三)大、中、小工业聚点的相互配合

在区域规划中,使各种经济类型的工业企业保持适当的发展比例,是工业布局的重要原则之一。具体而言,即要求各地根据实际情况,既要有重点地建设一批骨干大型企业以发挥其规模经济优势和辐射带动作用,又要兴办大量中小型企业同各地工业发展的特点相适应,从而做到大、中、小型工业聚点相结合,促进工业相对均衡分布。1955年3月,陈云在《关于发展国民经济的第一个五年计划的报告》中强调指出:"在基本建设方面,存在着一种好大厌旧的偏向。这就是喜欢建设大企业,看不起中小企业……这种偏向是错误的,必须予以纠正。毫无疑问,145个建设单位中所有的那些大企业,像鞍山钢铁工厂、第一汽车制造厂、拖拉机工厂等等,都是我国工业化中决不可少的工厂……但是,这绝不是说,我们只要大企业,可以不要中小企业。"[1]

关于不同类型工业企业相互配合的问题,1958年9月28日,陈云在华北协作区基本建设工作会议上指出,关于工业布局,应该确立大、中、小相结合,目前以中小型为主的思想。大的效率高,但建设速度慢;小的一般来说效率低些,但现代化和自动化程度也低,自己可以设计和制造设备,建设速度快。我国面积大,人口多,需要大量工业基地,企业小而多的发展方法更适合中国特点。[2] 之后,陈云在《当前基本建设工作中的几个重大问题》中对该问题进行了详尽分析。他认为企业的布置和企业的规模是相互联系的。"我们主张把多数企业分散布置在中小城镇和新矿区,我们也就主张举办必需的大型企业以外,应当大量举办中小型企业。"[3] 陈云认为大量举办中小型企业是由我国的具体国情决定的。为了建设现代化的工业强国,我们必须逐步建设一批规模大的现代化企业作为骨干,但大企业的建设速度比较慢,而中、小型企业虽然产量较少,可是我们自己能够设计,自己能够制造设备,因而建设的速度较快。因此,为了更好地适应我国建设的需要,应当是多建和先建中、小型企业。虽然陈云强调要多办

---

[1] 《陈云文集》第2卷,中央文献出版社2005年版,第606页。
[2] 《陈云年谱》中,中央文献出版社2000年版,第434页。
[3] 陈云:《当前基本建设工作中的几个重大问题》,《红旗》1959年第5期。

中小型企业，但"大跃进"期间，各地区、各省市盲目追求发展的高速度，不顾地方发展的实际大办结构类似的中小型企业，贪大求全，使地方中小型企业的建设走入误区，影响了全国整体经济效益的提高。陈云对此也提出了批评，他认为各省、自治区应当根据本地特点正确规定建设任务。

（四）工业布局要在区域规划的指导下同城市规划相结合

工业项目的布局和建设，特别是一些大型项目的建设，往往产生"乘数效应"，导致一个城市（镇）的产生，或者极大地影响着城市（镇）的规模。[1] 工业布局与城市规划相结合，既可以减少工业布局的失误，又可以促进城市健康发展。

"一五"时期，我国围绕156项重点建设项目开始了大规模的工业化建设。国家计委、国家建委组织有关部门先后在茂名、个旧、兰州、湘中、包头、昆明、大冶、贵阳等工业城市地区实行联合选厂，布局工业企业。由于项目多在无工业的地区建设，基础设施要从头做起，有时要在不很大的范围内配置几个工业区和城镇，需要把该地区作为一个整体进行统一规划。因此，联合选厂的形式和方法已不能胜任，必须协作配合，协调矛盾，综合平衡，对工业城市进行多方案分析论证的规划建设。1955年3月，陈云在《关于发展国民经济的第一个五年计划的报告》中指出，为了合理地分布工业并适应资源状况，"我们的许多新建企业只能建设在原来没有工厂或者只有很少工厂的城市，因此就必须兴建城市，进行水电交通市政的建设，在同一城市的各个新建企业之间保证彼此协作"[2]。陈云在这里强调了工业布局与城市规划工作相结合的重要性。这一重要性也在1956年5月由国务院常务会议通过的《国务院关于加强新工业区和新工业城市建设工作几个问题的决定》[3]中得到了具体体现。该《决定》指出，加强城市和工人镇的规划工作，是保证工业建设顺利开展的重要条件。该《决定》还规定了城市和区域规划工作的任务，就是在

---

[1] 梁怀主编：《中国经济布局概论》，中国地质大学出版社1988年版，第111页。
[2] 《陈云文集》第2卷，中央文献出版社2005年版，第603页。
[3] 《国务院关于加强新工业区和新工业城市建设工作几个问题的决定》，《建设月刊》1956年第3期，第12—15页。

将要开辟为新工业区和将要建设新工业城市的地区,根据当地的自然条件、经济条件和国民经济长远发展计划,对工业、动力、交通运输、邮电设施、水利、农业、林业、居民点、建筑基地等建设和各项工程设施,进行全面规划;使一定区域内国民经济的各个组成部分之间和各工业企业之间有良好的协作配合,居民点的布置更加合理,各项工程的建设更加有序,以保证新工业区和新工业城市的顺利发展。根据这一指导性规定,国家计委、国家建委迅速成立了区域规划局,在地方党委领导下先后在茂名、个旧、兰州、湘中、包头、昆明、大冶、贵州、四川、河北、辽宁、吉林、山东等省(市、区)开展了区域规划工作,这不仅有利于工业生产力的合理布局,同时还促进了城市建设。

三、因地制宜地规划协调区际关系

区域规划工作的基本任务除包括生产力的合理配置外,还包括区域之间和区域内部各省市之间经济关系的协调。协调区域经济关系的关键在于合理地安排区域之间的经济分工与协作,既要根据各地的自然条件和社会经济、技术水平的差异,因地制宜地确定各地区的重点发展部门和行业,充分发挥各地优势,又要在地域分工的基础上强化区域间产业联系,开展区域之间的经济协作,从而促进区域整体经济结构的优化和效益的提高。关于区域之间分工与协作的必要性,陈云指出,各协作区和各省、自治区建设起来的工业体系,水平不同而且各有特点,而现代工业又是一种非常复杂的协作经济,因此,在各个地区之间、各个部门之间、各个企业之间以至一个企业内部的各个部分之间,都不能没有分工和协作。[1]

(一)各省、自治区应当从全局观点出发,适应全国和当地工业建设的要求,根据自己的特点,正确规定本省、自治区的建设任务

"大跃进"期间,为了在全国建立独立的比较完整的工业体系,中央

---

[1] 陈云:《当前基本建设工作中的几个重大问题》,《红旗》1959年第5期。

在原有行政区划和沿海与内地两大经济地带的基础上，将全国划分为七大协作区，要求各大协作区或有条件的各省、直辖市、自治区，都要形成各自独立的比较完整的工业体系。各地在执行中央这一指导思想时走入了误区。为了建立独立完善的工业体系，各省区往往不顾本地资源优势，盲目建设和生产，建立了许多行业和门类的"大而全""小而全"的工业结构，导致了区域产业结构的趋同化，不仅浪费了投资，而且破坏了原有的区域分工格局，对国民经济的健康发展产生了不利影响。针对这种情况，1958年10月21日，陈云在西北协作区基本建设工作会上指出，建立比较完整的工业体系，首先是就全国而言，其次是就协作区而言，各个省不能这样搞。否则，把材料、设备分散了，会影响全国和协作区的建设进度。"工业经济是一种协作经济，'万事不求人'的想法是办不到的。"① 之后，陈云在《当前基本建设工作中的几个重大问题》中进一步指出，在一个省、自治区以内，企图建立完整无缺、样样都有、万事不求人的独立的工业体系，是不切实际的。如果不考虑本地区的资源条件和经济特点，勉强去办那些难以办到的事情，而不积极去办那些可以办到的和在全国范围内迫切需要的事情，这在经济上是不合理的。陈云的论断实际上强调了各地充分发挥本地资源优势开展区域分工，形成各具特色的地区产业结构的重要性。②

（二）加强各地区之间、各部门之间、各企业之间的协作是保证共同发展的重要条件

区域之间除了分工外，也不能缺少协作。为了强调区域之间开展协作的重要性，陈云用生产大型发电设备的例子进行了说明。他指出，我国生产的1.2万千瓦以上的火力发电设备，就需要在全国范围内组织80多个大中型机械制造企业协作配合，同时，还需要冶金、煤炭、电力、化工等重工业部门和造纸、陶瓷、纺织等轻工业部门的协作配合。像这样复杂的需要各方面协作配合的生产，在一个企业内固然无法进行，目

---

① 《陈云年谱》中，中央文献出版社2000年版，第436页。
② 陈云：《当前基本建设工作中的几个重大问题》，《红旗》1959年第5期。

前在一个省、自治区内也难以单独进行,只有在更大的范围内合理分配生产任务,组织协作,才能够完满地进行。①因此,必须加强各地区之间、各部门之间、各企业之间的协作。在全国范围内开始建立工业体系的现在是这样,在各协作区以至许多省、自治区建立了自己的工业体系的将来也是这样。

陈云在处理区域规划问题上体现出的"统筹兼顾、全面协调、因地制宜、发挥优势"的思维模式,无疑可以为当前的区域规划工作提供可资借鉴的理念和方法。一方面,在当前的区域规划工作中,要搞好区域空间的综合协调,包括城乡建设、各类开发区建设和基础设施建设的空间布局协调,以及国土资源开发利用和生态环境保护整治的协调,同时还包括不同区域之间、区域内城镇之间和城乡之间的相互协调。另一方面,区域规划要从发挥地区优势出发,合理规划区域的分工与协作。

[原载《中共党史研究》2012年第2期]

---

① 陈云:《当前基本建设工作中的几个重大问题》,《红旗》1959年第5期。

新中国成立初期陈云对城市规划和建设的思考与探索

城市是社会生产力发展的产物。马克思说:"城市本身表明了人口、生产、工具、资本、享乐和需求的集中;而在乡村所看到的却是完全相反的情况:孤立和分散。"① 列宁指出:"城市是经济、政治和人民精神生活的中心,是前进的主要动力。"② 关于城市的本质和特征,《中共中央关于经济体制改革的决定》指出:"城市是我国经济、政治、科学技术、文化教育的中心,是现代工业和工人阶级集中的地方,在社会主义现代化建设中起主导作用。"③ 从运行机制上而言,城市不是众多的人和物在地域空间上的简单叠加,而是一个以人为主体、以自然环境为依托、以经济活动为基础、社会联系极为紧密的有机整体。城市经济的最大特点就是经济规模大、集中度高、内容和范围广泛,对国家或地区的经济影响和现代化建设的作用巨大。

影响和制约城市发展的根本要素,总的来说,是社会物质生产方式。这就是说,历史上社会生产力的发展和生产关系的变革,从根本上制约着城市的发展;而具体到每一个历史发展阶段,则是一个国家(或地区)在一定时期内政治形势与国民经济发展对城市发展的要求。④ 新中国

---

① 《马克思恩格斯选集》第1卷,人民出版社1972年版,第56页。
② 《列宁全集》第19卷,人民出版社1959年版,第264页。
③ 《中共中央关于经济体制改革的决定》,人民出版社1984年版,第5页。
④ 宋家泰、崔功豪等:《城市总体规划》,商务印书馆1985年版,第77—78页。

成立之初,七届二中全会号召要以恢复和发展生产为中心任务,把党的工作中心由农村转移到城市,提出要学会管理城市和建设城市。这一时期,中国现代城市处于一个恢复和较为稳定的发展时期。社会经济发展的中心任务是恢复和发展城市生产,改善劳动人民基本生活环境,安定人民生活;有计划地展开大规模工业重点建设,重视在全国范围内合理配置工业生产力。城市建设的方针和思想是"变消费性城市为生产性城市",城市要为国家社会主义工业建设,为生产、为劳动人民服务;引入苏联城市建设和规划思想,强调城市规划是国民经济计划的继续和发展。陈云作为新中国重要的经济建设领导者,对新中国的城市建设非常重视,提出要按照国民经济发展的要求合理规划城市建设。他指出:"必须首先发展生产,方能进而实施大规模之城市建设。如果离开了经济建设计划及工业化进展程度来虚拟城市建设方案,必将徒劳无功。"[①] "在全国范围内有计划地合理地布置工业生产力,是基本建设中具有长远性质和全面性质的问题,是一个带有战略意义的问题。对于这样的问题,如果不做长期打算、整体部署,只顾眼前方便、零敲碎打,是不可能解决得好的。我们必须按照'全国一盘棋'的精神,使目前利益同长远利益结合起来,使局部利益同全局利益结合起来。"[②] 陈云对城市规划和建设的思考和探索,促进了一批重点城市的扩建和新兴工业城市的兴起以及工业建设在沿海与内地城市的合理布局;保证了新中国成立初期大规模经济建设的顺利开展,对新中国成立初期城市规划和建设事业的启动和发展及社会主义工业化建设作出了不可磨灭的贡献,同时也对我国当前促进城市规划工作的健康有序运行提供了有益启示。

一、国民经济恢复时期对城市规划和建设的统筹安排

新中国成立以前,属于近现代工业的部分在国民经济中仅占 10% 左右,这些近现代工业 70% 左右又集中在面积不到全国 12% 的东部沿海地

---

① 《陈云年谱》上,中央文献出版社 2000 年版,第 580 页。
② 陈云:《当前基本建设工作中的几个重大问题》,《红旗》1959 年第 5 期。

带；而且，工业生产远离原料、燃料产地和消费地区。重工业主要集中于东北地区，特别是辽南。轻工业主要集中在沿海各大城市，特别是以上海为中心的长江三角洲地区，反而面积广大、资源丰富的内地和边远少数民族地区很少有像样的工业。这种工业布局不利于全国资源的合理利用和国家安全的巩固，无法促进全国统一的城市规划和建设。1950年8月下旬，中财委召开计划会议。时任中财委主任的陈云，直接参与了1951年计划的编制。会议讨论了编制1951年计划和三年奋斗目标的问题，提出经济战线在今后两三年内的主要任务是搞好经济的调整与恢复，同时进行一些必要的建设。[①] 会议要求在三年内必须做好以下几项工作：组织生产过去依赖国外供应的原材料；将一部分工厂迁移到接近原料、市场的地区，改变工业生产过分集中于沿海地区的不合理现象；三年内在工业方面新的建设应放在加强国防力量上等。同年，中财委在《关于制定1951—1955年度恢复和发展中华人民共和国人民经济国家计划方针的指示（草案）》中强调，在编制五年计划时，应在计划内规定东北、华北和西北（新疆）各区进一步的工业发展，在五年期内，应在北京、太原、兰州和西安地区建立新的工业中心，以及大量加强华中南区各主要都市——重庆、武汉和长沙的工业发展。禁止在工业发达的中心地，如上海和天津，今后再行建设大规模的企业，以便在可能范围内将新兴的工业建设向内地转移，使之靠近原料、电动力、燃料的来源和产品推销区域。[②]

在上述政策思想的指导下，三年经济恢复时期，城市规划和建设工作迅速展开，主要以恢复和扩建为主。1952年9月，中财委召开了新中国成立以来第一次城市建设座谈会。会议提出，城市建设要根据国家的长期计划，分别不同城市，有计划有步骤地进行新建或改建，加强规划设计工作，加强统一领导，克服盲目性，以适应大规模经济建设的需要。会议决定：第一，从中央到地方建立健全城市建设管理机构，统一管理城市建设工作：（1）在中央成立城市建设局；（2）各大区由大区财委（计

---

① 《陈云年谱》中，中央文献出版社2000年版，第63页。
② 参见《1949—1952中华人民共和国经济档案资料选编 基本建设投资和建筑业卷》，中国物价出版社1989年版，第11—12页。

委）基本建设处管理城市建设工作；（3）要求各城市建立健全城市建设机构；（4）在39个重点城市成立建设委员会。委员会的任务是：领导城市规划设计，监督检查城市内一切建设工作。第二，开展城市规划。为了有计划有步骤地进行城市建设，首先要制定城市远景发展的总体规划，在城市总体规划的指导下，有条不紊地建设城市。城市总体规划的内容要求，参照苏联专家帮助草拟的《编制城市规划设计程序（初稿）》进行。各城市都要建立城市规划工作。第三，城市建设计划列入财委（计委）计划之内，由财委掌握。这是新中国成立后第一次对城市建设工作的内容和范围作出规定，也是第一次明确规定把城市建设计划纳入国家经济计划内。第四，对城市分类排队。根据国家经济建设要集中力量发展工业，而且以发展重工业为主的要求，从全国城市建设的重要性来看，把全国城市按性质与工业建设比重划分为四类：第一类，重工业城市：北京、包头、西安、大同、齐齐哈尔、大冶、兰州、成都8个城市；第二类，工业比重较大的改建城市：吉林、鞍山、抚顺、本溪、沈阳、哈尔滨、太原、武汉、石家庄、邯郸、郑州、洛阳、湛江、乌鲁木齐14个城市；第三类，工业比重不大的旧城市：天津、唐山、大连、长春、佳木斯、上海、青岛、南京、杭州、济南、重庆、昆明、内江、贵阳、广州、湘潭、襄樊17个城市。除上述39个重点城市以外的一般城市，采取维持的方针。1952年11月9日，中财委党组在《关于迅速准备基本建设的指示》指出，基本建设工作已经在经济工作中占有头等重要的地位，过去从来没有过的、复杂的、规模庞大的、对中国工业化有决定意义的工厂，要在今后几年建设起来。要改变基本建设力量十分薄弱的状况，迅速建立或健全基本建设机构，充实基本建设力量。[①]随后，中财委计划局基本建设处会同建工部城建处组成了工作组，到各地检查会议的贯彻执行情况，促进了重点城市的规划和建设工作的开展。

国民经济恢复时期，在城市规划和建设的探索和实践中，陈云不仅领导中财委对城市规划建设作出总体部署和统筹安排，而且对不同类型城市工业厂址的选择和研究设计工作非常重视。陈云认为："搞工业

---

① 《陈云年谱》中，中央文献出版社2000年版，第155页。

要有战略眼光。选择地点要注意资源条件,摆在什么地方,不能不慎重。"① 1951年1月18日,陈云在听取重工业部副部长刘鼎和汽车工业筹备组负责人孟少农关于汽车制造厂筹备工作的情况汇报时指出,由于在北京附近选的几处厂址都不能解决汽车厂需要的电力、钢铁、木材、运输等问题,决定:建设目标同意苏方意见;厂址在东北的四平至长春之间选择;建设开始期定为1953年。事后,经过几次论证,厂址定在长春。② 1952年2月6日,陈云起草同薄一波、李富春致毛泽东并中共中央电,作关于中财委党组审查哈尔滨铝合金加工厂初步设计议定书情况的报告。报告在叙述了该厂的初步设计情况后指出:我们建设新型工厂没有经验,而过去的基本建设中已有很大浪费,因此对于每个工厂的建设计划及初步设计,应该认真地慎重地研究审核,这是一种极重要的学习。③ 1952年2月9日,陈云同李富春致电毛泽东并中共中央作关于两年来苏联帮助改建或新建工厂设计情况的报告。报告说:两年来,我国工业恢复的工作是在解放战争胜利后工厂保有设备的基础上,尽快恢复工业生产能力。在这方面,东北虽做了大量工作,但就装备而论,远未恢复到日本占领时期水平。两年中,苏联帮助设计的项目共42个,除去年已批准者外,将陆续交给我国政府审核,而后即可经过贸易系统签订订货议定书。这些项目东北的多,关内的少,东北的工厂虽经破坏,但基础还在,资源勘察较清楚,关内则相反。在此情况下,应不失时机地首先恢复东北工业,关内则集中力量修铁路、建电站,进行资源勘察工作。④ 1952年3月19日,陈云同薄一波、李富春向毛泽东并中共中央报送中财委党组审核的东北人民政府工业部提出的《东北电力系统发展总体设计计划任务书要点》和《关于东北大石桥镁矿厂的设计计划任务书要点》。同日,同李富春致电邓子恢,通报在湖北为钢铁厂选址的情况,指出:苏联钢铁冶金设计院院长所率代表团去大冶考察后报告,大冶厂址虽可利用,但有很多缺点,主张在大冶、武汉附近再选几处厂址,以

---

① 《陈云文选》第2卷,人民出版社1995年版,第98页。
② 《陈云年谱》中,中央文献出版社2000年版,第79页。
③ 《陈云年谱》中,中央文献出版社2000年版,第125页。
④ 《陈云年谱》中,中央文献出版社2000年版,第126页。

便比较。①1952年4月,陈云为中财委起草致各大区财委(计委)、中央各工业部中共党组并报毛泽东、周恩来电,指出:鞍钢改建的初步设计规定改建完成期限为7年,苏联已允按期供应鞍钢的全部重要装备和援助施工安装,目前的关键在于我们能否调集足够的干部和技术员工适应改建工作的需要。集中全国力量首先完成鞍钢的改建,是我国工业化的首要步骤。为此,除由东北自行配备者外,决定由全国各地和工业部门抽调技术人员到鞍钢去。②1952年6月17日,陈云同薄一波、李富春致电毛泽东并中共中央,指出:由于每年从苏联进口卡车数量较大,整车进口较浪费运力,重工业部于1951年曾拟议在北京建设汽车装配工厂,进口散件在国内装配,并进行了研究设计工作。中财委党组干事会于4月12日就此问题开会讨论,也认为有必要。故同意建设该厂,并责成重工业部重新进行设计工作。③陈云对国民经济恢复时期我国城市工业规划和建设的探索和实践,促使城市建设工作进入了一个统一领导、按规划进行建设的新阶段。

二、"一五"时期对城市规划和建设的统筹安排

1952年8月,中财委颁发《关于编制五年计划轮廓的方针》《中国经济状况和五年建设的任务及附表》。文件规定今后五年建设的基本任务是:为国家工业化打下基础,以巩固国防,提高人民的物质与文化生活,并保证国家经济向社会主义前进。建设方针是:工业建设以重工业为主、轻工业为辅,工业的发展速度应在可能的条件下力求迅速,工业的地区分布应有利于国防和长期建设。④关于第一个五年计划的基本任务,陈云在《关于发展国民经济的第一个五年计划的报告》中指出:"第一个五年计划的基本任务,概括地说来就是:集中主要力量进行以苏联帮助我国设计的156个单位为中心的、由限额以上的694个建设单位组成的

---

① 《陈云年谱》中,中央文献出版社2000年版,第131页。
② 《陈云年谱》中,中央文献出版社2000年版,第155—156页。
③ 《陈云年谱》中,中央文献出版社2000年版,第143页。
④ 《陈云年谱》中,中央文献出版社2000年版,第148页。

工业建设，建立我国的社会主义工业化的初步基础。"①关于城市建设，陈云在《报告》中指出："按照我国的第一个五年计划，工业、农业、运输交通、城市建设、商业、文化教育等各方面都要有相当的发展。而发展的重点是重工业，也只能是重工业。"②"我们的许多新建企业只能建设在原来没有工厂或者只有很少工厂的城市，因此就必须兴建城市，进行水电交通市政的建设，在同一城市的各个新建企业之间保证彼此协作。"③李富春在《关于发展国民经济的第一个五年计划的报告》中指出："要逐步地改变旧中国遗留下来的这种不合理的状态，在全国各地区适当地分布工业的生产力，使工业接近原料、燃料的产区和消费地区，并使工业的分布适合于巩固国防的条件，逐步地提高落后地区的经济水平，这是有计划地发展我国国民经济中的重要任务之一。"④同时，报告对五年基本建设的地区分布也作了比较合理的部署："一方面合理地利用东北、上海和其他城市的工业基础，发挥它们的作用，而特别是对于以鞍山钢铁联合企业为中心的东北工业基地进行必要的改建，以便迅速地扩大生产规模，供应国民经济的需要，支援新工业地区的建设；另一方面则积极地进行华北、西北、华中等地新的工业基地的建设，在西南开始部分的工业建设。"⑤

"一五"计划开始后，百废待兴，城市建设面临着改造旧基础和建设新内容的双重任务。但是，国力有限，人力、物力和财力要集中用于发展生产和工业建设，城市建设要为工业建设服务，要与国家重点建设相结合，不能平均使用力量，只能根据国家的长期计划，有计划、有步骤地进行新建或改建，以适应大规模经济建设的要求，同时还要注意工业建设在沿海与内地城市的统筹安排。陈云指出："还有一种本位主义和局部观点，就是只注意本地，不注意别的地区。这在工业中是个内地与沿

---

① 《陈云文集》第 2 卷，中央文献出版社 2005 年版，第 590 页。
② 《陈云文集》第 2 卷，中央文献出版社 2005 年版，第 592—593 页。
③ 《陈云文集》第 2 卷，中央文献出版社 2005 年版，第 603 页。
④ 《人民日报》1955 年 7 月 8 日。
⑤ 《人民日报》1955 年 7 月 8 日。

海的关系问题。"① 历史上沿海城市工业发展早，现在内地也要发展，但是沿海城市的生产能力有余，内地工厂建立起来之后，沿海城市就会发生困难。当然，工厂都摆在沿海城市，原料和消费却在内地，这也不行。因此，"我们应该根据原料、生产、销售和运输的情况，进行综合研究，确定哪些工厂应在沿海，哪些工厂应在内地"。② 在陈云工业建设和城市规划思想的指导下，第一次全国城市建设会议对全国城市进行了分类排队，并对不同类型城市的建设方针进行了统筹安排。第一类是有重要工业建设的新工业城市，包括太原、包头、兰州、西安、武汉、大同、成都和洛阳。这些城市的原有公用事业基础十分薄弱，"一五"时期一下子安排了许多大型的工业企业，急需城市建设与之配套，采取重点建设的城市建设方针。第二类是扩建城市。这些城市包括鞍山、沈阳、吉林、长春、哈尔滨、抚顺、富拉尔基、石家庄、上海、重庆、广州、郑州、株洲、青岛、本溪、邯郸、湛江、天津、佳木斯、大连和鹤岗等。为了保证工业建设的正常进行，城市建设要随着工业建设作必要的扩建。这些城市的建设方针是尽量利用旧市区，有计划地建设新市区，并在扩建中与局部改建相结合，为新工业区服务。第三类是可以局部扩建的城市。这些城市包括南京、济南、杭州、昆明、唐山、长沙、南昌、贵阳、南宁、呼和浩特、张家口、西宁、银川、宝鸡等。这些城市的特点是，市内新建了工厂，但项目不多，随着国家工业建设的开展，可以局部进行改建或扩建，城市设施着重进行维修养护，加强城市管理工作。第四类是一般中小城市。这些城市内"一五"时期没有安排限额以上的工业项目，城市建设基本上是进行维护工作，加强城市卫生管理，必要时可对一些项目如道路等加以调整。

"一五"时期，陈云不仅指导了不同类型城市的规划和建设工作，还对各类型城市工业基地的规划和建设方案进行了实地考察。在具体实践中，一个重要项目的厂址的确定和建设方案的设计，不是一件容易的事，要有几个甚至十几个方案，经过反复踏勘比较后才能确定下来，对

---

① 《陈云文选》第 2 卷，人民出版社 1995 年版，第 284 页。
② 《陈云文选》第 2 卷，人民出版社 1995 年版，第 284 页。

此，陈云非常关心和重视，他亲自过问并下去看过一些厂址。经过认真的勘测，1955年10月14日，陈云签发中共中央就批转解决太原城市建设工作中的几个问题致国家建委党组并重工业部、电力部、第一和第二机械部、水利部、建筑工程部、城建总局党组电。电报说：责成重工业部加紧编制太原钢铁厂扩建的初步设计，以便及早解决太原铁路总编组站的位置和北郊居住区的规划问题。要抓紧防洪工程的设计和施工，以保证工厂和职工的安全。汾河水库的修建，责成水利部早日编制设计方案。[①]1957年10月12日至18日，陈云在东北地区视察。视察期间，参观了大连的化工厂、起重机厂和大连港，安东的人造丝厂、鸭绿江大铁桥，吉林市的氮肥厂、铁合金厂、电石厂、电极厂、染料厂、丰满水电站，长春第一汽车制造厂，齐齐哈尔北满钢厂，富拉尔基的第一重型机器厂建设工地、第一机床厂、和平机器制造厂，抚顺的重型机器厂、露天煤矿、石油二厂、制铝厂、特殊钢厂。在视察安东人造丝厂后说：搞人造丝要比搞"卡普隆"现实，来得快，是第二个五年计划的一个方向，但受到原料的限制，从长远打算，还得搞合成纤维。在视察第一汽车制造厂时说：按现在勘采情况看，我国10至15年内不可能搞到大量的天然石油，汽车厂要着手试制以煤炭为燃料的汽车。要规划煤的综合利用，将民用煤抽出一部分搞肥料和合成纤维，将提炼后的焦炭供民用，这有很大的经济效益。在听取中共抚顺市委的汇报时指出：抚顺工业发展的规模要适当，规模小了，发展的有利条件得不到充分利用，对国家是个损失；但规模过大，各方面不能够衔接配合，将来也会造成损失。[②]1957年12月6日，陈云致信周恩来并中共中央，在汇报了到上海疗养的情况后说：第一个五年计划中已经完工或接近完工的工厂，尚未看过的只有西安、洛阳和西南各省的了，希望能在休养期间去看一看。从已看过的东北七八个城市和太原的工厂来看，我们在工业方面比1949年和1952年前已经有了极大的改变。我们在"一五"计划中新建设的工厂是一种模型，以后可以仿造。在此期间，我们的机械制造能力大大提高了，相

---

① 《陈云年谱》中，中央文献出版社2000年版，第270页。
② 《陈云年谱》中，中央文献出版社2000年版，第402—403页。

信今后除个别部件以外,一般的机器成套设备都能自造。只要能自己设计制造设备,我们在第二个五年计划中就可以大干。这样,既能节省外汇,成本又低,速度还比向外国订货快得多。目前,关键问题有两点:一是要请冶金、煤炭、电力和一切需要设备的部门的领导干部去看一看我们已有的制造能力。首先,应看东北各城市,因为那里新建设的工厂大部已经完成或接近完成,在那里既可以看到旧中国没有过的新工厂,又可以看出我们的制造能力。其次,要看上海、太原。西南的许多兵工厂都是改建完成了的,应该也是一种不小的制造力量。以后,除了必要的设备以外,不准再向外国订货。二是鼓励机器制造部门大胆设计,自己制造。不怕开头几次制造中发生不可避免的缺点和毛病,只要从这些缺点和毛病中取得教训,进步就会很快。这样,15年后在许多重要产品方面超过英国就完全有把握。①

陈云对各类型城市建设统筹规划的思考和实践探索,对于"一五"时期新兴工矿区的兴起以及老城区的改造扩建的顺利进行都发挥了重要作用。"一五"时期,随着中国社会主义事业的发展,许多新工业城市已经建立起来,很多原有城市得到了发展。新建了6个城市,大规模扩建了20个城市,一般扩建了74个城市。1957年底,全国设市的城市达到177个,比1952年增加了17个。城市人口达到6902万人,加上县镇人口共有城镇人口9949万人,比1952年增加2786万人,增加了38.9%。②"一五"期间,从中央到地方,建立、健全了城市建设管理机构;建立了一支勘测、规划、设计、施工、管理的城建队伍;建设了一批城市建设生产企业;共完成150多个城市的总体规划编制工作;比较合理地安排了厂址和各项建设;对许多城市和准备建立工业基地的地区,进行了大量的勘察和资料收集工作。城市规划和建设取得的成就不仅保证了"一五"期间工业建设的需要,体现了城市建设工作为生产、为劳动人民服务的方针,并且为以后许多城市的新建、扩建和改建准备了有利的条件。

---

① 《陈云年谱》中,中央文献出版社2000年版,第406页。
② 曹洪涛、储传亨主编:《当代中国的城市建设》,中国社会科学出版社1990年版,第65页。

三、经验与启示

新中国成立初期陈云对城市规划和建设的思考和实践，为探索一条中国社会主义城市规划和建设的道路提供了宝贵经验。这就是，在国民经济计划指导下，根据工业的合理布局，对全国城市进行分类排队，有重点地建设城市；要充实城市规划部门的管理力量，健全城市管理机构的职能，有效实施和强化城市规划的管理工作；城市总体规划要以国民经济计划为依据，全面组织城市的生产与生活活动，统筹安排城市的各项设施，使各方面的建设取得有机联系；城市建设要有整体观，局部利益必须服从城市整体利益，近期建设应该与远期发展相结合，建设中要反对各自为政的分散主义，实行统一规划、统一投资、统一设计、统一施工、统一分配、统一管理的方法。

陈云对城市建设统筹规划的思考和实践探索，不仅为中国社会主义城市规划和建设的道路提供了宝贵经验，而且对当前我国的城市规划和建设工作提供了有益启示：第一，创新规划理念。要将城市看成一个有机整体，按照全市建设"一盘棋"的理念，经济、社会、生态协同发展的理念，以人为本的理念，内涵与外延相结合的理念等，统筹规划城市建设，从而保证城市规划决策的科学性和实效性。第二，完善规划的实施管理。要充实各级城市规划部门的管理力量，健全各级规划部门的管理职能，严格规划管理程序，做到"统一规划、统一征地、统一审批、统一建设、统一管理"。第三，实施个性化的规划决策。在城市的规划管理中，要根据不同城市的历史、人文、自然条件，在城市的功能定位、产业发展和空间布局等方面，开展城市建设规划与标准以及地域功能结构与布局的分析论证，因地制宜地探索各类型城市的规划管理模式，使城市规划真正做到科学性、前瞻性、可实践性相统一，充分展现不同城市的个性特征，精心塑造不同城市的特色形象。

［原载《兰州商学院学报》2014 年第 4 期］

第二篇 区域发展差异和区域协调发展路径探索

我国共同富裕进程中破解贫富差距难题的路径探索

1992年初，邓小平在南方谈话中指出，社会主义的本质是解放和发展生产力，消灭剥削，消除两极分化，最终达到共同富裕。1992年10月，江泽民在中共十四大提出建立社会主义市场经济体制改革目标时指出，逐步实现共同富裕，要兼顾效率与公平，既要鼓励先进，又要防止两极分化。2007年，胡锦涛在中共十七大报告中指出，走共同富裕道路，要促进人的全面发展，保障人民权益，做到发展成果由人民共享。2013年，习近平在十八届三中全会上强调，实现共同富裕的目标，要深化社会体制改革，改善民生，促进社会公平正义。随着社会主义市场经济的快速发展，我国地域之间、城乡之间的贫富差距问题明显加大，这与共同富裕的目标相背离，同时也影响我国经济发展和社会和谐。努力破解贫富差距难题，提高弱势群体和贫困地区的收入水平，成为历届中央领导集体努力实现共同富裕的必然选择。

一、共同富裕进程中的贫富差距难题

改革开放以来，在我国经济快速发展、人民生活水平普遍提高的同时，贫富差距成为我国社会重大问题，同时也是共同富裕进程中必须要突破的难题。第一，从基尼系数来看，2003年至2008年，从0.479上升至0.491，2009年开始下降至0.490，随后逐年下降，2010年至

2015年，分别为0.481、0.477、0.474、0.473、0.469、0.462。①总体而言，尽管我国基尼系数呈下降趋势，但仍超过了国际上公认的0.4的警戒线，我国的贫富差距问题依然较为严重。第二，从城乡居民收入差距来看，城镇居民人均可支配收入与农村居民人均纯收入之比由1985年的1.86、1990年的2.20、1995年的2.71、2000年的2.79扩大到2002年的3.11，2002年至2013年，我国城乡收入比一直在"3"以上，其中2007年和2009年均为3.33，成为改革开放以来城乡居民收入差距最大的两年。2010年开始略有下降，2010年至2013年分别为3.23、3.13、3.10、3.03，2014年城乡收入比开始降至"3"以下，2014年至2016年，分别为2.97、2.95、2.72。②整体而言，尽管近几年我国城乡收入差距有缩小的趋势，但下降的幅度还较为有限，缩小城乡差距依然是共同富裕进程中的重要任务。第三，从地区收入差距来看，2005年东、中、西、东北城镇居民人均可支配收入之比为1.53∶1.01∶1.01∶1，农村居民人均纯收入之比为1.98∶1.24∶1∶1.42；2015年四大地区城镇居民人均可支配收入之比为1.39∶1.01∶1∶1.03，农村居民人均纯收入之比为1.57∶1.20∶1∶1.26③，尽管四大地区之间的收入差距相对有所缩小，但东部发达地区与中、西、东北地区之间的收入差距依然存在。第四，从农村贫困状况来看，尽管贫困发生率从1978年的30.7%下降到2015年的5.7%④，2016年农村贫困人口4335万人，比上年减少1240万人，⑤但截至2015年底，我国还有5630万农村建档立卡贫困人口，主要分布在832个国家扶贫开发工作重点县、集中连片特困地区县和12.8万个建档立卡贫困村，多数西部省份的贫困发生率在10%以上，民族8省区贫困

---

① 2013年1月18日、2017年1月20日国务院新闻办公室举行的新闻发布会上国家统计局公布的数据。
② 根据历年《中国统计年鉴》和《中华人民共和国2016年国民经济和社会发展统计公报》的数据测算得出。
③ 根据《中国统计年鉴（2006、2016）》的数据测算得出。
④ 数据来源于《中国统计年鉴（2016）》。
⑤ 《中华人民共和国2016年国民经济和社会发展统计公报》，国家统计局，2017年2月28日。

发生率达 12.1%。① 更深的贫困程度、更高的减贫成本等成为扶贫脱贫的现实困境。面对贫富差距难题，改革开放以来，中共中央领导集体带领人民攻坚克难，成功探索出了从"满灌式""输血式"到"精准化""造血式"脱贫致富之路、从非均衡到统筹协同发展的区域共富之路、从城乡分治到基本公共服务均等化的利益共享之路。

二、从"满灌式""输血式"到"精准化""造血式"脱贫致富之路

共同富裕的底线是防止贫富两极分化，消除各类绝对贫困人口，使他们也能富裕起来。② 改革开放初期，中国农村处于普遍贫困状态。邓小平曾指出，农村人口占我国人口的 80%，中国要摆脱贫困，要重视农村的发展和农民生活状况的改善。为了农村生产力的发展和农民生产积极性的提高，以中共十一届三中全会召开和十一届四中全会通过的《中共中央关于加快农业发展若干问题的决定》为标志，中国农村经济体制改革逐步展开。1979 年至 1985 年，农村实现了人民公社体制向统分结合的家庭承包经营制度的转变，同时改革了农产品购销体制，激发了农民生产经营的积极性。在此期间，国务院还于 1982 年成立了三西地区农业建设领导小组，1984 年颁发了《中共中央、国务院关于帮助贫困地区尽快改变面貌的通知》，区域扶贫工作得到有效指导。这一时期农村经济体制改革的实施提高了农村扶贫工作的成效，贫困人口由 2.5 亿人下降到 1.25 亿人，降幅为 50%；贫困发生率由 30.7% 下降到 14.8%；粮食总产量由 30480 万吨提高到 37910 万吨，增长了 24.4%；农村居民人均纯收入由 133.6 元上升至 397.6 元，年平均增长率接近 17%。③

20 世纪 80 年代中期，农村经济体制改革促进了农村经济的较快发展，但也有少数地区受地理环境、资源状况等方面的影响，区域性的集

---

① 《国务院关于印发"十三五"脱贫攻坚规划的通知》，《中华人民共和国国务院公报》2016 年第 35 期。
② 胡鞍钢、鄢一、魏星：《2030 中国迈向共同富裕》，中国人民大学出版社 2011 年版，第 11 页。
③ 根据历年《中国统计年鉴》的数据测算。

中贫困现象较为突出。为了提高扶贫工作的针对性,1986年3月,"七五"计划中提出要将"扶植老、少、边、穷地区尽快摆脱经济文化落后状况"作为扶贫工作中的一项重要任务。同年5月,为了规划、指挥、协调和监督扶贫开发工作,成立了国务院贫困地区经济开发领导小组。自此,我国开始实施大规模的开发式扶贫政策,鼓励贫困地区充分利用当地资源发展生产,从根本上消除造成贫困的根源;确定了258个国家贫困县,制定了贫困县扶持标准,以贫困县为单位,安排专项资金,集中力量解决连片贫困地区的发展问题。区域性开发式扶贫政策有力地促进了贫困县经济的发展和人民生活水平的提高。1986年至1993年,农村贫困人口由1.25亿人减少到8000万人,贫困发生率从14.8%下降到8.7%,国家重点扶持贫困县农民人均纯收入从206元增加到483.7元。[①]

尽管我国农村绝对贫困人口逐步减少,但由于贫困人口中有一半左右年人均纯收入低于300元,离温饱线还有较大差距,而且贫困人口大多分布在中、西部地区,因此解决贫困人口温饱问题的难度日益加大,扶贫开发进入攻坚阶段。1994年第一次全国扶贫开发工作会议颁布了《国家八七扶贫攻坚计划(1994—2000年)》,决定用7年的时间解决8000万农村贫困人口的绝对贫困问题。1996年,《关于尽快解决农村贫困人口温饱问题的决定》提出了实现扶贫攻坚计划的基本方针、任务和主要举措,强调要增加扶贫投入,集中连片的重点贫困地区要安排大型开发项目,严格管理各项扶贫资金,对贫困地区实行免除粮食定购任务、减免农业税和农业特产税、延长扶贫贷款期限等优惠政策。同时,还提出了东西对口帮扶的政策措施,指出对口帮扶的任务要落实到县,协作要落实到企业和项目,在互利互惠的基础上与贫困县共同开发当地资源。通过一系列扶贫开发政策的实施,到2000年底,基本实现了国家"八七"扶贫攻坚目标,农村贫困人口减少到3209万人;农民人均纯收入增加到1337元;国家重点贫困县农业增加值增长54%。[②]

随着"八七"扶贫攻坚计划的逐步完成,还有少数生活在自然条件

---

① 《中国的农村扶贫开发白皮书》,《人民日报》2001年10月16日。
② 《中国的农村扶贫开发白皮书》,《人民日报》2001年10月16日。

恶劣地区的特别贫困人口有待解决温饱问题。2001年,江泽民在中央扶贫开发工作会议上指出,脱贫致富是全面建设小康社会、逐步实现共同富裕的重大战略举措。2001年,《中国农村扶贫开发纲要(2001—2010年)》提出要解决少数贫困人口温饱问题,同时使贫困地区生产生活条件和贫困人口综合素质得到改善和提高。根据纲要精神,2001—2010年,中央和地方各级政府共投入2043.8亿元用于扶贫开发,其中,累计投向国家扶贫开发工作重点县和各省自行确定的扶贫开发工作重点县1457.2亿元人民币,占总投入的71.3%。[①] 扶贫政策还与区域政策、农村最低生活保障制度、农村合作医疗制度等结合,加大了对贫困地区人民医疗方面的救助和补贴;将符合条件的农村贫困人口全部纳入低保范围;在中西部给予大量扶贫资金,帮助贫困地区快速脱贫等。随着全方位帮扶体系的逐步完善,贫困地区经济水平不断增强,生产生活条件逐步改善,社会事业不断进步。2001—2010年,扶贫开发工作重点县人均地区生产总值年均增长17%;农民人均纯收入年均增长11%。2002—2010年,扶贫开发工作重点县新增基本农田5245.6万亩;新建及改扩建公路里程95.2万公里,新增教育卫生用房3506.1万平方米。[②] 同时,随着经济发展水平的提高,2010年,农村扶贫标准增加到1274元,按此标准衡量,贫困发生率从2000年的10.2%下降到2010年的2.8%。[③]

随着扶贫事业取得较大进展,中国取得的减贫成就也获得国际社会的高度评价。世界银行认为1980年以来中国减贫人数占世界发展中国家减贫人数的70%以上,联合国开发计划署2005年的评估报告认为中国提前完成了千年发展目标中贫困人口下降一半的目标。[④] 但同时连片特困地区的矛盾依然较为突出,2011年,国家颁布了《中国农村扶贫开发纲要(2011—2020年)》,提出要提高扶贫标准、贫困退出后国家政策不减、加大14个连片特困地区扶贫开发、建立扶贫监测机制等政策。2013

---

① 《中国农村扶贫开发的新进展》,《新华月报》2012年第1期。
② 《中国农村扶贫开发的新进展》,《新华月报》2012年第1期。
③ 数据来源于《中国统计年鉴(2016)》。
④ 《国际社会高度评价中国扶贫工作成就》,中华人民共和国中央人民政府网,2006年11月23日。

年,习近平在湖南湘西考察时提出了精准扶贫的新思路。2014年,《关于创新机制扎实推进农村扶贫开发工作的意见》《关于建立精准扶贫工作机制实施方案的通知》《关于扶贫开发建档立卡工作方案的通知》等文件相继出台,对精准扶贫工作模式的顶层设计、总体布局和工作机制等方面进行了详尽部署。2015年6月,习近平在贵州集中连片特困地区扶贫攻坚座谈会上提出了"六个精准"的基本要求;10月16日,习近平在2015年减贫与发展论坛的主旨演讲中提出"五个一批"是精准扶贫的基本方略和确保2020年农村贫困人口实现脱贫的主要途径;11月29日,中共中央、国务院发布《关于打赢脱贫攻坚战的决定》,提出在具体实施精准扶贫的过程中,寻找扶贫对象、严格资金使用、措施落实到户、派出工作人员、脱贫成效评估等环节都要力求精准到位。2016年,国家继续深化精准扶贫工作,《关于建立贫困退出机制的意见》指出,要深入实施精准扶贫、精准脱贫,以脱贫实效为依据,以群众认可为标准,建立严格、规范、透明的贫困退出机制;《关于"十三五"脱贫攻坚规划的通知》指出,要坚持以"六个精准"统领贫困地区脱贫攻坚工作,精确瞄准、因地制宜、分类施策,大力实施精准扶贫脱贫工程,变"大水漫灌"为"精准滴灌",做到真扶贫、扶真贫、真脱贫。《关于进一步加强东西部扶贫协作工作的指导意见》提出,东西部扶贫协作和对口支援要聚焦脱贫攻坚,按照精准扶贫、精准脱贫要求,把被帮扶地区建档立卡,贫困人口稳定脱贫作为工作重点,帮扶资金和项目瞄准贫困村、贫困户,真正帮到点上、扶到根上。2017年"两会"工作报告中指出,实施精准扶贫和精准脱贫,加强集中连片特困地区、革命老区开发,改善基础设施和公共服务,推动特色产业发展、劳务输出、教育和健康扶贫,实施贫困村整体提升工程,增强贫困地区和贫困群众自我发展能力。精准扶贫战略的实施取得较好成效,2016年底,农村贫困人口减少到4335万人。[①]2010—2015年,贫困县农民人均纯收入从3273元增加到6600元。[②]贫困地区饮水安全、道路交通、电力保障等基础设施建设目标全面完成,

---

① 《中华人民共和国2016年国民经济和社会发展统计公报》,国家统计局,2017年2月28日。
② 数据来源于《中国农村贫困监测报告(2016)》。

教育卫生等基本公共服务目标基本完成。

从"满灌式""输血式"到"精准化""造血式"脱贫致富之路，是具有中国特色的扶贫开发路径，积累了使贫困地区群众摆脱贫困、走向富裕的重要经验。首先，"精准化""造血式"脱贫致富之路更加重视贫困人群科技文化素质的提高，强调内源扶贫、教育脱贫、精神脱贫等，对于培养贫困人群的内生发展动力意义重大。其次，政府的扶贫模式由自上而下开发式扶贫模式到自下而上参与式扶贫模式，再到两者之间的有机整合的转变，扶贫的主体日益多元化，强调与社会力量、非政府组织力量的参与合作，也是提高扶贫成效的重要经验之一。最后，随着扶贫工作的日益艰巨，中国的扶贫开发工作还强调政策整合，扶贫开发政策逐渐实现了与支农惠农政策、社会主义新农村建设、和谐社会建设相关政策、社会保障政策、区域协调发展政策的有机衔接和充分整合，全面推进了贫困地区经济社会的发展。

三、从非均衡到统筹协同发展的区域共富之路

中国是一个幅员辽阔、经济文化发展极不平衡的多民族国家，在全面建成小康社会进程中，缩小区域差距，统筹区域发展是实现共同富裕的重要路径。受平衡生产力布局理论的影响，改革开放前，基于对旧中国工业布局状况和国防安全等方面的考虑，我国实施了区域经济均衡发展战略，加强了内地经济社会发展，但由于追求的是一种低水平的平衡，违背了生产力发展的客观规律，反过来也削弱了东部地区的发展能力。随着中共十一届三中全会的召开，发展生产力，提高经济效益成为国民经济发展的指导方针，同时，邓小平在《解放思想，实事求是，团结一致向前看》的讲话中指出，允许一部分地区先富起来，可以产生极大的示范作用，带动其他地区，逐步实现共同富裕。"先富共富"思想打破了平均主义的缺陷，强调通过增长极的辐射效应带动周边落后地区发展，从而促进国民经济整体效益的提高。基于国民经济指导方针的转变和"先富共富"的区域发展思路，我国实施了区域经济非均衡发展战略，国家不断加大对外开放的步伐，并在财税、产业布局、投资等方面给予

东部沿海地区优惠政策。全国还划分为东部、中部、西部三个经济地带，并根据三大地带的资源条件、经济基础等，安排不同的投资项目，促进了各地区经济增长速度的提高。1952—1978年，东部地区人均国民收入年均增长4.63%，中部地区年均增长2.92%，西部地区年均增长3.53%；而1978—1992年，东部地区人均国民收入年均增长8.28%，中部地区年均增长6.73%，西部地区年均增长7.1%。[①]但由于区域经济非均衡发展战略的实施中过于注重效率，也导致地区发展的"马太效应"日益凸显，地区发展差距日益扩大。1980—1991年，中部地区人均社会总产值相当于东部地区的比例由68%下降到45.4%；西部地区人均社会总产值相当于东部地区的比例由52.7%下降到23.9%。[②]

随着中国现代化的逐步推进，针对我国区域差距日益扩大的现实，1991—1998年，我国开始推动区域协调发展战略的实施。1995年9月，中共十四届五中全会通过的《中共中央关于制定国民经济和社会发展"九五"计划和2010年远景目标的建议》进一步明确提出，要把"坚持区域经济协调发展，逐步缩小地区发展差距"作为今后我国经济和社会发展必须贯彻的一条重要方针。1997年9月，江泽民在中共十五大报告上强调，要从多方面努力，逐步缩小地区发展差距。1999年以后，区域协调发展战略开始全面实施。1999年9月，中共十五届四中全会正式提出西部大开发战略。2000年12月，国务院颁布了《关于实施西部大开发若干政策措施的通知》。2003年10月，十六届三中全会把包括统筹区域发展在内的"五个统筹"作为完善社会主义市场经济体制的基本原则。2005年10月，十六届五中全会通过的《中共中央关于制定国民经济和社会发展第十一个五年规划的建议》提出了全面系统的区域发展总体战略：实施西部大开发、东北地区等老工业基地振兴、中部地区崛起、东部地区率先发展。2007年10月，中共十七大报告明确提出要继续实施区域发展总体战略。2007年，东部、中部、西部、东北GDP增长率分

---

① 马洪、刘中一：《中国发展研究——国务院发展研究中心研究报告选》，中国发展出版社1997年版，第40页。

② 刘再兴：《中国生产力总体布局研究》，中国物价出版社1995年版，第55页。

别提高到 14.17%、14.07%、13.94%、14.23%。[①] 虽然中部、西部和东北地区的 GDP 增长率已逐步赶上东部地区，但中国经济总量和生产力布局仍不断向东部地区集中。这种集中化不利于区域经济的协调发展。为了进一步缩小区域差距，中共十八大和十八届三中全会对区域发展战略的实施作出了新的要求和部署。针对区域发展的差异性和不同区域的比较优势，区域政策的制定更加细化；区域经济协同发展的新格局逐步显现，"京津冀协同发展"、"长江经济带"和"一带一路"倡议上升为国家战略；区域经济新的增长点不断涌现；国内资源与国际资源、国内市场与国际市场进一步打通，区域开放合作力度日益加强。2015 年经济数据显示，经济总量排前三名的依然是广东、江苏、山东；重庆和西藏经济增速 11%，排名并列第一。中西部地区经济增速连续 5 年超过东部地区[②]，区域发展的相对差距逐步缩小，区域差距进一步扩大的趋势得到初步遏止，区域发展的协调性总体增强。

从非均衡到统筹协同发展的区域共富之路，作为共同富裕进程中具有中国特色的区域协调发展路径，彰显了正确处理政府与市场关系、处理公平与效率关系的历史经验。区域均衡发展战略过分注重公平，忽视了市场经济运行规律，导致国民经济发展整体效益低下。区域经济非均衡发展战略过分注重效率，导致地区经济发展的"循环积累因果效应"和"马太效应"日益明显，致使区域冲突加剧和区域差距拉大。区域统筹协同发展战略的推进过程中，市场和政府强力联合，引导区域经济逐步走向更有效率、更加公平的良性发展轨道，最终将实现区域共同富裕。

四、从城乡分治到基本公共服务均等化的利益共享之路

消除贫困，改善民生是实现共同富裕的本质要求。长期以来，城乡分治影响了城乡经济社会的协调发展和共同富裕目标的实现。从城乡就业程度来看，城乡劳动力就业机会差距较大。2001 年，城镇登记失业

---

① 数据来源于《中国区域经济统计年鉴（2008）》。
② 数据来源于《中国区域经济统计年鉴（2016）》。

人员为 681 万人，城镇登记失业率为 3.6%①，而我国农村的剩余劳动力为 1.6 亿人，就业压力较大。从医疗卫生资源配置来看，2001 年，农民人均卫生总费用为 244.8 元，城市居民人均卫生总费用为 841.2 元，两者之比为 3.44∶1。2003 年，两者之比增加到 4.04∶1。②从城乡社会保障程度来看，据统计，2002 年，城乡享受最低生活保障的人数分别为 2064.7 万人和 407.8 万人，两者之比达到 5.06∶1。③

面对城乡基本公共服务的差异，2005 年，中共十六届五中全会通过的《中共中央关于制定国民经济和社会发展第十一个五年规划的建议》首次明确提出要逐步实现基本公共服务均等化。2006 年 3 月，《中华人民共和国国民经济和社会发展第十一个五年规划纲要》正式提出"基本公共服务均等化"这一概念。2012 年 7 月，国务院正式公布《国家基本公共服务体系"十二五"规划》。11 月，中共十八大要求到 2020 年全面建成小康社会，"基本公共服务均等化总体实现"。2013 年，中共十八届三中全会通过的《中共中央关于全面深化改革若干重大问题的决定》指出，要健全城乡发展一体化体制机制，以"一体化"促进"均等化"。2017 年，国务院颁布了《关于印发"十三五"推进基本公共服务均等化规划的通知》，指出要有步骤、分阶段推动规划、政策、投入、项目等同城化管理，统筹设施建设和人员安排，推动城乡服务内容和标准统一衔接。把社会事业发展重点放在农村和接纳农业转移人口较多的城镇，补齐农村和特大镇基本公共服务短板。鼓励和引导城镇公共服务资源向农村延伸，促进城市优质资源向农村辐射。

具体而言，在统筹城乡就业方面，2005 年 11 月，国务院颁布了《关于进一步加强就业再就业工作的通知》。2006 年 7 月，政府启动统筹城乡就业试点工作。2007 年，《就业促进法》颁布实施。这一年，中国城乡从业人员达到 76990 万人，其中城镇 29350 万人，乡村 47640 万人。2010 年，城镇新增就业人员达到 1168 万人，全国农村外出劳动力达到 15335 万人。2011 年，我国开始实施就业优先战略，全国就业规模不断

---

① 数据来源于《中国统计年鉴（2002）》。
② 根据《中国卫生统计年鉴（2012）》的数据计算得出。
③ 数据来源于《中国民政统计年鉴：中国社会服务统计资料（2012）》。

扩大，全年城镇新增就业人员1221万人。全国农民工总量为25278万人，其中外出农民工数量为15863万人①。2015年，国务院发出关于《进一步做好新形势下就业创业工作的意见》，指出要加大对困难人员就业援助力度，确保零就业家庭、最低生活保障家庭等困难家庭至少有一人就业；推进农村劳动力转移就业，建立健全城乡劳动者平等就业制度，加强农民工输出输入地劳务对接。2016年末，全国就业人员77603万人，其中城镇就业人员41428万人。全年城镇新增就业人员1314万人。年末城镇登记失业率为4.02%。全国农民工总量28171万人，比上年增长1.5%。其中，外出农民工16934万人，增长0.3%；本地农民工11237万人，增长3.4%。②

在统筹基本养老保险制度方面，2009年9月，国务院颁发了《关于开展新型农村社会养老保险试点的指导意见》，要求按照"保基本、广覆盖、有弹性、可持续"的基本原则，实行社会统筹与个人账户相结合，与其他社会保障政策措施相配套的新型农村社会养老保险制度。截至2011年底，全国27个省、自治区的1914个县（市、区、旗）和4个直辖市部分区县开展国家新型农村社会养老保险试点。年末国家新型农村社会养老保险试点地区参保人数32643万人。其中实际领取待遇人数8525万人。③ 2016年底，参加城乡居民基本养老保险人数为50847万人，比上年末增加2501万人。④

在统筹最低生活保障制度方面，2006年12月，中央农村工作会议要求"在全国范围建立农村最低生活保障制度"。2007年7月，国务院发出《关于在全国建立农村最低生活保障制度的通知》，指出建立农村最低生活保障制度的目标是将符合条件的农村贫困人口全部纳入保障范围，稳定、持久、有效地解决全国农村贫困人口的温饱问题。自2007年实现全覆盖以来，低保对象人数从2008年的4305.5万人增长到2015年的

---

① 数据来源于《2007年劳动和社会保障事业发展统计公报》《2010年和2011年人力资源和社会保障事业发展统计公报》。
② 《中华人民共和国2016年国民经济和社会发展统计公报》，国家统计局，2017年2月28日。
③ 数据来源于《2011年人力资源和社会保障事业发展统计公报》。
④ 《中华人民共和国2016年国民经济和社会发展统计公报》，国家统计局，2017年2月28日。

4903.6万人。低保经费的规模也保持上升势头,从 2008 年的 228.7 亿元增加到 2015 年的 931.5 亿元。[①]

在统筹城乡基本医疗卫生制度方面,2009 年,国务院《关于深化医药卫生体制改革的意见》指出,深化医药卫生体制改革的总体目标是建立健全覆盖城乡居民的基本医疗卫生制度。到 2011 年,基本医疗保障制度全面覆盖城乡居民。在城乡医疗卫生体系建设方面,2004 年,各类医疗卫生机构床位数达到 327 万张,卫生人员总数达到 536 万人;2010 年末,床位达到 479 万张,卫生人员总数达到 821 万人;2016 年末,医疗卫生机构床位达到 747 万张,卫生技术人员 844 万人[②],遍及城乡的卫生医疗服务网络基本建立起来。在城乡医疗保障体系建设方面,2003 年 1 月,卫生部、财政部、农业部联合下发了《关于建立新型农村合作医疗制度的意见》;2006 年 1 月,卫生部等 7 部委联合发出《关于加快推进新型农村合作医疗试点工作的通知》;2007 年 3 月,国务院发出《关于开展城镇居民基本医疗保险试点的指导意见》。截至 2011 年底,全国参加城镇基本医疗保险人数为 47343 万人。2011 年,全国参加新农合人数为 8.32 亿人,参合率超过 96%;各级财政对新农合的补助标准从每人每年 120 元提高到 200 元,有效增加了新农合基金规模;新农合政策范围内的住院费用报销比例从 60% 提高到 70% 左右,最高支付限额从 3 万元提高到不低于 5 万元,保障水平进一步提高。[③] 2016 年,全年资助 5620.6 万人参加基本医疗保险,年末参加城镇基本医疗保险人数为 74839 万人。[④]

共同富裕是社会主义的本质属性,共享是实现共同富裕的必然要求。马克思在《哥达纲领批判》中指出:社会主义社会是"一个集体的、以生产资料公有为基础的社会"。[⑤] 共享发展需要秉持公平正义的精神,为每个人的发展提供公正平等的权利和机会。正如罗尔斯在《正义论》中所指出的:正义是社会制度的首要价值,正像真理是思想体系的首要价值

---

① 数据来源于《2008 年民政事业发展统计公报》《2015 年社会服务发展统计公报》。
② 数据来源于《2004 年、2010 年、2016 年中华人民共和国国民经济和社会发展统计公报》。
③ 根据 2012 年 2 月 27 日卫生部举行的新闻发布会上公布的数据整理。
④ 《中华人民共和国 2016 年国民经济和社会发展统计公报》,国家统计局,2017 年 2 月 28 日。
⑤ 《马克思恩格斯文集》第 3 卷,人民出版社 2009 年版,第 433 页。

一样。① 关于社会公平正义，习近平指出："全面深化改革必须以促进社会公平正义、增进人民福祉为出发点和落脚点。这是坚持我们党全心全意为人民服务根本宗旨的必然要求。"② 由于长期存在的城乡二元社会体制，农村公共需求全面快速增长与公共服务供给不足之间的矛盾日益突出，城乡分治成为实现共享发展和共同富裕的短板。推进城乡基本公共服务均等化，通过为社会成员提供基本的、与经济社会发展水平相适应的、能够体现公平正义原则的大致均等的公共产品和服务，牢牢守住了民生底线，遵循了社会公正发展的要求，坚持了普惠性、保基本、均等化、可持续的方向，不断提高公共服务的共建能力和共享水平，是实现共同富裕的重要保障。

五、结语

通过破解贫富差距难题的路径分析，能清晰地看到历届党和政府在帮助贫困地区脱贫致富、缩小区域差距、增强弱势群体的经济收入、改善城乡困难群体的生活质量等方面付出的艰辛和努力，同时也应看到了尽管我国区域差距、城乡差距、贫富差距等相对缩小，但共同富裕的进程依然任重而道远。共同富裕并不是平均富裕，由于存在不同地区之间发展条件的差异和不同人群之间人力资本水平的差异，现实中也很难实现平均富裕。因此，我们要客观承认社会差异，也不能消除社会差异。共同富裕是指社会差距相对较小，且可管理可调整。③ 为此，应以理性的思维看待共同富裕进程中存在的各种差距，这些差距有些可能是客观必然的，有些可能是通过主观努力能够解决的，应从历史的角度、制度政策以及社会转型方面探究这些差距产生的原因。同时，也应以系统、辩证的思维来寻求难题的破解路径。实现共同富裕是一个系统工程，精准扶贫、区域统筹、城乡统筹等政策在破解共同富裕难题时并非孤立运行的，而是一个互相影响、互相促进的有机整体，唯有注重整合衔接，破

---

① ［美］约翰·罗尔斯：《正义论》，何包钢等译，中国社会出版社 1999 年版，第 1 页。
② 《习近平谈治国理政》，外文出版社 2014 年版，第 96 页。
③ 胡鞍钢、鄢一、魏星：《2030 中国迈向共同富裕》，中国人民大学出版社 2011 年版，第 11 页。

解的路径才能更加精准实效。在精准扶贫政策制定中,要以区域统筹和城乡基本服务均等化为目标,重视连片贫困地区、老少边穷地区的扶贫开发,加强扶贫政策与社会保障、教育、医疗等城乡基本服务均等化政策有效接轨,达到贫困地区脱贫致富和贫困人口利益共享双重目标的实现;在区域政策的制定中,要继续加强对欠发达地区,特别是老少边穷地区的扶贫开发,坚持按照精准扶贫的要求进行东西协作和对口帮扶,同时在推进区域协同发展中促进基本公共服务均等化;在城乡基本服务均等化的实施过程中,要在劳务输出、教育卫生扶贫、基础设施建设等方面取得新进展,同时注重激发各地区的内生动力,因地制宜,根据不同区域的发展特点制定基本服务均等化的实施方案。

[原载《教学与研究》2017年第8期]

中国城乡互动发展水平的地区差异及其变动趋势研究

城乡互动发展是指资本、劳动力、物质、信息等社会经济要素在城乡空间的双向流动与优化配置。城乡之间的互动与关联发展突破了城乡隔离体制下各类社会经济要素在城乡之间的单向流动格局，有利于城市和乡村的共同发展和区域空间结构的整体优化。在构建社会主义新农村与和谐社会的进程中，开展城乡互动发展的理论和实证研究具有重要的理论意义和实践价值。

中国地域辽阔，不同区域的历史基础、自然环境、经济发展以及政策体制等方面均存在较大差异，因此，区域城乡互动发展的态势也有所不同，正确衡量地区之间城乡互动发展水平的差异是协调城乡关系、缩小城乡差距的有力举措，也是各地区选择城乡发展的合理模式和制定城乡互动发展优化对策的前提和基础。关于中国区域城乡互动发展水平的差异问题，有诸多学者进行过研究[1]，但综观学术界的研究成果，不难发

---

[1] 曾磊、雷军、鲁奇：《我国城乡关联度评价指标体系构建及区域比较分析》，《地理研究》2002年第21卷第6期。段娟、鲁奇、文余源：《我国区域城乡互动与关联发展综合评价》，《中国人口·资源与环境》2005年第15卷第1期。战金艳、鲁奇、邓祥征：《城乡关联发展评价模型系统构建——以山东省为例》，《地理研究》2003年第22卷第4期。鲁奇、曾磊、王国霞等：《重庆城乡关联发展的空间演变分析及综合评价》，《中国人口·资源与环境》2004年第14卷第2期。张淑敏、刘辉、任建兰：《山东省区域城乡一体化的定量分析与研究》，《山东师范大学学报（自然科学版）》2004年第19卷第3期。修春亮、许大明、祝翔凌：《东北地区城乡一体化进程评估》，《地理科学》2004年第24卷第3期。李岳云、陈勇、孙林：《城乡统筹及其评价方法》，《农业技术经济》2004年第1期。罗雅丽、李同升：《城乡关联性测度与协调发展研究——以西安市为例》，《地理与地理信息科学》2005年第21卷第5期。

现，这些研究或者是从宏观层面对我国不同省域间某年城乡互动发展水平的比较研究[1]，或者是从微观层面对我国某个省域内部某年城乡互动发展水平的比较研究[2]，而且这些研究大多仅仅是对我国区域城乡互动发展水平差异的静态分析，从中无法了解我国区域城乡互动发展水平在动态层面上的差异以及这种差异对整体差异的贡献。基于此，本文将从动态分析的角度，通过构建评价指标体系，深入分析近十年来我国城乡互动发展水平的地区差异，采用锡尔（Theil）指数对中国城乡互动发展水平的差异进行区域分解，并研究其变动趋势，旨在使我国不同区域认清其城乡互动发展的态势，并在此基础上制定促进城乡协调发展的优化对策。

一、我国区域城乡互动发展水平综合评价指标体系的构建

（一）指标体系的设计基础

要对区域城乡互动发展水平进行综合评价，首先应弄清城乡互动发展的基本含义和作用机理。

1. 城乡互动发展的内涵

城市与乡村属于区域空间经济系统中互为关联的两大异质空间子系统，城乡互动发展是指资本、劳动力、物质和信息等社会经济要素在城乡空间（包括城乡之间、不同等级规模的城镇之间和乡村之间）的双向

---

[1] 曾磊、雷军、鲁奇：《我国城乡关联度评价指标体系构建及区域比较分析》，《地理研究》2002年第21卷第6期。段娟、鲁奇、文余源：《我国区域城乡互动与关联发展综合评价》，《中国人口·资源与环境》2005年第15卷第1期。

[2] 战金艳、鲁奇、邓祥征：《城乡关联发展评价模型系统构建——以山东省为例》，《地理研究》2003年第22卷第4期。鲁奇、曾磊、王国霞等：《重庆城乡关联发展的空间演变分析及综合评价》，《中国人口·资源与环境》2004年第14卷第2期。张淑敏、刘辉、任建兰：《山东省区域城乡一体化的定量分析与研究》，《山东师范大学学报（自然科学版）》2004年第19卷第3期。修春亮、许大明、祝翔凌：《东北地区城乡一体化进程评估》，《地理科学》2004年第24卷第3期。李岳云、陈勇、孙林：《城乡统筹及其评价方法》，《农业技术经济》2004年第1期。罗雅丽、李同升：《城乡关联性测度与协调发展研究——以西安市为例》，《地理与地理信息科学》2005年第21卷第5期。

流动和优化配置过程,它突破了城乡要素相互隔离或单向流动格局,并通过高效有序的城乡要素互动和功能互换促进区域城市化和全面实现小康社会。城乡互动发展可以理解为把城市与乡村作为一个统一的社会经济系统,以经济利益为动力,以市场联系为纽带,以文化和信息渗透为方向,促进城乡之间生产要素的合理流动与优化组合,推动农业产业化、农村工业化、农村人口城市化,实现城乡结合、工农结合,提高城乡整体经济社会效益,使城市和农村互相促进,优势互补,共同分享增长点,逐步缩小城乡经济社会发展差距,实现城乡共同富裕。

2.城乡互动发展的作用机理

城乡互动发展得以有效运行的驱动力主要体现在以下方面:①乡镇企业的发展和农村工业化。乡镇企业是城乡经济的联系桥梁和纽带,乡镇企业的发展改变了传统的农业乡村、工业城市的格局,出现了农、林、牧、副、渔五业并举,工、商、建、运、服综合发展的新格局,为城镇的发展提供了大量物美价廉的商品和必要的生产原料,使城乡经济联系更为紧密。②小城镇的发展。小城镇具有聚合和辐射功能,在一定范围内能够将各种资源和生产要素聚集起来,有利于形成全国统一开放的市场体系。同时,小城镇的发展和中小城市的发展相结合,有利于形成要素流动畅通的城镇网络体系,以此带动农村地区发展,实现城乡良性互动。③农业产业化和现代化。农业产业化发展可以从经济上彻底打破传统农业所依赖的自然经济基础,使其走上专业化、商品化、现代化之路。农业产业化和现代化的发展,一般是以农村中小企业的发展为先导,而中小企业的发展又将带动城乡资本、技术、劳动力、信息在小城镇和乡镇企业聚集,从而优化了城乡资源的配置过程,促进了城乡要素双向互动。④区域城市化。区域城市化可以实现城乡间生产要素的自由流动和优化配置,促进城乡共同繁荣。一方面,城市里有技术、人才、资金和文化教育设施;另一方面,农村有土地资源和人才资源,利用两者的优势,使双方的利益都可得到补偿。⑤城镇网络化。城镇网络化可以有力加速区域性小城镇建设,大力提高城镇化水平,从而推进我国农村工业化,实现农村人口向中小城镇的转移。同时,城镇网络化还有利于推动大中城市的传统产业转向小城镇,便于大中城市集中更多的人力、财力、物力向高新技术产业进军，有利于城乡经济共同走向繁荣。

（二）指标体系的构建原则

基于城乡互动发展内涵的广泛性及其作用机理的复杂性，构建城乡互动发展水平综合评价指标体系应遵循以下原则：

1. 科学性原则。指标体系一定要建立在科学的基础上，能够科学、客观、真实地度量和反映城乡互动发展战略目标的实现程度和发展趋势、发展潜力，以利于指导城乡互动发展战略实施沿着正确的方向前进。

2. 系统性与层次性相结合原则。城乡互动发展系统是开放的复杂巨系统，其中又可分为若干子系统，指标体系主要为各级政府的决策提供信息，而解决城乡发展问题是由政府在各个层次上进行调控和管理的，因此应在不同层次上采用不同指标。

3. 整体完备性原则。科学的评价指标体系能够使入选的各个指标作为一个整体，从各个层次、各个角度反映和测度城乡互动发展系统运行状况及特征。

4. 简明性与可操作性原则。指标体系要全面但不包罗万象，指标内容应简单明了，具有较强的可比性和可操作性。

5. 动态性原则。城乡互动发展系统是一个动态过程，其评价与衡量只有通过动态指标来描述才能对系统的发展做出长期的动态评价。应把多元性、立体性、复杂性结合起来，通过建立评价指标体系，实现空间和时间的统一。

6. 空间性与时间性相统一原则。城乡互动发展是一个时空概念，是在一定时间段内和一定区域状态下发生的连续过程。因此，在建立城乡互动发展水平综合评价指标体系时，要充分考虑不同区域经济、社会发展的不平衡性、多层次性。

（三）综合评价指标体系的构建

根据城乡互动发展的内涵和作用机理以及指标体系的构建原则，在已有成果的基础上，同时考虑区域城乡发展的共性特征，本文选取空间关联水平、经济关联水平、社会文化关联水平、城乡协调发展水平作为评价城乡互动发展水平的一级指标；选取城市化水平、城市密度、小城镇密度、铁路网密度、公路网密度等40余个二级指标，构建了一套旨在全面衡量我国区域城乡互动发展水平的综合评价指标群。考虑到其中有些指标因存在一定的相关性而产生信息重叠，因此有必要对上述指标群进行筛选。本文采用多元统计分析中随机变量协方差矩阵变换方法对上述指标群进行变换处理，这样不仅基本消除了指标间的线性相关性，而且可实现指标的筛选与降维。筛选后的指标体系仅包含26个二级指标（见表1）。

表1 区域城乡互动发展水平综合评价指标体系

一级指标	二级指标	指标含义或计算方法
空间关联水平（0.3967）	城市化水平（%）（0.0163）	（总人口－乡村人口）/总人口×100%
	城市密度（个/万km²）（0.0264）	区域城市数/区域土地面积
	小城镇密度（个/万km²）（0.0264）	区域小城镇数/区域土地面积
	铁路网密度（km/万km²）（0.0497）	铁路运营里程/区域土地面积
	公路网密度（km/万km²）（0.0831）	公路运营里程/区域土地面积
	邮路网密度（km/万km²）（0.0352）	区域邮政线路长度/区域土地面积
	交通便利度（0.1259）	区域单位面积线路长度×100×区域货运量/区域货物周转量
	城乡信息化对比指数（%）（0.0339）	农村居民每百户电话机数/城市居民每百户电话机数×100%
经济关联水平（0.3967）	GDP非农比重（%）（0.0401）	非农GDP/GDP×100%
	社会劳动力非农比重（%）（0.0636）	社会劳动力非农人员/全社会劳动力×100%
	乡村从业人员非农比重（%）（0.0741）	乡村从业人员中从事非农业人数/乡村从业人员×100%
	经济外向度（%）（0.0199）	（进出口总值/GDP×0.5＋外商直接投资/GDP×0.5）×100%
	劳均乡镇企业产值（元/人）（0.1323）	乡镇企业增加值/乡镇企业从业人员
	区域二元结构指数（0.0667）	$\sqrt{\dfrac{区域一产产值比重 \times 区域一产劳动力比重}{区域非一产产值比重 \times 区域非一产劳动力比重}}$
社会文化关联水平（0.1164）	外来人口比重（%）（0.0126）	外来人口数/本地人口数×100%
	人口文化素质（0.0385）	万人大专以上文化程度人口数/万人文盲半文盲人口数
	报纸出版数（亿份）（0.0748）	
	人均教育事业经费（元/人）（0.0368）	教育事业经费/区域总人口
	人均卫生事业经费（元/人）（0.0211）	卫生事业经费/区域总人口

续表

一级指标	二级指标	指标含义或计算方法
城乡协调发展水平（0.0902）	城乡恩格尔系数对比指数（0.0047）	城市恩格尔系数/农村恩格尔系数
	基尼系数（0.0045）	$1.067-20.22(1/A)-0.89LnA$，A 表示人均GDP
	比较劳动生产率二元对比系数（0.0117）	（一产GDP比重/一产从业人员比重）/（非一产GDP比重/非一产从业人员比重）
	基础教育投资偏向系数（0.0115）	城镇基础教育投资/农村基础教育投资
	财政支农相对比重（%）（0.0309）	区域财政支农比重/区域一产产值比重
	城乡消费水平对比指数（0.0045）	城市居民消费水平/农村居民消费水平
	城乡收入水平对比指数（%）（0.0222）	农村居民家庭平均每人全年纯收入/城镇居民家庭平均每人全年可支配收入×100%

注：圆括号内数字为通过AHP方法确定的权重。层次总排序的一致性指标 CI = 0.0488，层次总排序的随机一致性指标 RI = 2.2007，层次总排序的随机一致性比例 CR = CI/RI = 0.0222<0.1，通过一致性检验。

具体而言，表1所构建的综合评价指标体系包括以下内容：

1.城乡空间关联水平是城乡要素能否双向流动和优化配置的直接决定因素。衡量空间关联水平的指标主要包括城镇体系和基础设施建设。其中城镇体系的完备程度主要通过城市化水平、城市密度和小城镇密度来体现。完备的城镇网络体系是提高城乡空间联系能力的有效载体。作为城乡联系通道的基础设施在一定程度上可以促进或抑制各种要素流的形成和作用强度，可通过铁路网密度、公路网密度、邮路网密度、交通便利度和城乡信息化对比指数来衡量。

2.城乡经济联系是城乡互动发展的主要表现形式。城乡经济关联水平主要通过反映城乡物质流、资金流、人流、信息流的一些相关指标来衡量。如可用GDP非农比重、社会劳动力非农比重、乡村从业人员非农比重、经济外向度和区域二元结构指数来衡量。

3.城乡之间除了经济联系外，还包括社会文化联系。在构建社会主义新农村和和谐社会的进程中，城乡之间的社会文化联系也是促进城乡互动发展的有效途径。城乡社会文化关联水平可通过人口文化素质、报纸出版数、人均教育事业经费、人均卫生事业经费、外来人口比重来衡量。

4.城乡空间关联水平是城乡互动发展的前提和基础，城乡经济和社会文化联系是城乡互动发展的主要形式和内容,而城乡协调发展水平是城乡互动发展的直接表现。城乡协调发展水平可通过城乡差距程度的大小来表征,一般而言,城乡差距越小,城乡协调程度就越高。该项内容主要通过一些对比性的指标来衡量,如城乡恩格尔系数对比指数、基尼系数、比较劳动生产率二元对比系数、基础教育投资偏向系数、财政支农相对比重、城乡消费水平对比指数、城乡收入水平对比指数。

对于上述构建的指标体系,其中一些指标可由现有统计资料直接查取和经简单运算得到,另一些指标则需要通过构建公式计算才能得到,下面对部分指标的辨识与量化予以说明:

1. 经济外向度。经济外向度表示区域经济融入国际经济的程度,即对国际经济的依存程度,在世界经济全球化和区域经济一体化急速发展的情形下,一个区域的外向型经济发展已经成为区域城乡一体化发展的重要作用因素和动力之一。经济外向度以往多用进出口贸易额占 GDP 的比重来衡量,考虑到我国利用外资快速发展,外资事实上已成为我国国民经济发展的重要组成部分,而且其作用越来越大,因此,我们在衡量经济外向度的时候兼顾了外贸和外资因素。其计算方法如下:

经济外向度=(进出口总值/GDP×0.5+外商直接投资/GDP×0.5)×100%   (1)

2. 交通便利度。显然交通越便利,交通网络越畅通,越有利于促进城乡互动发展。交通便利度综合考虑了交通线网密度及其利用效率。其计算方法如下:

 交通便利度=区域单位面积线路长度×100×区域货运量÷区域货物周转量   (2)

3. 城乡信息化对比指数。在经济社会信息化浪潮下,信息的交流与沟通在经济社会发展中扮演的角色也越来越重要。电话作为现代社会信息沟通的基本工具,通过城乡对比,可以反映城乡信息化水平的差异,进而从一个角度反映城乡差别的大小。其计算方法如下:

城乡信息化对比指数=农村居民每百户电话机数/城市居民每百户电话机数×100%   (3)

4. 区域二元结构指数。区域经济社会的二元结构是影响区域城乡一体化进程的一个重要因素。区域二元结构指数值越高,就说明传统部门和现代部门经济结构、城市与乡村的反差越大,二元结构会不断突出乃至强化,就越不利于城乡互动发展。要加快城乡一体化进程就应该逐步消除区域二元结构,降低区域二元结构指数。其计算公式为:

$$\sqrt{\frac{区域一产产值比重 \times 区域一产劳动力比重}{区域非一产产值比重 \times 区域非一产劳动力比重}} \qquad (4)$$

5.人口文化素质。人口文化素质越高,开放观念越强,人员技能越多,就越利于消除城乡差别。努力提高区域尤其乡村人口文化素质,是促进城乡互动发展的政策着力点之一。其计算按下式进行:

人口文化素质＝万人大专以上文化程度人口数／万人文盲半文盲人口数 (5)

6.基尼系数。基尼系数主要反映收入分配是否公平问题。我国收入分配城乡差别较大,这一逆指标的引进可以在一定程度上反映这一差别。基尼系数的计算采用经验公式:

基尼系数 =1.067−20.22（1/A）−0.89LnA,A 表示人均 GDP (6)

7.城乡恩格尔系数对比指数。恩格尔系数反映了居民收入中用于食品消费的支出比重,恩格尔系数值越高,就说明生活水平越低。目前我国城市恩格尔系数已比较低,生活质量水平有了显著提高,通过对比城乡恩格尔系数,可以在一定程度上揭示区域城乡生活水平的差别。城乡恩格尔系数对比指数值越大,城乡差别就越小,城乡一体化程度也就越高。计算公式如下:

城乡恩格尔系数对比指数＝城市恩格尔系数／农村恩格尔系数 (7)

8.比较劳动生产率二元对比系数。比较劳动生产率二元对比系数可以用来反映工农业部门发展水平的差异。其值越大,说明城乡产业差距越小,城乡经济协调发展水平就越高。计算公式如下:

比较劳动生产率二元对比系数 = 农业比较劳动生产率／非农产业比较劳动生产率 =（一产产值比重／一产从业人员比重）／（非一产产值比重／非一产从业人员比重） (8)

9.财政支农相对比重。财政支农相对比重可以用来反映地区财政对农业的支持力度。该项指标值越大,则区域城市对农村的支持力度越大,城乡差距将会越小,城乡互动发展水平相应就越高。考虑到不同地区农业发展水平的差异,为了更准确地衡量这一指标,可采用区域财政支农比重在区域一产产值中所占的比例来表示:

财政支农相对比重 = 区域财政支农比重 / 区域一产产值比重　　(9)

10. 基础教育投资偏向系数。基础教育投资偏向系数可用来表示城乡基础教育发展水平的差异。该项指标值越小,则城乡差距越小,城乡互动发展水平就越高。计算公式如下:

基础教育投资偏向系数 = 城镇基础教育投资 / 农村基础教育投资　　(10)

二、评价方法与综合评价结果分析

关于多指标综合评价的方法很多,本文拟采用线性加权和法计算各省域的城乡互动发展水平,计算公式如下:

$$P = \sum_{i=1}^{n} F_i W_i \qquad (11)$$

式中:P 表示某一省域城乡互动发展水平的综合指数;W_i 表示该省域第 i 项指标的权重;F_i 表示该省域第 i 项指标的无量纲化值(通过极值法获得)。

根据上述指标体系和评价方法,利用有关统计资料对中国各省域 1995—2004 年城乡互动发展水平进行综合评价,结果见表 2 和图 1。

表 2　中国各省市区 1995—2004 年城乡互动发展水平综合评价分值及序位变化

地区	1995	1996	1997	1998	1999	2000	2001	2002	2003	2004	1997年序	2004年序	1997—2004年序位变化
北京	79.58	80.47	81.91	82.46	83.58	86.91	85.82	88.92	90.75	91.61	2	1	1
天津	53.86	54.67	55.70	54.76	55.74	57.65	59.89	60.83	63.35	65.92	3	3	0
河北	29.71	32.67	33.38	34.01	33.83	33.81	34.27	34.76	36.88	38.40	11	13	-2
山西	34.44	35.96	39.21	39.91	40.52	40.60	40.94	40.77	44.58	45.92	8	7	1
内蒙古	17.65	20.18	19.10	18.95	18.15	18.41	18.69	18.08	21.85	22.95	26	28	-2
辽宁	41.24	41.82	42.56	42.56	40.94	41.14	41.41	41.53	44.12	45.17	6	8	-2

续表

地区	1995	1996	1997	1998	1999	2000	2001	2002	2003	2004	1997年序	2004年序	1997—2004年序位变化
吉林	26.37	26.70	27.41	27.06	26.38	26.98	27.93	29.64	32.59	34.68	17	18	-1
黑龙江	26.95	28.21	27.71	25.84	25.19	26.16	27.16	25.88	29.35	31.45	16	21	-5
上海	76.87	77.49	82.07	78.57	60.69	62.11	66.69	68.06	71.64	76.13	1	2	-1
江苏	40.64	41.82	42.27	42.10	42.03	42.74	51.53	53.32	57.54	61.38	7	4	3
浙江	42.32	43.37	44.13	44.54	44.90	47.16	48.68	51.22	55.06	56.74	5	5	0
安徽	23.39	23.75	25.64	25.56	25.63	26.64	31.04	32.03	36.55	39.28	19	12	7
福建	35.41	36.36	36.97	36.93	36.67	38.40	38.79	39.61	41.91	43.14	9	10	-1
江西	26.20	26.83	27.75	27.70	27.05	28.11	31.53	31.35	35.34	36.86	15	14	1
山东	33.51	34.62	36.67	37.50	35.05	35.26	35.98	38.29	42.94	44.71	10	9	1
河南	25.44	26.60	28.15	28.44	26.83	27.74	29.95	30.75	33.08	34.78	14	17	-3
湖北	27.49	29.02	30.48	30.89	31.51	32.92	36.61	36.34	39.09	40.54	12	11	1
湖南	22.78	24.29	25.35	25.28	25.48	25.78	26.51	29.49	32.81	34.81	21	16	5
广东	54.12	52.21	50.81	49.36	43.76	45.51	47.18	48.71	49.79	51.17	4	6	-2
广西	19.00	19.18	20.01	20.74	20.74	22.45	22.60	22.73	25.42	26.74	25	25	0
海南	27.17	27.32	25.48	27.08	27.84	26.93	29.72	29.48	31.92	34.12	20	19	1
重庆	—	—	28.33	30.45	28.73	32.70	32.51	33.80	36.92	36.48	13	15	-2
四川	22.20	23.22	21.12	21.57	21.94	22.18	24.39	25.75	29.16	29.97	24	24	0
贵州	14.07	14.59	15.52	16.15	15.26	17.62	18.12	20.35	24.75	26.03	28	26	2
云南	21.72	21.62	21.55	21.18	23.06	23.26	27.94	27.62	29.85	30.24	23	23	0
西藏	3.72	4.50	5.66	6.58	6.78	7.31	8.60	10.56	15.47	18.08	31	31	0
陕西	23.61	24.42	25.75	25.07	24.82	24.86	25.37	25.23	28.92	30.87	18	22	-4
甘肃	18.39	18.19	18.80	18.46	18.37	18.23	18.48	18.34	20.75	21.02	27	30	-3
青海	13.87	13.95	14.60	14.99	15.55	15.65	16.55	17.86	21.90	23.66	29	27	2
宁夏	22.57	24.30	25.05	24.38	24.49	24.29	25.00	25.91	31.91	33.76	22	20	2
新疆	13.88	14.53	14.59	14.35	14.66	14.94	15.85	16.75	20.81	22.04	30	29	1
东部	47.32	48.10	48.94	48.73	46.41	47.65	49.85	51.32	54.18	56.33	—	—	—
中部	26.62	27.74	29.43	29.63	29.51	30.30	32.76	33.45	36.91	38.70	—	—	—
西部	15.89	16.56	19.17	19.41	19.38	20.16	21.17	21.91	25.64	26.82	—	—	—
东北	31.52	32.24	32.56	31.82	30.84	31.43	32.16	32.35	35.35	37.10	—	—	—
全国	29.62	30.41	32.06	32.05	31.17	32.08	33.73	34.64	37.97	39.63	—	—	—

资料来源：根据中国统计年鉴（1996—2005）、各省统计公报（1996—2005）有关数据处理。

注：东部地区包括北京、天津、河北、山东、上海、江苏、浙江、福建、广东和海南，中部地区包括山西、安徽、江西、河南、湖北和湖南，东北地区包括辽宁、吉林、黑龙江，其余为西部地区。重庆自1997年直辖，故1996年和1995年未参评，基于同样原因位序变化考察从1997年始。表中负号表示序位下滑。

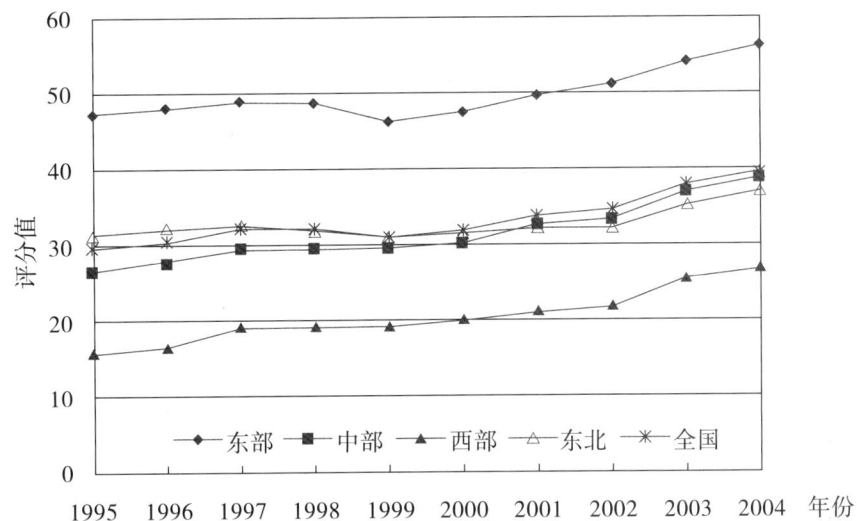

图1　1995—2004年全国及各大地区城乡互动发展水平及变动趋势

由表2和图1分析可知：

1．1995—2004年，全国城乡互动发展的平均水平总体上是上升的，但上升的幅度不大，整体的变化趋势较为平缓，10年间上升分值仅10.01，年均只上升约1个分值。分省区来看，东部地区1995—1999年分值变化不大并略有下降，但1999—2004年近乎直线上升；中部地区在1995—2004年基本呈平稳上升态势；东北地区在1995—2002年分值比较稳定，但之后呈上升趋势；西部地区与中部地区类似，10年间分值基本也呈稳定上升态势。总之，四大地区的变化总体趋势都是上升的，而且1999年后上升速度有加快的趋向，这与我国1999年后实施西部大开发政策和区域协调发展战略是密切相关并相适应的。

2．10年期间，我国各大地区城乡互动发展水平尽管明显上升，但地区间的发展格局变化不大,差距依然较为显著,2004年全国、东、中、西和东北的分值依次为39.63、56.33、38.70、26.82和37.10,其中只有东部地区分值超过全国平均水平,其他各大地区都低于全国水平。与经济发展空间格局类似,城乡互动发展水平地域上呈东、中、东北、西的由高到低的序列分布态势,这表明城乡互动发展与其区域经济发展具有高度的一致性,暗示了城乡互动发展水平的提高必须注重区域经济发展的政策含义。

3. 从得分序位关系来看,1995—2004年,大多数省份的浮动不大。以1997年和2004年作比较,除少数省份如黑龙江、安徽、湖南、陕西有较大幅度的升降外,其他省份位序变化多在1—3,序位处于上升的省区有:安徽、湖南、江苏、贵州、青海、宁夏、北京、山西、江西、山东、湖北、海南和新疆;处于下降的省区有:吉林、上海、福建、河北、内蒙古、辽宁、广东、重庆、河南、甘肃、陕西和黑龙江;其他省区序位保持稳定,包括天津、浙江、广西、四川、云南和西藏。

4. 从评分值分级来看,2004年,分值80—100的省区只有1个,分值60—80的省区为3个,分值40—60的省区有7个,其余都在40以下。可见,中国城乡互动发展总体水平不高,区域差异也较大,高分值区间(分值60以上)分布的省区很少,仅4个,占比不到15%,且都集中在东部发达地区,而分布在低分值(40以下)的省区占到了近65%,都分布在中西部地区。但从全国范围1995—2004年的变动来看,城乡互动发展总体水平和各省区城乡互动发展水平都有提高,区域差异有缩小的趋势,其直观表现是:1995—2004年分值60—100的省区从2个上升到4个,分值40—60的省区从5个上升到7个,而分值40以下的省区下降了3个,而且所有省区的评分值都有不同程度的提高。通过计算省区变异系数,1995年为3.01,2004年为2.60,也表明中国城乡互动发展的区域差异在缩小。从四大地区着眼,1995年和2004年其变异系数分别是0.75和0.71,显示地区间城乡互动发展差异也有收敛趋势。

三、中国城乡互动发展水平的区域差异分解

(一) 城乡互动发展水平区域差异分解的锡尔指数

为了更深入地了解中国城乡互动发展水平的差异,本文将全国各省区按东、中、西、东北进行分组,采用锡尔(Theil)指数对中国城乡互动发展水平差异进行区域分解并研究其变动趋势。锡尔指数从信息和熵的观点出发来考察差异性,其特点是能够把总体的差异分解为组间差异和组内差异。[①]

设 U_i 为第 i 个省区的城乡互动发展水平评分值,n 为参加讨论的省区数,$T_i = U_i / \sum U_i$ 为第 i 省区城乡互动发展水平占全国的份额,$T_d = \sum dT_i$、$T_z = \sum zT_i$、$T_x = \sum xT_i$、$T_k = \sum kT_i$ 分别为东、中、西、东北省区城乡互动发展水平评分值占全国的份额,n_d、n_z、n_x、n_k 分别为东、中、西、东北的省区数,则可得中国城乡互动发展水平的锡尔指数 J 和东、中、西、东北地区的锡尔指数 J_d、J_z、J_x 和 J_k 如下:

$$J = \sum_{i=1}^{n} T_i \mathrm{Ln}(nT_i) \tag{12}$$

$$J_d = \sum_{i=1}^{n_d} (T_i/L_d) \mathrm{Ln}(n_d T_i/T_d) \tag{13}$$

$$J_z = \sum_{i=1}^{n_z} (T_i/T_z) \mathrm{Ln}(n_z T_i/T_z) \tag{14}$$

$$J_x = \sum_{i=1}^{n_x} (T_i/T_x) \mathrm{Ln}(n_x T_i/T_x) \tag{15}$$

$$J_k = \sum_{i=1}^{n_k} (T_i/T_k) \mathrm{Ln}(n_k T_i/T_k) \tag{16}$$

设 Jr 和 Jj 分别表示东、中、西、东北地区的区内和区间差异,则有:

[①] Theil, Henri. Economics and Information Theory. Amsterdam: North Holland, 1967. 魏后凯:《中国地区发展——经济增长、制度变迁与地区差异》,经济管理出版社 1997 年版。

$$J_r = T_d J_d + T_z J_z + T_x J_x + T_k J_k = \sum_{j=1}^{n_d} T_j \text{Ln}\left(n_d \frac{T_j}{T_d}\right) + \sum_{j=1}^{n_z} T_j \text{Ln}\left(n_z \frac{T_j}{T_z}\right) + \sum_{j=1}^{n_x} T_j \text{Ln}$$

$$\left(n_x \frac{T_j}{T_x}\right) + \sum_{j=1}^{n_k} T_j \text{Ln}\left(n_k \frac{T_j}{T_k}\right) \quad (17)$$

$$J_j = T_d \text{Ln}\left(T_d \frac{n}{n_d}\right) + T_z \text{Ln}\left(T_z \frac{n}{n_z}\right) + T_x \text{Ln}\left(T_x \frac{n}{n_x}\right) + T_k \text{Ln}\left(T_k \frac{n}{n_k}\right) \quad (18)$$

$$J = J_r + J_j \quad (19)$$

（二）城乡互动发展水平区域差异的分解与变动趋势

表3是根据公式（12）—（19）计算的各省区城乡互动发展水平的锡尔指数值，图2是近10年来中国城乡互动发展水平区域差异的变动趋势。分析显示：

表3　1995—2004年中国城乡互动发展水平地带差异的锡尔指数

年份	全国锡尔指数	东部贡献		中部贡献		西部贡献		东北贡献		地带间贡献	
		锡尔指数	比例%	锡尔指数	比例%	锡尔指数	比例%	锡尔指数	比例%	锡尔指数	比例%
1995	0.13641	0.03406	24.97	0.00173	1.27	0.01301	9.54	0.00235	1.72	0.08526	62.50
1996	0.12879	0.03145	24.42	0.00181	1.40	0.01238	9.61	0.00170	1.70	0.08096	62.86
1997	0.12515	0.03283	26.23	0.00213	1.70	0.01225	9.79	0.00223	1.78	0.07572	60.50
1998	0.11970	0.02975	24.85	0.00237	1.98	0.01163	9.71	0.00263	2.20	0.07332	61.26
1999	0.10721	0.02488	23.21	0.00278	2.59	0.01125	10.50	0.00247	2.31	0.06582	61.39
2000	0.10733	0.02674	24.91	0.00248	2.31	0.01177	10.96	0.00218	2.03	0.06416	59.78
2001	0.10186	0.02415	23.71	0.00191	1.87	0.01075	10.56	0.00184	1.80	0.06322	62.06
2002	0.09979	0.02464	24.69	0.00123	1.23	0.00912	9.14	0.00187	1.87	0.06293	63.06
2003	0.07954	0.02130	26.78	0.00109	1.38	0.00645	8.11	0.00156	1.77	0.04929	61.97
2004	0.07586	0.02029	26.75	0.00092	1.22	0.00514	6.77	0.00110	1.45	0.04840	63.81

资料来源：根据表2数据计算。

（1）1995—2004年，中国城乡互动发展水平的区域差异基本呈下降趋势，2004年比1995年下降了44.39%。其中，1995—1999年下降幅度相对较小，年均下降5.80%，2000—2004年，变动幅度较大，年均下降8.01%。全国锡尔指数的持续下降说明我国城乡互动发展水平的区域差异

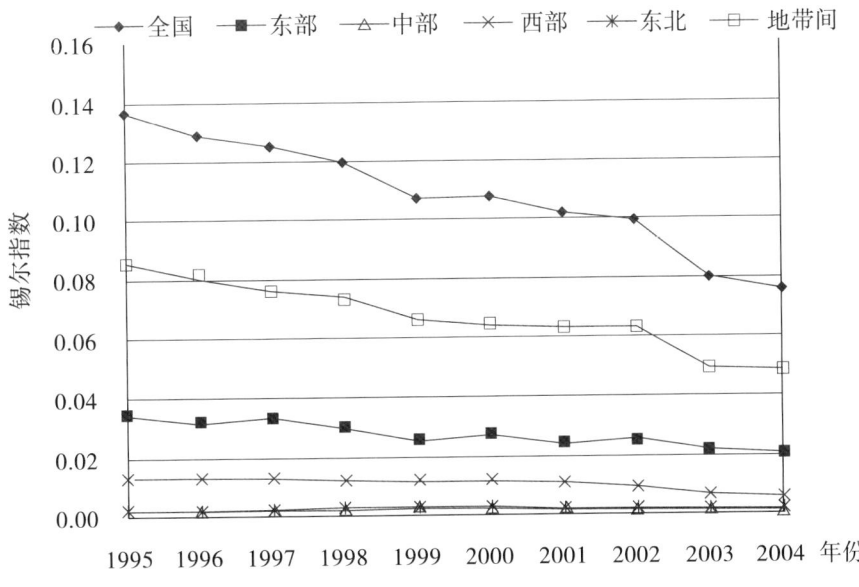

图 2 1995—2004 年中国城乡互动发展水平地带差异的变动趋势

总体上有收敛趋势，而 2000 年以后指数值的较快变动显然与我国实施西部大开发战略以及缩小区域差异的一系列举措紧密相关，这一点从西部锡尔指数在 1995—2000 年变化很小，而 2000 年以后下降幅度较大得到佐证。

（2）中国城乡互动发展水平的总体差异构成中，地区间的差异平均占总体差异的 61.92%，而地区内部差异最大的东部平均约占总体的 25.05%，差异较小的中、西部和东北内部差异平均分别占 1.70%、9.47% 和 1.86%，由此可见，我国城乡发展水平的区域差异主要是地区间差异引起的，但东部地区内部的差异也不可忽视。因此，我国未来城乡互动发展在注重消除地区间差异的同时，地区（尤其东部）内部各区域差异的问题也应该予以关注。

（3）四大地区中东部地区的锡尔指数最大，其次是西部，中部和东北的锡尔指数相对较小，这说明东部和西部内部的差异超过中部和东北，发展更不平衡。东部地区城乡互动发展不平衡性最大，这主要是因为东部既有城乡互动水平很高的区域（如北京、上海、天津），也有城乡互动水平一般甚至较差的省份（如河北、海南）之故。西部地区内部差异较大，则与我国西部大开发战略中确定先期重点开发区域进行重点开发有很大关系，其直接表现是：分值较高的省（市、区）（如重庆、陕西、云南、四川等）都是西部开发的重点区位所在，但分值较低的省（市、区）（如内蒙古自治区、青海、西藏自治区等）到目前为止还不是西部战略的焦点。而中部和东北地区内部差异很小，是因为这两个地区内部各省份城乡互动发展水平相差不大（以2004年评分值的极差为例，中部和东北分别只有11.14和13.72，而同期东部为64.87，西部为18.4），但中部和东北是一种较低水平的内部均衡，其城乡互动水平不仅远低于东部地区，也低于全国平均水平。

（4）地带间差异对城乡互动发展水平的总体差异有超过一半的解释度，从发展态势来看，其影响作用总体呈扩大趋势，至2004年达到最大值，差异贡献率达到63.81%，说明地带间差异对中国城乡互动发展水平的区域差异仍然是主导因素，因此，加快中、西部、东北地区的城乡互动发展，缩小地带性差异依然是今后中国城乡发展工作中的一项重要任务。

四、结论

通过以上对中国城乡互动发展区域差异及其变动趋势的分析，可初步得到如下结论：

第一，自1995年以来，尽管中国城乡发展在空间互动、经济互动、社会文化互动等多个方面都获得了较快发展，但中国城乡互动发展总体水平不高，城乡互动发展水平区域总格局变化不大，总态势是东部地区的城乡互动发展水平普遍高于中部、东北地区，中部、东北地区又高于西部地区。城乡互动发展水平高的省区仅有少数几个，且多集中于东部地区，绝大多数省份尤其西部省份还处于较低水平的城乡互动发展层次，说明中国城乡互动发展仍然任重而道远。

第二，中国城乡互动发展水平区域差异很大，区域发展不平衡突出，区域差异的变动也有明显的特征。四大地区差异仍是中国城乡互动发展水平差异的突出问题，这与中国四大地区社会经济发展的区域差异相吻合。区域差异尤其表现在东部与其他三大地区的差异上，这在一定意义上为旨在促进东、中、西、东北地区城乡互动发展和缩小其差距的政策制定提供了依据。

第三，四大地区城乡互动发展水平的内部差异也不容忽视，特别是东部地区的内部差异问题。近10年来，东部地区内部城乡互动发展水平的差异尽管有趋降之势，但降幅很慢，而且其对全国总体差异的贡献依然维持在较高水平，如果任其发展，东部地区内部城乡互动发展水平的差异格局在短期内将难以扭转。因此今后有必要通过适宜的制度安排，加快东部各省区尤其是城乡互动发展水平还较低的省区的发展，以缩小其内部差距，为其经济健康快速发展和城乡协调发展提供良好的载体环境。

第四，中、西、东北地区城乡互动发展更多的是具有低水平上的一致性，这种格局对进一步推进西部开发、实施中部崛起和东北振兴发展战略十分不利，因此，这三个地区的城乡互动发展任务更为艰巨和迫切。

需要指出的是，本文利用综合指数进行评价和采用锡尔指数进行差异分解，有助于我们理解城乡互动发展水平区域差异本身及其变动趋势，但这两个数学手段还不足以为我们提供差异之外的根源的解释。对城乡互动发展水平的区域差异及其变动的原因解释只能从各个地区社会经济发展与变迁过程中寻求正确答案，这对于中国这样一个处于多重转型的大国而言尤其重要。

[原载《中国软科学》2006年第9期，与文余源、鲁奇合著]

基于空间计量经济学的 1986—2005 年我国区域城乡互动发展差异成因分析

目前关于城乡互动发展区域差异及其成因问题的研究取得了丰富的成果[①]，但这些研究均存在一个共同不足之处，即未明确考虑空间因素的影响，认为空间样本具有相互独立性。而事实上，由于区域间的产业联系、贸易往来、人口流动、资本外溢、技术扩散等因素的存在，使得行政相对独立的区域在社会经济方面表现为一定的空间关联性，而这种空间关联作用在相邻区域间产生的可能性更大，并可能导致相邻区域的城乡互动发展水平倾向于一致或相似。因此，在研究城乡互动发展区域差异的成因时，有必要纳入空间依赖因素，使之更符合客观实际。基于此，本文在对中国省域城乡互动发展水平进行综合评价的基础上，以评价结果为被解释变量，以各影响因素为解释变量，运用普通计量经济模型与空间计量模型对比分析的方法，试图揭示 1986—2005 年我国省域城乡互动发展差异的真正成因。

---

① 段娟、文余源：《我国省域城乡互动发展水平的综合评价》，《统计与决策（理论版）》2007 年第 3 期。段娟、鲁奇、文余源：《我国区域城乡互动与关联发展综合评价》，《中国人口·资源与环境》2005 年第 15 卷第 1 期。段娟、文余源、鲁奇：《中国城乡互动发展水平的地区差异及其变动趋势分析》，《中国软科学》2006 年第 9 期。曾磊、雷军、鲁奇：《我国城乡关联度评价指标体系构建及区域比较分析》，《地理研究》2002 年第 21 卷第 6 期。张淑敏、刘辉、任建兰：《山东省区域城乡一体化的定量分析与研究》，《山东师范大学学报（自然科学版）》2004 年第 19 卷第 3 期。修春亮、许大明、祝翔凌：《东北地区城乡一体化进程评估》，《地理科学》2004 年第 24 卷第 3 期。白永秀、岳利萍：《陕西城乡一体化水平判别与区域经济协调发展模式研究》，《嘉兴学院学报》2005 年第 17 卷第 1 期。

一、方法设计

为了反映有无空间关联因素作用的差别和进行研究对比，本文同时运用普通计量经济模型和空间计量经济模型对我国区域城乡互动发展差异成因进行分析，并比较二者的优劣。普通计量经济模型采用 OLS 方法。

常用的空间计量模型主要有两种：空间滞后模型（SAR）和空间误差模型（SEM）。

1. 空间滞后模型（SAR）

主要用于研究相邻地区的行为对整个系统内其他地区的行为均有影响的情形，模型如下：

$$y = \rho W y + \beta X + \varepsilon \quad \varepsilon \in (0, \sigma^2 I_n) \tag{1}$$

式中，y 为 $n \times 1$ 的截面因变量；X 为 $n \times k$ 的外生解释变量矩阵；W 为 $n \times n$ 的空间邻接矩阵；Wy 为空间滞后项，用来估计模型中空间相关的程度，同时调整其他解释变量的影响；ρ 为空间自回归系数，用来衡量样本观测值中的空间依赖作用；参数 β 反映了解释变量对因变量的影响；ε 为正态分布的误差向量。

根据 Anselin 的建议[1]，空间滞后模型的估计包括：

①对模型 $y = \beta_0 X + \varepsilon_0$ 作 OLS 估计，计算残差 $e_0 = y - \hat{\beta}_0 X$；

②对模型 $Wy = \beta_L X + \varepsilon_L$ 作 OLS 估计，计算残差 $e_L = Wy - \hat{\beta}_L X$；

③由 e_0 和 e_L 值，通过下式的最大对数似然函数 L_C 得到参数 ρ 的估计值 $\hat{\rho}$：

$$L_c = -(n/2) \ln [(1/n)(e_0 - \rho e_L)'(e_0 - \rho e_L)] + \ln |I - \rho W| \tag{2}$$

④由 $\hat{\rho}$ 值计算其余参数估计值：$\hat{\sigma}_\varepsilon^2 = (1/n)(e_0 - \hat{\rho} e_L)'(e_0 - \rho e_L)$，$\hat{\beta} = (\hat{\beta}_o - \hat{\rho} \beta_L)$，则最大似然函数值为：

$$LogL = -(N/2) \ln (2\pi) - (N/2) \ln \hat{\sigma}_\varepsilon^2 + \ln |I - \rho W| - (1/2 \hat{\sigma}_\varepsilon^2)(y - \hat{\rho} Wy - \hat{\beta} X)'(y - \hat{\rho} Wy - \hat{\beta} X) \tag{3}$$

---

[1] Anselin L. Spatial Econometrics: Methods and Models. Dordrecht, Netherlands: Kluwer Academic Publishers, 1988.

如果空间滞后模型是正确的设定，则解释变量在重复抽样中是变动的，传统的 OLS 估计得到的将是有偏且不一致的结果。

2. 空间误差模型（SEM）

空间误差模型有空间误差自相关模型和空间误差移动平均模型，自相关模型数学表达式为：

$$y=\beta X+u$$
$$u=\lambda Wu+\varepsilon$$
$$\varepsilon \in N(0,\sigma^2 I_n) \tag{4}$$

空间误差模型本质上是结合了一个标准回归模型和误差项的空间自回归模型，其空间关联作用存在于扰动误差 u 中，反映了邻接地区关于因变量的误差冲击对该地区观测值的影响程度。SEM 模型的估计过程为：

①对模型 $y=\beta X+u$ 作 OLS 估计，得到 β 的无偏估计值 $\hat{\beta}$；

②计算上述 OLS 估计的残差 $e=y-\hat{\beta}X$；

③由 e 值，通过下式的最大对数似然函数 L_c 得到参数 λ 的估计值 $\hat{\lambda}$：

$$L_c=-n(n/2)\ln[(1/n)(e-\lambda We)'(e-\hat{\lambda}We)]+\ln|I-\rho W| \tag{5}$$

④由 $\hat{\lambda}$ 值计算其余参数估计值：$\hat{\sigma}_\varepsilon^2=(1/n)(e_0-\hat{\rho}e_L)'(e_0-\rho e_L)$，则最大似然函数值为：

$$LogL=-(N/2)\ln(2\pi)-(N/2)\ln\hat{\sigma}_\varepsilon^2+\ln|I-\rho W|-(1/2\hat{\sigma}_\varepsilon^2)e'(I-\lambda W)'(I-\lambda W)e \tag{6}$$

如果空间误差模型是正确的设定，则误差项的空间依赖将会导致传统的 OLS 估计得到不一致但无偏的结果。空间滞后模型和空间误差模型除了上述检验方法外，还可用拉格朗日乘子统计量（LM-Lag、LM-Error）进行空间依赖性检验。①

---

① Anselin L. Spatial Econometrics: Methods and Models. Dordrecht, Netherlands: Kluwer Academic Publishers, 1988.

二、中国省域城乡互动发展水平综合评价

根据以往研究成果[①]中的指标体系和评价方法，利用有关统计资料对中国省域1986—2005年城乡互动发展水平进行综合评价并作标准化处理，结果见表1。

从表1可知，1986—2005年，中国省域城乡互动发展水平变化呈现如下特征：（1）全国整体的城乡互动发展水平不高，各省域发展极不平衡，2005年，全国的评分值为35.81，而最高的北京分值达88.17，比最低的西藏分值高73.63，二者相差悬殊；（2）城乡互动发展水平表现了与经济发展水平极为相似的地带性差异特征，东部沿海较发达的省域其城乡互动发展水平普遍较高，而经济较为落后的中西部省域其城乡互动发展水平较低；（3）总体上所有省域的城乡互动发展水平都趋于提高，但提高的程度不同，上升较快的省域主要分布在东部沿海地区，变化较慢的省域则主要属于中西部及东北地区。总之，中国省域城乡互动发展的地域差异性明显。

表1　1986—2005年我国区域城乡互动发展水平综合评价值

地区	1986	1990	1995	2000	2005	地区	1986	1990	1995	2000	2005
全国	20.01	23.57	25.30	27.47	35.81	河南	15.36	18.42	22.53	25.62	32.66
北京	60.27	69.14	70.10	75.88	88.17	湖北	18.52	20.70	23.55	28.78	37.12
天津	39.83	44.95	42.91	47.77	57.75	湖南	15.83	17.33	19.70	22.35	30.92
河北	18.88	20.92	24.61	28.22	33.00	广东	29.15	31.62	48.77	42.59	51.95
山西	24.19	26.00	27.22	33.96	41.68	广西	9.31	12.14	14.45	18.00	23.42
内蒙古	12.26	12.46	12.52	14.11	18.41	海南	21.51	40.41	24.22	25.57	31.38
辽宁	31.35	33.31	33.63	33.44	37.41	重庆	14.30	15.68	20.62	28.54	35.30
吉林	21.27	23.25	21.21	22.17	28.47	四川	11.26	13.96	18.68	20.20	26.72
黑龙江	18.93	21.72	20.96	20.71	24.50	贵州	9.79	11.30	11.07	14.85	22.68
上海	56.59	68.22	68.03	55.06	80.51	云南	9.04	12.90	15.08	19.83	27.77
江苏	25.11	28.99	35.44	37.39	59.46	西藏	3.20	12.64	3.15	5.76	14.54
浙江	23.81	29.08	36.23	41.63	52.55	陕西	16.15	17.42	17.76	20.35	26.09

---

① 段娟、文余源、鲁奇：《中国城乡互动发展水平的地区差异及其变动趋势分析》，《中国软科学》2006年第9期。

续表

地区	1986	1990	1995	2000	2005	地区	1986	1990	1995	2000	2005
安徽	13.67	16.41	19.82	23.31	34.89	甘肃	12.50	11.93	13.90	14.44	17.70
福建	16.00	18.83	29.81	32.67	39.06	青海	11.61	12.19	10.45	12.12	19.22
江西	14.81	16.81	20.72	22.76	31.56	宁夏	14.23	16.16	16.33	19.27	27.83
山东	22.18	25.37	30.18	32.39	42.03	新疆	9.47	10.35	10.77	11.99	15.54

注：为节约篇幅，表中仅给出了 5 个典型年份的评价值，详细评价结果可向作者索取。

三、中国城乡互动发展省域差异成因的计量分析

（一）模型设立与影响因素变量说明

本文在选择变量建立理论模型时，充分考虑中国的具体国情和经济发展的阶段性，并借鉴以往研究成果[1]，构建了如下线性计量模型：

$$URINT=C+\alpha_1 GDPP+\alpha_2 URB+\alpha_3 TWN+\alpha_4 RINDST+\alpha_5 TRN+\alpha_6 FGDP+\alpha_7 POL+\alpha_8 SYS+\xi \quad (7)$$

被解释变量为 1986—2005 年各省城乡互动发展综合评价均值的对数向量 $URINT$，其元素即第 i 省域的相应变量 $URINT_i=Ln\left[(1/20)\sum(i\text{省域城乡互动发展综合分值})\right]$。

各解释变量也都分别取各省域对应变量 20 年平均值的对数，各变量表示如下：①地区经济发展水平 GDPP：人均地区生产总值（元/人）。②城市化 URB：城镇人口与总人口比值（%）。③小城镇发展水平 TWN：城镇密度（个/万 km^2）。④农村工业化 RINDST：乡村工业总产值占工业总产值比重（%）。⑤交通发展水平 TRN：公路网密度（km/万 km^2）。⑥经济开放度 FGDP：省域外商直接投资占地区生产总值比重（%）。

---

[1] 段娟、文余源、鲁奇：《中国城乡互动发展水平的地区差异及其变动趋势分析》，《中国软科学》2006 年第 9 期。曾磊、雷军、鲁奇：《我国城乡关联度评价指标体系构建及区域比较分析》，《地理研究》2002 年第 21 卷第 6 期。张淑敏、刘辉、任建兰：《山东省区域城乡一体化的定量分析与研究》，《山东师范大学学报（自然科学版）》2004 年第 19 卷第 3 期。修春亮、许大明、祝翔凌：《东北地区城乡一体化进程评估》，《地理科学》2004 年第 24 卷第 3 期。白永秀、岳利萍：《陕西城乡一体化水平判别与区域经济协调发展模式研究》，《嘉兴学院学报》2005 年第 17 卷第 1 期。

⑦政策体制 POL：财政农业支出占财政总支出比重（%）。⑧制度变迁 SYS：非国有工业总产值占工业总产值比重（%）。

（二）计量实证分析

计量实证分析步骤为：首先利用 OLS 方法对（7）中的解释变量进行初步筛选，然后加入空间依赖因素，利用 SAR 模型和 SEM 模型进行回归，根据解释变量系数的显著性和模型判别的比较统计量，决定最终的计量模型和解释变量。

（三）普通计量经济模型实证分析

利用中国省域 1986—2005 年的有关资料，根据上述模型用 OLS 方法在 Eviews5.0 下对我国城乡互动发展区域差异成因模型进行逐步回归，结果如表 2 所示。

表 2　普通计量经济模型分析结果

解释变量	模型 1			模型 2		
	系数	t	Sig.	系数	t	Sig.
C	7.704***	10.530	0.000	7.518***	13.880	0.000
GDPP	0.397***	3.915	0.001	0.316***	8.355	0.000
URB	0.122*	1.452	0.061	0.130***	1.147	0.002
TRN	0.179***	1.336	0.005	0.068**	1.056	0.031
RINDST	0.106**	1.426	0.038	0.063***	5.611	0.006
TWN	0.152	2.503	0.320	—	—	—
FGDP	0.026	0.720	0.479	—	—	—
POL	0.081	0.935	0.360	—	—	—
SYS	0.139	0.761	0.455	—	—	—
R^2	0.950			0.947		
Adj R^2	0.932			0.937		
SE	0.112			0.101		

注：***、**、* 分别表示在 1%、5%、10% 的水平上显著，Sig. 为系数 t 值对应的显著性概率，SE 为回归的标准误差。

由表 2 可知，模型 1 显示所考虑的各类因素对区域城乡互动发展产生的影响方向与预期基本吻合，但通过 10% 以上显著性检验的变量只有

GDPP、URB、TRN 和 RINDST，剔除不显著变量重新回归得到模型 2，各项统计检验均比较理想，调整判定系数为 0.937，表明模型拟合优度很好。这表明地区经济发展水平、城市化进程、交通基础设施和农村工业化发展是影响区域城乡互动发展差异的核心性因素，其中影响最大的是地区经济发展水平（模型 2 显示其弹性系数超过了其他 3 个因素之和），其次为城市化、交通基础设施和农村工业化。

（四）空间计量经济模型实证分析

根据模型 2 的设定，引入空间因素重新建立模型，即得到空间计量模型。代入同样的数据资料，分别执行 SAR 模型和 SEM 模型分析，结果见表 3。由表 3 可知，SAR 模型的 ρ 显著性较高，而 SEM 模型的 λ 高度不显著，因此可判定区域样本观测值确实存在显著的空间依赖，而且是以被解释变量的空间滞后形式表现出来的，但扰动误差项则不存在显著的空间依赖特征。通过 LM-Lag 和 LM-Error 的统计值也可对 SAR 和 SEM 两模型进行比较，LM-Error 的统计值仅为 0.022，远低于 10% 的显著性水平，而 LM-Lag 的统计值达到 1.145 且通过了 10% 的显著性检验，因此 SAR 模型更符合要求，同时也说明上述 OLS 的回归结果是无效的，因为其忽视了空间数据间可能存在的空间依赖性特征，从而削弱了模型的解释力。

表 3　空间计量模型 SAR 与 SEM 回归结果

解释变量	SAR 模型			SEM 模型		
	系数	t	Sig.	系数	t	Sig.
Wy	0.104**	1.078	0.015			
C	8.122***	11.310	0.000	7.481***	16.920	0.000
GDPP	0.103**	6.167	0.021	0.310***	6.542	0.001
URB	0.131***	1.143	0.013	0.087*	1.598	0.089
RINDST	0.189***	1.399	0.000	0.057**	1.532	0.026
TRN	0.164**	2.589	0.003	0.157**	2.402	0.016
ρ	0.184**	2.593	0.031			
λ				-0.340	-1.243	0.714
R^2	0.950			0.948		

续表

解释变量	SAR 模型			SEM 模型		
	系数	t	Sig.	系数	t	Sig.
Adj R²	0.940			0.936		
LogL	3.850			1.790		
LM-Lag	1.145*（0.071）					
LM-Error				0.022（0.712）		

注：LogL 为最大似然函数值，LM-Error 和 LM-Lag 均为拉格朗日乘子统计检验值，括号内数字表示统计值的显著性概率，两者均服从 $X^2(1)$ 分布。

为了进一步显示 SAR 模型的优越性，对 SAR 和 OLS 进行了比较，结果见表 4。由表 4 可知，SAR 模型的最大似然函数值（LogL）比 OLS 模型大，而赤池信息准则（AIC）和施瓦茨准则（SC）比 OLS 模型小，因此空间滞后变量的引入使模型的解释力明显增强，SAR 模型更优于 OLS 模型。因此，OLS 模型得到的变量系数是有偏的估计值，必须引入 SAR 模型对估计结果进行校正。从表 4 中解释变量的 t 和 Sig 值可以看出，因变量空间滞后值的引入使 OLS 估计结果发生较大改变，解释变量 RINDST、TRN 的重要性被低估，GDPP 的重要性被明显高估，URB 的估计值基本保持不变，说明传统的 OLS 模型在处理数据时存在较大的局限性，引入空间计量方法是非常必要的。

表 4 SAR 模型与 OLS 模型的优度比较

解释变量	OLS 模型			SAR 模型		
	系数	t	Sig.	系数	t	Sig.
C	7.518***	13.880	0.000	8.122***	11.310	0.000
RJGDP	0.316***	8.355	0.000	0.103**	6.167	0.021
URBAN	0.130***	1.147	0.002	0.131***	1.143	0.013
RINDUST	0.068**	1.056	0.031	0.189***	1.399	0.000
TRANS	0.063***	5.611	0.006	0.164**	2.589	0.003
ρ				0.184**	2.593	0.031
LogL	−7.893			3.808		
AIC	0.766			0.145		
SC	1.654			0.478		

从表3和表4中SAR模型的检验结果可以看出解释变量重要性的大小。根据变量系数的显著程度和各因素作用的大小，可将中国省域城乡互动发展差异的影响因素依次排序为：农村工业化（RINDST）、空间效应（Wy）、交通发展（TRN）、城市化（URB）和经济发展（GDPP）。这与前面用普通计量经济模型所得结果有较大的差异。

四、结论与启示

本文在对中国省域城乡互动发展水平进行综合评价的基础上，采用普通计量经济模型与空间计量模型比较分析了我国省域城乡互动发展差异的成因，主要结论与启示如下：

第一，农村工业化发展是影响区域城乡互动发展差异的首要因素。乡村工业的发展有利于解决农村剩余劳动力的就业问题，同时还可为城市提供商品和必要的生产原料，从而使城乡要素交流更加紧密。因此，加快农业产业化和农村工业化进程是提高地区城乡互动发展水平重要的着力点。

第二，交通基础设施发展对区域城乡互动发展具有重要的影响。以交通为代表的基础设施条件完善与否直接影响到城乡要素的流向、流量和内容。因此，加快发展铁路、公路、通信等基础设施的建设，构建覆盖面广、有利于城乡要素双向流动的交通通信网络，可推动地区城乡互动发展。

第三，城市化对区域城乡互动发展水平有很大的影响。城市化发展是实现城乡间生产要素双向流动和优化配置的重要条件，也是促进城乡经济共同繁荣的基本途径之一。因此，为促进区域城乡互动发展，在推动其工业化的同时，也必须采取多种措施加快其城市化进程。

第四，地区经济发展水平同样是影响区域城乡互动发展差异的重要因素。经济发展水平较高的地区，其城市对乡村的辐射能力较强，政府对基础设施、农村发展的投资力度也较大。因此，加强地区经济发展的基础，有利于提高地区城乡互动发展水平，这一点对于欠发达地区尤为重要。

第五，空间依赖效应对区域城乡互动发展差异的形成也具有不可忽略的作用。城乡互动发展水平高（低）的地区往往与其他城乡互动发展水平高（低）的地区在空间位置上邻近（聚集）。因此，一方面，应根据不同类型（如低水平聚集区、高水平聚集区以及高、低水平混合聚集区）采取合适的政策措施。另一方面，针对邻域对象不同的地区，应采取区别对待的具体措施。

[原载《安徽农业科学》2009年第27期]

新中国成立以来农村剩余劳动力转移的历史回顾与启示

改革开放以前,中国选择重工业优先发展的工业化道路,同时以高度集中的计划经济体制保证工业发展的需要,但同期大量的农业劳动力依然居住在农村,严重阻碍了中国工业化、城市化的进程。造成这种结果的根本原因,是中国在改革开放以前一直实行城乡分割的二元经济体制,限制了农村劳动力的自由流动。改革开放以来,随着农村和城市改革的顺利推进,大量的农村劳动力从农村涌向城市,其规模和数量均超过改革开放之前的态势,农村剩余劳动力的乡—城转移也成为学术界和政府部门关注的焦点。

农村剩余劳动力的转移是社会转型的重要环节,也是我国工业化、城市化、现代化的必然要求,它可以通过提高资源的配置效率促进城乡经济的共同发展。新中国成立以来,我国农村剩余劳动力的转移历经几个重要阶段,回顾这一历史过程,对于我们总结经验教训,思考当前我国农村剩余劳动力转移进程中面临的问题,提出相应的对策将有所裨益。

一、新中国成立以来农村剩余劳动力转移的历史进程回顾

中国农村剩余劳动力的流动与国家宏观政策和社会、经济发展水平密切相关,具有鲜明的历史特征。改革开放前,其历史进程可分为三

个阶段：1949—1957 年，1958—1963 年，1964—1978 年；改革开放后可分为五个阶段：1978—1983 年，1984—1988 年，1989—1991 年，1992—2000 年，2000 年以后。

（一）1949—1957 年：农村剩余劳动力自由转移

这一时期，农村劳动力向城市的转移基本上是在不受政府限制和干预的情况下进行的。随着中国工业化发展的起步，国民经济得到恢复，人民生活稳定，城市发展迅速。国家在这一时期加强了交通运输建设和能源及原材料工业的建设，城市对农村剩余劳动力的吸纳能力提高，从而导致了第一次大规模的农村劳动力向城市的转移。由于这一时期国家并未对农村劳动力的迁移进行任何限制，因此，劳动力乡—城迁移是自然发生的，且非常频繁。

在 1951 年 7 月经政务院批准后公布的《关于城市户口管理有关内容的暂行条例》中，并未有明确限制农村人口乡—城转移的条文，而只是一般性规定：凡迁移者得于事前向当地人民公安机关申报迁移，注销户口，发给迁移证；凡迁出者得于到达住地三日内向公安机关申报入户。1955 年 3 月，政府有关部门又发布了关于办理户口迁移的注意事项的联合通知。通知一方面要求劝止那些盲目要求迁入城市的农民，另一方面对于有正当理由的要求迁移者尽可能地满足其迁移要求。甚至对于那些已盲目流动进入城市的农民，只要他们在城市已经找到正当职业或已就学，仍然可以在其出具有关方面证明并向原住地补办迁移手续后，给予登记城市正式户口。

在上述政策的指导下，从农业转移出来的农村剩余劳动力既可以选择到农村内部的非农产业就业，也可以选择到城市的工业部门就业，并且可以不受限制地迁往城市定居。据统计，1953—1957 年的 5 年间，城市全民所有制工业部门的就业人数从 510 万人猛增到 2316 万人（其中绝大部分是从农村招收的农民），平均每年增加 35.3%。[①] 随着农民转移到城市，城市人口数量迅速增长。1952 年全国城市人口仅有 7000 万人，1957

---

① 赵俊超、孙慧峰、朱喜：《农民问题新探》，中国发展出版社 2005 年版，第 67 页。

年则增加到9949万人，平均每年增加589万人，城市化水平从12.46%增加到15.39%，每年增加0.59%，这是我国城市化水平增长最快的时期之一。

但这种完全自由的劳动力流动并未持续很久。劳动力的快速转移必然会使农村的粮食生产受到影响，同时由于农民工大量进城，对粮食的需求增加，致使城市居民的食品供应出现紧张局面。针对这一状况，1957年，国务院发布了《关于制止农村人口盲目外流的指示》，严格禁止企业单位从农村招工，并且在城市设立收容遣送机构，把进城的农民遣返原籍，这预示着随后农村劳动力自由转移开始出现波折。

（二）1958—1963年：农村剩余劳动力转移大起大落

1958年开始的"大跃进"，也带来了农村剩余劳动力转移的"大跃进"。随着城市工业建设的迅速开展，当时即转移了1000余万农村劳动力到城市工业和建筑业就业。同时，在农村也出现了农村劳动力从农业到非农产业就业的高潮，在社队企业就业的职工达到1800多万人。然而，这种过快过急、以虚假工业膨胀为基础的农村劳动力转移严重影响了正常的农业生产，我国粮食产量连续两年急剧下降，1957—1960年，粮食产量下降了24.4%。面对这种状况，从1961年开始，我国不得不进行为期三年的经济调整，大批劳动力重新返回农村务农。据统计，1961年，全国城镇人口减少1300万人，精简职工数量950万人，同年农业劳动力比上年增加2730万人，基本恢复到1957年的水平。1962年1月至1963年6月城镇人口共减少1600万人，同期精简职工1034万人；1962年农村劳动力比上年增加1500多万人。整个三年经济调整时期，城镇人口共减少2600万人，精简职工2000万人。至1963年，农村劳动力占全社会劳动力的比重又陡然上升至82.5%。[①]

在如此短的时间内，农村劳动力的乡—城流动出现巨大的起伏，与国家相关政策制度有密切联系。1958年1月9日，全国人大常委会第九十一次会议通过了《中华人民共和国户口登记条例》，该条例第十条第

---

① 韩俊：《跨世纪的难题：中国农业劳动力转移》，山西经济出版社1994年版，第124—125页。

二款明确规定:"公民由农村迁往城市,必须持有城市劳动部门的录用证明、学校的录取证明,或者城市户口登记机关的准予迁入证明,向常住户口登记机关申请办理迁出手续。"1962年4月,公安部发出了《关于处理户口迁移问题的通知》,明确规定:"农村、县镇人口要求迁往城市的,应当坚决劝止,个别确因老、幼、病、残无人照顾,必须投靠在城市的直系亲属抚养等特殊情况,可以酌情照顾,对已经迁到城市尚未落下户口、有条件回农村的,要做好工作,动员他们回去。"同年12月,有关职能部门在《关于加强户口管理工作的意见》中指出:"在户口迁移上,必须严格执行中央和国务院有关户口迁移问题的规定,对农村迁往城市的,必须加以严格控制。"1963年12月7日,中共中央、国务院又发布了《关于调整市镇建制、缩小城市郊区的指示》,要求"对市镇人口必须严格控制,对市镇建制的设置必须恰当",并提出三项主要措施:一是撤销不够设市条件的市;二是缩小市的郊区;三是调整镇的建制。这些户籍、人口管理政策和先后出台的人民公社制度、统购统销制度、城市生活资料配给制度、就业分配制度一起,限制农村劳动力流入城市,城乡之间形成了无法逾越的鸿沟。

(三)1964—1978年:农村剩余劳动力转移基本停滞

这一时期,农村劳动力转移基本处于停滞状态。自1958年开始实施的户籍制度出台后,与之相配套的一系列就业、食品供应、住房制度也相应出台,导致了农村剩余劳动力流动从20世纪60年代以后一直受到政府的强力控制。1964年8月,国务院又批转了一份《关于处理户口迁移的规定》(草案),其中明确规定:"对于从农村迁往城市、集镇,从集镇迁往城市的,要严加限制;从小城市迁往大城市,从其他城市迁往北京、上海两市的,要适当限制。"对于其他情况的人口流动或迁移,也作出非常具体、明确的规定。不仅如此,这一时期由于"文化大革命"开始,出现了以知识青年"上山下乡"和干部"下放"为特征的第二次逆城市化运动。自1968年底至1977年,有1600万城市青年被送往农村劳动。在1966年至1970年的城镇新增人口中,自然增长部分甚至出现了负值。

(四) 1978—1983 年：农村剩余劳动力转移步履艰难

1978 年，改革开放带来了农村家庭联产承包责任制的建立，农民的生产积极性提高，加上农产品价格的上升，农业生产力迅速恢复，农村的劳动力剩余问题又开始显现，为把农闲时间有效利用起来，增加家庭收入，农民们开始自发向城市转移。据统计，1980 年末全民所有制单位通过各种形式使用的农村劳动力共有 931 万人（不包括招收的固定工）。1978—1980 年，全国非农业人口增加了 1800 万人（不包括自然增长）。[①] 但由于城市本身的吸纳能力有限，城市居民的就业问题也未根本解决，因此，政府对农村劳动力流动依旧采取限制的态度。1981 年，国务院下发《关于严格控制农村劳动力进城做工和农业人口转为非农业人口的通知》，对城市的用工单位使用农村劳动力的有关问题从三个方面提出了具体要求：一是要求严格控制从农村招工；二是要求认真清理企业、事业单位使用的农村劳动力；三是要求加强户口和粮食管理。在这些政策的影响下，农村劳动力转移的规模和数量较小，农村劳动力的流动举步维艰。

(五) 1984—1988 年：农村剩余劳动力转移速度迅速加快

20 世纪 80 年代中期，农村家庭联产承包责任制在全国普遍推行，农民生产积极性提高。1983 年 10 月，国家开始对农村"政社合一"的管理体制进行改革，高度集中的人民公社体制解体。与此同时，国家先后出台了一系列深化城市经济体制改革的政策措施，加上这一时期乡镇企业异军突起，于是掀起了"进厂不进城，离土不离乡"的农村剩余劳动力转移高潮。1984 年，乡镇企业的数目从上年的 134.6 万家增加到 606.5 万家，增长了 3.5 倍；乡镇企业就业人数也从上年的 3224.6 万人增加到 5208.1 万人，增长了 61%。此后一直到 1988 年，乡镇企业的就业人数连年增加，平均每年增长速度超过 24%。[②]

[①] 宋洪远等：《改革以来中国农业和农村经济政策的演变》，中国经济出版社 2000 年版，第 358 页。

[②] 赵俊超、孙慧峰、朱喜：《农民问题新探》，中国发展出版社 2005 年版，第 70 页。

在上述大背景下，严格控制农村劳动力转移的城乡隔离体制首次得到修整。1984年1月1日，中共中央发出《关于1984年农村工作的通知》，提出"允许务工、经商、办服务业的农民自理口粮到集镇落户"。1984年10月13日，国务院发布了《关于农民进入城镇落户问题的通知》，进一步提出"农民进入集镇务工、经商、办服务业，对促进集镇的发展，繁荣城乡经济，具有重要作用，对此应积极支持"。1985年1月1日，中共中央、国务院发布《关于进一步活跃农村经济的十项政策》，更为明确地提出"要扩大城乡经济交往……允许农民进城开店设坊，兴办服务业，提供各种劳务，城市要在用地和服务设施方面提供便利条件"。在国家政策的支持和鼓励下，外出就业的劳动力日益增多，据统计，1988年农村劳动力转移的总量已达9950万人，其中转移到城市地区的数量达到1339万人。

在这一时期，虽然转移出来的农村劳动力日益增多，但国家依然没有完全放松对劳动力自由流动的限制。1985年7月，公安部颁发了《关于城镇暂住人口管理的暂行规定》，在规定中重申了1958年《户口登记条例》中对暂住人口进行登记管理的精神，同时要求：外来人口拟暂住三日以上的，由留宿暂住人口的户主或者本人向公安派出所或户籍办公室申报暂住登记，离开时申办注销；暂住时间超过三个月的十六岁以上者，须申领"暂住证"；对外来开店、办厂、从事建筑安装、联营运输、服务行业的暂住时间比较长者，采取雇用单位和常住户口所在地主管部门管理相结合的办法，按照户口登记机关的规定登记造册，由当地公安派出所或户籍办公室登记为寄住户口。对违反暂住人口管理规定的，公安机关可按照《中华人民共和国治安管理处罚条例》的规定，视情节轻重给予处罚。这些政策使到城市就业的农民工往往很少能安家落户，对他们的就业稳定性产生了较大的影响。

（六）1989—1991年：农村剩余劳动力转移跌宕起伏

20世纪80年代中期以后，随着相关政策的逐步放宽，大量的农村劳动力涌入城市，给城市的就业、交通、治安等造成较大压力；进入20世纪90年代以后，由于乡镇企业在发展过程中不断暴露出诸如产权关系模糊、家族色彩浓烈等一系列问题，其对劳动力的吸纳能力开始下降，因此导致了这一时期劳动力流动出现了大起大落的不稳定态势。

从1988年下半年开始，国家开始实施"治理整顿"的宏观调控政策，采取了压缩基本建设投资规模、加强财税和信贷控制等一系列经济措施，许多建设项目纷纷下马，国民经济增长速度趋缓，大量农村劳动力被清退。为配合治理整顿，国家还出台了一系列政策限制农村劳动力的流动。1989年3月和4月，国务院办公厅和民政部、公安部先后发布《国务院办公厅关于严格控制农民工外出的紧急通知》和《民政部、公安部关于进一步做好控制农民工盲目外流的通知》，要求各地人民政府采取有效措施，严格控制农民工盲目外出就业。1989年12月8日，国务院在《批转人口普查领导小组、公安部关于在第四次全国人口普查前进行户口整顿工作报告的通知》中要求"对居住在城镇的无户口（即常住户口待定）人员，按照国务院和公安部有关规定，符合在市镇落户的，应有步骤地予以解决；不符合在市镇落户的，应由有关部门尽量动员他们返乡"。1990年4月27日，国务院发出《关于做好劳动就业工作的通知》，强调"农村劳动力向城镇转移，要同建设事业的发展和城镇的承受能力相适应，对此要加以合理控制和积极疏导"，要"使农村富余劳动力就地消化和转移，防止出现大量农村劳动力盲目进城找活干的局面"。

虽然上述政策措施控制了劳动力盲目流动的局面，但有研究发现，到1990年、1991年，大多数城市的流动人口数量又恢复到1988年的水平，有些城市还有所增长。而且这一时期的农村劳动力流动还出现了另外一种倾向，即向东部地区大城市流动受阻的情况下，向其他地区流动的现象明显增加。[①]

（七）1992—2000年：农村剩余劳动力大规模跨区域转移

随着1992年邓小平南方谈话的发表，我国改革开放的进程加快，沿海地区的工业化和城市化迅速发展，地区间的发展差距扩大，同时随着

---

① 宋洪远等：《改革以来中国农业和农村经济政策的演变》，中国经济出版社2000年版，第368页。

乡镇企业吸纳能力的下降，促使大批农村劳动力从低收入地区迁移到高收入地区。引起社会广泛关注的"民工潮"也出现在这一时期。据统计，1992年农村劳动力迁移到城市的人数已达到3500多万，1993年一度增加到6200万，其中跨省流动达到2200万。之后，农村劳动力流动进入稳定增长阶段，1994年，从农村转移出来的劳动力达到7000万，1995年为7500万，而同期出省的农村劳动力人数为2500万到2800万。[①]

面对大规模的劳动力乡—城转移态势，国家开始出台一系列政策措施，引导劳动力跨地区有序流动。1993年11月3日，劳动部发出《关于印发〈再就业工程〉和〈农村劳动力跨地区流动有序化——"城乡协调就业计划"第一期工程〉的通知》，提出要在全国形成与市场经济相适应的劳动力跨地区流动的基本制度、市场信息系统和服务网络，使农村劳动力流动规模较大的主要输入、输出地区实现农村劳动力流动规模的有序化。1993年12月，劳动部制定了《关于建立社会主义市场经济体制时期劳动体制改革的总体设想》，提出要以建立农村就业服务网络为突破口，合理调节城乡劳动力流动，加强城乡劳动力统筹。1994年11月17日，劳动部颁布了《农村劳动力跨省流动就业管理暂行规定》，对用人单位用人、农村劳动力就业和各类服务组织从事有关服务活动的行为提出了具体要求。1997年11月，国务院办公厅转发了劳动部等部门《关于进一步做好组织农民工有序流动工作的意见》，进一步提出要加快劳动力市场的建设，建立健全劳动力市场规则，建立完善的劳动力市场信息服务系统，加强对劳动力市场的监管，维护劳动力市场的正常秩序。

上述政策的出台推进了劳动力的有序流动，但随着20世纪90年代后期国民经济增长速度的放缓，国家对劳动力流动的控制力度随之加大。1994年11月颁布的《农村劳动力跨省流动就业管理暂行规定》提出，跨省流动人员到达目的地后，必须凭其流出省发放的"外出人员就业登记卡"向目的地劳动部门领取"外来人员就业证"。1995年6月2日，公安部公布了《暂住证申领办法》，对暂住证的用途、有效期、换发等方面进行了规定。这些政策对劳动力的转移产生了较大的影响。考虑到城市

[①] 赵俊超、孙慧峰、朱喜：《农民问题新探》，中国发展出版社2005年版，第71页。

就业不稳定，大部分农民工仅仅抱着"试试看"的态度闯入城市，一般停留的时间不会超过半年，每到年底或农忙时节，他们都会返回农村。

（八）2000年以后：农村剩余劳动力转移步入规范、公平、稳步加快轨道

2000年以来，我国经济发展速度攀升，社会局势稳定，国家更加重视"三农"工作。各种有利政策相继出台，我国又兴起了新一轮的劳动力转移浪潮。2000年7月20日，劳动和社会保障部、国家计委、农业部、科技部、水利部、建设部、国务院发展研究中心七部委联合颁布的《关于进一步开展农村劳动力开发就业试点工作的通知》中指出，要改革城乡分割体制，取消对农民进城就业的不合理限制。2001年3月15日，九届全国人大四次会议批准的《中华人民共和国国民经济和社会发展第十个五年计划纲要》中指出，要打破城乡分割体制，逐步建立市场经济体制下的新型城乡关系。2003年3月20日，劳动和社会保障部颁布《关于农民工适用劳动法律有关问题的复函》，明确指出凡与用人单位建立劳动关系的农民工（包括农民轮换工），均适用《劳动法》与《企业职工工伤保险试行办法》。2004年2月29日，建设部颁布《关于进一步解决拖欠农民工工资问题的紧急通知》，要求各地政府采用法律、经济和必要的行政措施，督促拖欠农民工工资的企业尽快偿付。2005年2月7日，劳动和社会保障部颁布《关于废止〈农村劳动力跨省流动就业管理暂行规定〉及有关配套文件的通知》，进一步改善农民进城就业环境，清理和取消限制农民进城就业的政策。2006年1月21日，《国务院关于解决农民工问题的若干意见》颁布，要求各地政府、各直属机构，抓紧解决农民工面临的突出问题，形成从根本上保障农民工权益的体制和制度。在良好的政策环境下，农村剩余劳动力外出务工的人数不断增加。据统计，"十五"期间，全国农民工数量每年增加600万到800万人。[①]2003年农村劳动力外出务工数量为1.1亿，比2002年增长8.6%；2004年为

---

① 《中国农民工调研报告》，中国言实出版社2006年版，第3页。

1.2 亿，比 2003 年增长 3.8%。① 据预测，"十一五"期间，我国农村人口向城镇转移的总规模将达到 7500 多万，年均转移为 1500 万以上，高于 20 世纪 90 年代以来每年转移 1200 万人左右的规模；同期农村劳动力流动就业总规模将达 4500 万以上。②

二、我国农村剩余劳动力转移的历史经验

回顾新中国成立以来农村剩余劳动力转移的历史进程，可以总结出如下经验教训：

第一，农村剩余劳动力转移要以农业的稳定发展为基本前提。农村剩余劳动力转移是以农业的发展为基本前提的。一方面，随着农业的发展，农业劳动生产率相应提高，对农业劳动力的需求将随之减少，一部分剩余劳动力自然会从农业转移到第二、三产业。另一方面，随着农业的发展，农产品的产量不断提高，为转移出去的劳动力在二、三产业的稳定就业提供了食品保障。就政策层面而言，中国政府所出台的各项政策都是首先以农业稳定发展为前提条件的。如果农业能稳定发展，农业劳动生产率能稳步提高，那么政府就会支持和鼓励一部分剩余劳动力外出就业。反之，如果劳动力转移数量过多，转移速度过快，影响了农业生产和粮食供应，政府则会采取措施干预劳动力流动。因此，农村剩余劳动力的转移不能搞"大跃进"，要把握速度和方式，在保证农业生产不受影响的前提下进行。

第二，城市二、三产业的发展也是农村剩余劳动力转移的重要条件。城市二、三产业的发展是农村剩余劳动力转移的拉力，只有城市产业稳定发展，才能产生对农村剩余劳动力的吸纳能力，政府也就会放松对农民进城务工的限制，这一点在我国农村剩余劳动力转移的历史进程中表现得非常明显。

第三，农村剩余劳动力的转移与经济体制的变化密切相关。改革开

---

① 《中国农民工调研报告》，中国言实出版社 2006 年版，第 69 页。
② 《中国农民工调研报告》，中国言实出版社 2006 年版，第 79 页。

放前，虽然国民经济部门的产值结构发生明显变化，即农业产值比重下降，非农产业比重上升，但农村劳动力的转移依然处于停滞状态。改革开放后，随着一系列经济体制改革的启动，劳动力转移的规模和速度也开始迅速扩大。

第四，农村剩余劳动力转移受国家相关政策变动的影响较大。我国农村劳动力转移较大程度上受到国家相关政策变动的影响。政策的每一次调整，都会引起劳动力转移规模和速度的波动。20世纪头60年中，我国农村剩余劳动力转移的进程缓慢，但比较顺利，20世纪50年代后期曾出现了劳动力转移的高峰。但随着"大跃进"的发生，我国政府采取了强有力的干预措施，阻碍了劳动力转移的自然进程，致使劳动力转移中断，甚至出现逆流。20世纪80年代后期，政府对农村劳动力的转移的限制开始放松，但由于各种干预政策依然存在，因此，农村剩余劳动力转移的数量和质量也受到了影响。转移出来的剩余劳动力虽然可以在城市找到工作，却无法获得正式的身份认可，因此，政府人为的干预阻碍了劳动力的正常流动。值得一提的是，虽然我国农村剩余劳动力的流动受制度安排的影响较大，但从整个历史进程来看，阻碍农村劳动力转移的一系列制度在逐步放宽，农村劳动力转移的规模不断增大，这说明，政府只有消除一些干预和限制政策，完善制度安排，农村剩余劳动力转移这一自然进程才能得以恢复。

三、对策建议和启示

分析中国农村剩余劳动力转移的曲折历程，有利于更好地分析当前农村剩余劳动力转移问题。目前，依然有一系列因素制约着我国农村剩余劳动力的有序转移，如户籍制度的影响、城乡社会保障制度不健全、农民自身的技术水平低下、乡镇企业发展面临多重障碍、城乡统一的劳动力市场发育存在缺陷，等等。对于这些问题，今后可采取如下措施予以解决：首先，政府要改革户籍管理制度和城乡社会保障制度。城市政府要从户籍身份上取消各种特权和利益分配，使城乡流动人口主体平等化；农村政府应完善土地制度和家庭养老保障制度，以解除农村劳动力的后顾之忧。其次，城乡政府应加强合作，努力办好农村职业教育，通过城乡人力资源互动，提高农民素质。再次，鼓励乡镇企业向小城镇集聚，加强其产权制度创新，同时要完善小城镇的基础设施建设，引导乡镇企业发展和小城镇建设相结合，促进小城镇产业结构调整，增强其对城乡投资商的吸引力。最后，加快城乡统一的劳动力市场建设和市场网络化进程。政府应设立专门机构，使城乡劳动力流动有序化、规范化，加强城乡劳动力的岗前培训，增强劳动力就业的竞争意识。还应完善劳动力市场信息网的配套建设，加大劳动力市场的宣传和发布力度引入市场机制，让更多的技术人才参与劳动力市场信息网的建设。

同时，我们也应该清醒地认识到，即使以上措施都能得到很好实现，在中国这个有着八九亿农民的农业大国，仍会有约2亿的农村剩余劳动力无法被第二、三产业完全吸收。所以，除了以上微观层面的措施外，国家在宏观政策方面，必须让广大农民真正得到实惠，将发展农业生产作为国家的重中之重，以期早日顺利实现农业的现代化。必须将农产品的生产和市场需求更加紧密地结合起来，以期提高农产品商品化，推动农业产业化，使得农业成为工业的一个部门。这样，除了第二、三产业对农村剩余劳动力的转移拉动外，其他农村剩余劳动力就可以被农业就地吸收。只有这样，中国才能彻底解决农村剩余劳动力转移问题，大幅度提高农业生产率，最终实现国家的全面现代化。

［原载《党史文苑（学术版）》2009年第3期，与叶明勇合著］

中国共产党推进区域分工协作的探索及其启示
——以新中国成立后至改革开放前为研究时限

随着人类社会生产力的发展，分工协作在社会生产和工业化的进程乃至一个民族的发展中发挥着越来越重要的作用。马克思曾经指出："提高劳动生产力的主要形式是：协作、分工和机器或科学的力量的应用。"①"由协作和分工产生的生产力，不费资本分文，这是社会劳动的自然力。"②"一个民族的生产力发展的水平，最明显地表现于该民族分工的发展程度。"③"通过协作提高了个人生产力，而且是创造了一种生产力，这种生产力本身必然是集体力。"④分工协作是现实的社会生产力不可缺少的组合因素，直接关系到社会生产效率和国民经济整体效益的提高。中国幅员辽阔，各地区在自然资源、地理区位、经济发展水平等方面存在较大差异，充分发挥各地优势，在区域之间开展合理的分工与协作，将有助于提高各地区发展的积极性，并最终促进国民经济的整体提高。

新中国成立以来，中国共产党历代领导集体在探索区域发展道路时始终强调区域分工协作的重要性。然而，学术界对该问题的研究往往将研究时限放在改革开放后，认为随着计划经济体制向市场经济体制的转

---

① 《马克思恩格斯全集》第47卷，人民出版社1979年版，第290页。
② 《马克思恩格斯全集》第23卷，人民出版社1972年版，第423页。
③ 《马克思恩格斯选集》第1卷，人民出版社1995年版，第68页。
④ 《马克思恩格斯全集》第23卷，人民出版社1972年版，第362页。

轨，真正意义上的区域分工合作才开始起步。不可否认的是，从新中国成立到改革开放前，尽管由于体制、政策等因素的阻碍，我国的区域分工协作存在一些薄弱和不完善之处，然而以毛泽东为核心的党中央第一代领导集体在处理区域经济发展问题时依然体现出在当时看来较为合理的区域分工协作思想，这些思想产生了一定的积极效应，而且为改革开放后我国的地区经济发展奠定了基础，并积累了经验。基于此，本文试图以新中国成立后至改革开放前为研究时限，通过回顾中国共产党推进区域分工协作的探索历程，旨在弥补学术界对该问题研究的不足，并总结历史的经验教训。

一、积极探索沿海与内地工业的分工协作模式，试图改变旧中国遗留下来的不合理的区域分工协作格局

新中国成立前，我国的区域之间的分工格局极不合理。重工业主要集中在东北地区，轻工业则主要集中在沿海各大城市，反而面积广大、资源丰富的内地和边远少数民族地区很少有像样的工业。这种分工格局导致沿海地区的工业生产脱离原料、燃料产地，广大内地丰富的资源却得不到充分利用，阻碍了沿海与内地各自的发展乃至全国整体经济效益的提高。从区域协作来看，我国区域之间以及区域内部的企业之间缺乏产业关联，无法形成健全的区域经济网络体系。中国的区域资源禀赋差异较大，沿海在技术、资金、人才等方面具备优势，而内地在资源、原料等方面的条件优于沿海。新中国成立后，中国共产党人对如何开展区域分工协作，有效发挥沿海与内地各自的优势的问题进行了努力思考和探索。

（一）充分发挥内地资源优势，以内地建设为重点，合理地在沿海与内地之间进行工业建设分工

1950 年 8 月下旬，中财委召开计划会议，讨论编制 1951 年计划和三年奋斗目标。会议要求在三年内"为改变工业生产过分集中于沿海地

区的不合理现象,将一部分工厂迁移到接近原料、市场的地区"。① 同年,中财委在《关于制定 1951—1955 年度恢复和发展中华人民共和国人民经济国家计划方针的指示(草案)》中强调,在编制五年计划时,"必须规定新建事业在全国的正确分布","在五年期内,应在北京、太原、兰州和西安地区建立新的工业中心,以及大量加强华中南区各主要都市——重庆、武汉和长沙的工业发展。禁止在工业发达的中心地,如上海和天津今后再行建设大规模的企业,以便在可能范围内将新兴的工业建设向内地转移,使之靠近原料、电动力、燃料的来源和产品推销区域"。② 这些计划方针表明,新中国成立初期,中国共产党开始试图改变沿海与内地工业不均衡布局的态势、合理地在沿海与内地之间安排工业建设的决心。

之后,中共中央在制定第一个五年计划时,进一步明确提出了合理地在沿海与内地之间进行工业建设分工的思想。1955 年 7 月 30 日,第一届全国人民代表大会第二次会议通过的《中华人民共和国发展国民经济的第一个五年计划》指出:"我国工业原来畸形地偏集于一方和沿海的状态,在经济上和国防上都是不合理的。我们的工业基本建设的地区分布,必须从国家的长远利益出发,根据每个发展时期的条件,依照下列原则,即:在全国各地区适当地分布工业的生产力,使工业接近原料、燃料的产区和消费地区,并适合于巩固国防的条件,来逐步地改变这种不合理的状态,提高落后地区的经济水平。"③ 这里提出的"适当地分布工业的生产力"即可理解为:适当地以内地建设为重点,在沿海与内地合理地开展工业分工建设,以利于巩固国防,并改变旧中国遗留下来的沿海与内地工业发展不平衡的状况。在这一思想指导下,"一五"计划指出,在第一个五年计划期间,一方面要合理利用和改造东北、上海和其他沿海城市已有的工业基础,另一方面要开始在内地建设一批新的工业基地,以求初步改善中国工业几乎

---

① 参见《中华人民共和国国民经济和社会发展计划大事辑要(1949—1985)》,红旗出版社 1987 年版,第 9 页。

② 参见《1949—1952 中华人民共和国经济档案资料选编》基本建设投资和建筑业卷,中国物价出版社 1989 年版,第 11—12 页。

③ 《建国以来重要文献选编》第 6 册,中央文献出版社 1993 年版,第 423 页。

都集中在沿海和东北的很不合理的布局。"一五"计划还指出，根据内地的需要，应逐步地把沿海城市的某些可能迁移的工业企业向内地迁移。

根据"一五"计划的战略部署，我国在"一五"期间建设的项目，150项中的106个民用工业企业，布置在东北地区50个，中部地区32个；44个国防企业，布置在中部地区和西部地区35个，其中有21个安排在四川、陕西两省。① 同时，"一五"时期，我国在内陆地区发展了大量的钢铁厂、有色金属冶炼厂、化工企业；沿海地区生产了供应全国的大部分设备、材料和轻工业品，还向内地输送了大量技术工人。如上海陆续将272家轻工、纺织企业迁往河南、河北、陕西、湖南、甘肃等内陆省份，先后组建了7个设计、施工、安装公司，选派2.38万工程技术人员、8.21万熟练工人到内陆地区的厂矿企业工作。②

（二）充分利用沿海地区的优势，将沿海建设与内地工业建设结合起来

"一五"后期，我国经济建设中的许多问题开始暴露出来，主要表现为过于重视内地建设，而忽略了沿海地区的发展。1954年和1955年，内地工业分别增长了22.4%和9.9%；而沿海地区只增长了13.7%和3.6%。③ 这一发展态势势必会极大地影响沿海地区的发展，基于此，中国共产党人开始重新思考沿海与内地的发展关系。1955年11月16日，陈云在中央工作会议上明确指出："沿海城市是历史上工业发展早的地方，现在内地也要发展，要开工厂，但是沿海城市的生产能力有余，内地工厂建立起来后，沿海城市就会发生困难。""我们应该根据原料、生产、销售和运输的情况，进行综合研究，确定哪些工厂应在沿海，哪些工厂应在内地。"④ 1956年4月25日，毛泽东在《论十大关系》的讲话中专门将"沿海工业与内地工业的关系"作为一个重要方面进行了阐述。他指出："最近几年，对于沿海工业有些估计不足，对它的发展不那么十分注重了，这要改

---

① 薄一波：《若干重大决策与事件的回顾》上，中共党史出版社2008年版，第209—210页。
② 高伯文：《中国共产党区域经济思想研究》，中共党史出版社2004年版，第99页。
③ 《李富春选集》，人民出版社1992年版，第167页。
④ 《陈云文选》第2卷，人民出版社1995年版，第284页。

变一下。""好好地利用和发展沿海的工业老底子，可以使我们更有力量来发展和支持内地工业。如果采取消极态度，就会妨碍内地工业的迅速发展。"①李富春在《发展经济必须处理好三大关系》一文中指出："过去由于对充分、合理地利用沿海原有的工业基础认识不足，偏重于在内地建立新的企业，对沿海地区的工业没有积极地加以规划和利用。"②今后在工业生产方面，要注意把地区、规模、品种、数量、时间等各方面与沿海相平衡，把沿海与内地的建设更加合理地结合起来。刘少奇在中共八大的政治报告中也提出："在工业的布局问题上，目前需要注意的是沿海和内地的配合。"③周恩来在中共八大上所作的《关于发展国民经济的第二个五年计划的建议的报告》中指出："我们必须充分地利用近海地区原有的工业基础。我们在内地进行工业建设所需要的许多原材料、设备、资金和技术人才，都需要近海城市原有的工业来供应和支援。""我们充分利用并且加强近海地区的工业基础，不但是为了适应国家和人民日益增长的需要，而且也正是为了在内地建立更强大的工业基础。"④从上述论断可以看出中共领导人对如何充分发挥沿海与内地各自的优势、正确处理沿海与内地经济关系，从而使两地合理分工、相互支持、相互促进等问题的积极探索。

（三）加强沿海与内地企业之间的经济协作

为了改变旧中国区域之间以及区域内部的企业之间缺乏产业关联，区域经济联系极为微弱的状况，新中国成立后，中国共产党人对地区企业之间的经济协作关系问题也进行了思考。1955年7月，李富春在《关于发展国民经济的第一个五年计划的报告》中指出："工业生产是互相联系和需要互相配合的，只有协同合作起来才能生产和增产。""不仅企业内部在生产上要协同合作，一个部门的各企业之间在生产上要协同合作，而且各部门之间在生产上也要协同合作。"他还指出，我们必须纠正两种错误的偏向："一种偏向是看不见全局，不区别轻重缓急，盲目地到处建

---

① 《毛泽东文集》第7卷，人民出版社1999年版，第25—26页。
② 《李富春选集》，人民出版社1992年版，第168页。
③ 《刘少奇选集》下，人民出版社1985年版，第229—230页。
④ 《建国以来重要文献选编》第9册，中央文献出版社1994年版，第191页。

设，从而妨碍重点工程的建设；而另一种偏向则是单纯地醉心于巨大企业的建设，轻视中小型企业的建设。"我们的任务就是要"在工业建设的进行中适当地分配巨大企业和中小企业的投资，使大中小型的企业建设能够互相配合和互相协作"。① 1956年5月由国务院常务会议通过的《国务院关于加强新工业区和新工业城市建设工作几个问题的决定》指出，城市和区域规划工作的任务，就是在将要开辟为新工业区和将要建设新工业城市的地区，根据当地的自然条件、经济条件和国民经济长远发展计划，"对工业、动力、交通运输、邮电设施、水利、农业、林业、居民点、建筑基地等建设和各项工程设施，进行全面规划；使一定区域内国民经济的各个组成部分之间和各工业企业之间有良好的协作配合"。② 周恩来在《关于发展国民经济的第二个五年计划的建议的报告》中指出："不论是内地的工业或者近海工业的工业，我们的方针是既要适当分散，又要相互配合，反对过分集中和互不联系的两种偏向。"③

二、在"全国一盘棋"和发挥地方积极性之间寻找平衡，加强协作区之间的分工协作

1958年，为配合"大跃进"运动和全国建立独立的比较完整的工业体系的目标，中共中央在原有行政区划和沿海与内地两大经济地带的基础上，将全国划分为七大协作区，要求各大协作区或有条件的各省、直辖市、自治区，也要形成各自独立的比较完整的工业体系。在这一背景下，中国共产党对我国区域分工协作问题进行了诸多探索。

（一）通过建立协作区来安排各地区的工业生产和加强地区联系

1958年2月，中共中央作出的《关于召开地区性的协作会议的决定》

---

① 《人民日报》1955年7月8日。
② 《国务院关于加强新工业区和新工业城市建设工作几个问题的决定》，《建设月刊》1956年第3期。
③ 《建国以来重要文献选编》第9册，中央文献出版社1994年版，第190页。

中指出，为了更加多快好省地建设社会主义和配合国民经济计划的进行，全国需要划分为七个协作地区。1958年6月1日，中共中央作出《关于加强协作区工作的决定》。《决定》指出："为了适应社会主义建设事业发展的新形势，除了充分发挥中央各部、委和各省、市、自治区的积极性以外，还必须充分发挥协作区的积极作用。以便根据我国幅员广大、资源丰富、人口众多的特点，进一步地在中央集中领导下，按照全面规划，逐步形成若干个具有比较完整的工业体系的经济区域。"[①] 为加强协作区工作，《决定》还对中央、协作区以及各省、市、自治区的任务进行了具体部署，指出，中央各部委必须积极担负起组织全国大协作区、大平衡和技术指导与提高的任务，根据各个经济区域的资源等条件，按照全国统一的规划，尽快地分别建立大型的工业骨干和经济中心，形成若干个具有比较完整的工业体系的经济区域。各省、市、自治区必须在中央和协作区的领导和支持下，发展一些必要的骨干工业。"当然，在每一个省的范围内不能够要求样样俱全，必须根据本地区的资源条件和销路情况，在集中领导、全面规划和分工协作的前提下，调动一切力量，自力更生地安排和发展本地区的工业。"[②] 关于协作区的任务，《决定》指出，第一，为了克服我国工业分布仍然很不平衡的状态，今后新建大型的冶金、煤炭、电力、机械、炼油、化工等企业，应当在地区上作合理的分布，使各个协作区都具有必要的工业骨干，建立起比较完整的工业体系。第二，组织工业基础较强的省、市、自治区帮助工业基础较差的地区，实行重点和全面相结合，以点带面的方针。第三，在地方工业和中小型企业的大发展中，为了防止资源、资金的浪费和产品的积压，必须坚决贯彻执行集中领导、全面规划、分工协作的原则，更加合理地使用各地人力、物力、财力，避免某些基建项目不应有的重复和缺漏。第四，通过协商方式，互相支援、统一步调、千方百计地解决各省、市、自治区之间的矛盾和问题。并且应当注意防止和克服本位主义，以便共同发展。[③]《决定》还对协作区的组织领导进行了安排，试图通过组织建设加强协作区

---

① 《建国以来重要文献选编》第11册，中央文献出版社1995年版，第343页。
② 《建国以来重要文献选编》第11册，中央文献出版社1995年版，第345页。
③ 《建国以来重要文献选编》第11册，中央文献出版社1995年版，第346—347页。

之间和协作区内各省、市、自治区之间的经济联系。从《决定》对各项具体工作的部署，可以看出中共中央对协作区建设和开展区域分工协作之间关系的充分认识。

（二）通过加强地方工业的发展来开展区域分工协作

发展地方工业，实行中央与地方工业并举，是建立独立完整的工业体系中一个十分重要的问题。地方工业发展了，地方的积极性提高了，就可以更加充分利用各地区的自然、经济和社会资源，发挥各地区的优势，从而更好地促进区域分工协作。1958年3月23日，成都会议通过的《中共中央关于发展地方工业的意见》指出："应该依托现有工业城市作为技术中心，同时选择若干县城作为连结工业城市和其他各县地方工业的基点。在中心城市、基点县以及其他各县的同产业之间，大中小企业之间，建立协作制度，形成点面结合、城乡结合、大中小企业相结合的工业网。"[①] 1958年4月5日，中共中央发出的《关于在发展中央工业和发展地方工业同时并举的方针下有关协作和平衡的几项规定》中强调，在组织工业生产和基本建设的协作时，"必须贯彻实行点和面相结合、普及和提高相结合的原则。要根据这个原则，去解决现在最主要的工业城市和工业基地（上海、天津、辽宁）同全国其他各地之间，以及其他新旧工业城市（如武汉、重庆、太原、西安、广州）同它们有联系的地区之间，在经济关系上已经发生和可能发生的某些问题"。[②]

然而，随着"大跃进"运动的开展，为了建立独立完整的工业体系，中共中央除要求各协作区建立独立的比较完整的工业体系外，还要求各省、市、自治区也要建立独立的比较完整的工业体系。1958年8月28日，中共中央批准的《关于1959年计划和第二个五年计划问题的决定》中指出："在第二个五年计划期间，在全国建立强大的独立完整的工业体系的同时，各协作区都应当建立起比较完整的、不同水平和各有特点的工业体系，各省、市、自治区也都应当建立起一定程度的工业基础。"[③]

---

① 《建国以来重要文献选编》第11册，中央文献出版社1995年版，第224页。
② 《建国以来重要文献选编》第11册，中央文献出版社1995年版，第346—347页。
③ 《建国以来重要文献选编》第11册，中央文献出版社1995年版，第427页。

这样，发展地方工业就走入"地方自成工业体系"的误区。

为了让地方能自成工业体系，中央在很短时间内作出了将经济管理权力向地方下放的决定。1958年6月2日，中共中央发出《关于企业、事业单位和技术力量下放的规定》；6月29日，中共中央转发劳动部党组《对于当前工业企业补充劳动力问题的请示报告》；9月24日，中共中央和国务院发布《关于改进限额以上基本建设项目设计任务书审批办法的规定》和《关于改进计划管理体制的规定》。然而，权利下放到各省、市、自治区后，地方工业虽然得到了一定程度的发展，但区域之间的分工协作并没有朝合理有序的方向发展。一方面，地方政府获得一定权利后，往往从本地利益出发，加强了地区封锁，人为割断了地区间的经济交流和企业间的协作关系，造成区域协作的困难。另一方面，各省、市、自治区为了建立独立完善的工业体系，往往不顾自身发展的条件，盲目建厂，重复建设，建立"大而全""小而全"的区域工业结构，造成了各地区产业结构趋同，丧失了区域分工效益。

1959年3月，陈云在《当前基本建设工作中的几个重大问题》一文中对区域分工协作走入的误区进行了充分认识。他指出："各协作区和各省、自治区建设起来的工业体系，水平不同而且各有特点，而现代工业又是一种非常复杂的协作经济，因此，在各个地区之间、各个部门之间、各个企业之间、以至一个企业内部的各个部分之间，都不能没有分工和协作。""各省、自治区应当从全局观点出发，适应全国和当地工业建设的要求，根据自己的特点，正确规定本省、自治区的建设任务。""如果不考虑本地区的资源条件和经济特点，勉强去办那些难以办到的事情，而不积极去办那些可以办到的和在全国范围内迫切需要的事情，这在经济上是不合理的。"[①]

（三）针对地方自成工业体系带来的问题，提出在"全国一盘棋"精神的指引下开展区域分工协作

针对地方自成工业体系带来的诸多问题，中共中央开始贯彻"全国

---

① 陈云：《当前基本建设工作中的几个重大问题》，《红旗》1959年第5期。

一盘棋"的精神，重新探索区域分工协作问题。1959年1月27日，李富春在报告1959年计划问题时提出，必须实现全国一盘棋，才能保证计划的完成。1959年3月1日，陈云在《当前基本建设工作中的几个重大问题》[①]一文中指出："在全国范围内有计划地合理地布置工业生产力，是基本建设中具有长远性质和全面性质的问题，是一个带有战略意义的问题。对于这样的问题，如果不做长期打算、整体部署，只顾眼前方便、零敲碎打，是不可能解决得好的。我们在进行工业布局的时候，必须按照'全国一盘棋'的精神，使目前利益同长远利益结合起来，使局部利益同全局利益结合起来。"如果按照"全国一盘棋"的精神，"建立工业体系只能首先从全国范围开始，然后才是各个协作区，再后才是许多省、自治区"。这样可以使各省、自治区从全局观点出发，适应全国和当地工业建设的要求，根据自己的特点，正确规定本省、自治区的建设任务，尽多地发展地方的各种类型的工业，从而有利于区域更好地进行分工协作。同时，陈云还指出："在一个省、自治区以内，企图建立完整无缺、样样都有、万事不求人的独立的工业体系，是不切实际的。"一些复杂的需要各方面协作配合的生产，在一个企业内无法进行，在一个省、自治区内也难以单独进行，只有按照"全国一盘棋"的精神，全国在更大的范围内合理分配生产任务，组织协作，才能够完满地进行。

三、以建设三线战略后方基地为目标，统筹安排一、二、三线地区的工业分工协作

1965年中央将全国分为一线、二线、三线地区，以备战为目的开展三线建设成为当时国民经济发展的中心任务。在三线建设决策的实施过程中，中共中央对在一、二、三线地区如何合理安排工业建设，如何处理好一、二、三线地区之间的关系等问题进行了探索。

---

① 陈云：《当前基本建设工作中的几个重大问题》，《红旗》1959年第5期。

（一）以建立比较完整的后方工业体系为出发点，安排一、二、三线地区的工业建设

李富春在1964年9月21日至10月9日召开的全国计划工作会议上提出三线建设的主要任务是，在西南和西北（包括湘西、鄂西、豫西）等地区，建立一个以军事工业为主体的比较完整的后方工业体系。1965年7月21日，国家计委向周恩来汇报第三个五年计划初步设想，指出，经过第三个五年计划或稍多一点时间的建设，在三线地区把国防工业基地，原料、材料、燃料、动力、机械工业基地以及交通运输系统逐步建立起来，使三线地区成为一个部门比较齐全的新工业基地。1970年2月，全国计划会议讨论并拟定1970年计划和第四个五年计划纲要草案时指出，1970年和第四个五年计划国家建设的重点是加快大三线战略后方建设，到1975年初步建成行业比较齐全、工农业协调发展的比较强大的战略后方基地。

根据三线建设的决策部署，1965—1978年，国家在三线地区建成了以重庆为中心的常规兵器工业基地，四川、贵州等地的电子工业基地，贵州、陕西、鄂西等地的航空工业基地，长江中下游地区的船舶工业基地，基本上建成了以国防工业为重点，以交通、钢铁、煤炭、电力、有色金属工业为基础，机械、电子、化工相配合，门类齐全的工业体系的战略后方基地。[1]

除在大三线地区建立比较完整的后方工业体系外，出于对战争困难的严重估计，中共中央在一、二线地区也要求建立比较完整的小三线后方工业基地。1965年11月，毛泽东在山东、安徽、江苏、上海等地视察时指出，要求各地，打起仗来不要靠中央，要靠地方自力更生，争取快一点的时间把后方建设起来，把小三线搞起来。关于小三线地区的工业建设安排，周恩来、罗瑞卿在《关于一二两线各省、市、区建设自己后方和备战工作的报告》[2]中指出，各省市区要加强一、二线的后方基地和备战工作，力争在三五年内，建设一批地方军工厂，包括枪支、子弹、地雷、手榴弹

---

[1] 高伯文：《中国共产党区域经济思想研究》，中共党史出版社2004年版，第210—211页。
[2] 周恩来、罗瑞卿：《关于一二两线各省、市、区建设自己后方和备战工作的报告》，《党的文献》1995年第3期。

和炸药等轻武器的制造厂;为配合军工厂的建设,在后方还要相应地建设一些小煤矿、小水电和必要的修配工厂以及交通工程等。根据中央部署,小三线地区建成以军工企业为重点,民用、支援农业的工厂以及交通、电力、通信等工程相配套的门类齐全、各自为战的根据地。

(二)一、二、三线地区的生产建设要互相支援,加强合作

1964年5月,周恩来在中央工作会议上对如何处理一、二、三线地区的经济关系进行了说明。他指出:"不要因为讲了攀枝花,把一、二线又疏忽了。""现在我国要建立三线观点,同时又必须懂得一、二线怎么布局。"他举例说,比如,要把攀枝花作为一个中心,其他很多相应的东西都要搞起来。不但是一个攀枝花的问题,要通过攀枝花把云贵川联系起来。① 1965年1月14日,毛泽东指出:"两个阵地:三线是一个阵地,一、二线也是一个阵地,以一、二线的生产来支援三线建设。"② 1965年3月12日,周恩来也指出:"三线的建设,必须充分依靠一、二线现有的工业基础。一、二线应当为三线建设出人、出钱、出技术、出材料、出设备。一、二、三线地区要相互促进。"③

从上述中共领导人的决策思想可以看出,中国共产党进行三线建设决策,在加强三线地区建设的同时,并没有忽视一、二线的发展,而是试图处理好一、二、三线地区的经济协作关系,促进国民经济整体效益的提高。三线建设决策在具体实施中,一方面,一、二线地区通过向三线地区迁移大批老企业以及输送大量的技术人才和传输先进的技术和管理经验等方式,加速了三线地区的建设;另一方面,三线地区通过向一、二线地区供应精矿、金属、煤炭、石油、农副产品原料等也弥补了一、二线地区资源和能源都较少的缺陷,支持了一、二线地区进一步的发展。

值得一提的是,第一,虽然东部沿海地区和内陆地区之间开展了一定程度的分工与协作,但由于三线建设本质上是国家以行政手段对区域

---

① 周恩来:《关于第三个五年计划的若干问题》(1964年5月28日),《党的文献》1996年第3期。
② 顾龙生编:《毛泽东经济年谱》,中共中央党校出版社1993年版,第621—622页。
③ 周恩来:《向中央书记处汇报提纲》(1965年3月12日),《党的文献》1995年第3期。

分工格局进行强制性调整，因此，区域之间的经济联合是被动的。第二，通过三线建设，内陆地区主要是重工业得到了发展，但轻工业发展依旧滞后。而且，不容置疑的是，一些主导产业依然布局在沿海地区，而资源开发型产业则大部分在内地，这样，沿海与内地的商品流通，主要是东部沿海地区的工业消费品流向内地，而内地的农产品、工业品原材料流向东部沿海地区，这种垂直型的区域分工合作关系，在传统计划经济体制下，无法提高整体经济效益。第三，在三线地区安排的大多是军工项目，产业链单一，大小企业布点较为分散，因此在区域企业之间、工业部门之间缺少正常的经济联系，难以对其他地区经济发展产生辐射和带动效应。

四、历史启示

通过回顾新中国成立后至改革开放前中国共产党推进区域分工协作的探索历程，可以得出以下几点历史启示。

（一）区域分工协作的有序发展需要良好的制度条件

区域分工协作的发展需要一定的制度条件，一定时期内区域分工协作所呈现出的特点与当时的体制、政策背景密切相关。从区域管理体制来看，改革开放前30年，我国实行的主要是中央集权的计划经济体制，引导区域分工协作的主体是中央政府，主要动力是由中央政府计划所体现的国家利益（包括国家经济利益、政治利益、国防利益等），主要方式来自行政命令，主要手段是通过"条条"管理和"块块"管理，这种自上而下、垂直统一的区域管理模式使地方政府和企业始终未获得独立的经济利益主体地位。从区域发展战略来看，新中国成立后相当长一段时期，受"生产关系决定论"和"均衡布局论"的影响，中国共产党领导集体认为社会主义应当由国家有计划地均衡配置生产力，在这种平衡发展观的指导下，我国实施了以内地建设为重点的区域经济均衡发展战略。在"一五"时期，该战略的目标是通过加强内地建设，平衡沿海与内地的经济布局；在"大跃进"时期，该战略的目标是各地区建立独立完整的工业体系；在三线建设时期，该战略的目标是加强后方比较完整的工业体系建设，巩固国防。

这种制度安排带来的积极效应是："一五"时期，为巩固国防，改变旧中国区域分工格局不合理的状况，在中央集权的高度计划体制下，中央对区域分工协作格局的安排是将大量的建设资金投向内地，同时以行政命令的方式，要求沿海支援内地经济建设，这在一定程度上有利于内地经济实力的增强和我国工业化进程的加速。当"一五"后期出现过于重视内地发展而忽视沿海的发展的区域分工格局时，党的八大又提出在沿海建设新工业基地，促进沿海与内地均衡分工格局的实现。"大跃进"时期，中共中央通过加强协作区建设和向地方政府放权来开展区域分工协作，促进了地方和全国比较完整的工业体系的建立。三线建设时期，中共中央为了巩固国防，通过行政手段将大量资金、人才、技术投向大、小三线地区，建立了后方完备的工业体系。

但不可否认的是，受体制、政策的制约，区域分工协作也出现一些不尽完善之处，主要体现在：第一，区域经济呈现垂直型分工结构。为改变内地落后的经济面貌，根据我国沿海与内地资源禀赋的差异，中央政府运用国家财政和行政干预的力量，在内地布局了大量的原料和能源指向型工业，根据"资源互补"和"产品互补"的原则，客观上形成了内陆地区以开发生物、农业、矿产资源以及发展原材料工业为主，沿海地区以内陆地区的产品为原料发展加工制造业的垂直型区域分工体系。这种分工体系不利于区域产业结构演进和优化升级。第二，区域间缺乏横向经济联系。新中国成立后，我国在内地建设的一大批采掘和原材料工业企业，多是中央部署企业，在条块分割的情况下，与沿海加工工业建立的是单一纵向型区域产业联系，而且由于这些企业的结构单一，与当地其他企业的横向联系也很微弱，加剧了区域经济的二元结构。第三，"大跃进"和三线建设时期，为了建立独立完善的工业体系，各地不顾自身发展的条件，重复引进、重复建设，建立"大而全""小而全"的区域工业结构，造成了各地区产业结构趋同，丧失了区域分工效益，也限制了区际之间的产业联系。

从制度、体制层面对新中国成立后至改革开放前中国共产党推进区域分工协作的探索历程进行考察，充分说明：区域分工协作能否健康、有序发展与中国共产党管理区域经济发展的一系列制度安排密切相关；计划体制和区域均衡发展战略的弊端是导致改革开放前区域分工协作出现一些不完善之处的重要制约因素；区域分工协作的有序发展需要良好制度条件。这些认识不仅有助于我们辩证地看待新中国成立后至改革开放前中国共产党区域分工协作思想的影响效应，而且也为改革开放后我国的计划经济体制向市场经济体制转轨以及区域均衡发展战略向非均衡、协调发展战略转变提供了可资参考的经验教训。

（二）正确处理中央与地方以及地方与地方之间的关系是保证区域分工协作有序开展的关键因素

新中国成立后很长一段时间，我国一直实行的是中央集权的区域管理模式。1956年4月25日，毛泽东发表了《论十大关系》的重要讲话，关于中央与地方的关系，他指出："我们的国家这样大，人口这样多，情况这样复杂，有中央和地方两个积极性，比只有一个积极性好得多。"[①]"我们要统一，也要特殊。为了建设一个强大的社会主义国家，必须有中央的强有力的统一领导，必须有全国的统一计划和统一纪律，破坏这种必要的统一，是不允许的。同时，又必须充分发挥地方的积极性，各地都要有适合当地情况的特殊。"[②] 关于地方和地方之间的关系，毛泽东指出："省市和省市之间的关系，也是一种地方和地方之间的关系，也要处理得好。我们历来的原则，就是提倡顾全大局，互助互让。"[③]

毛泽东处理中央与地方以及地方与地方之间关系的思想，对"大跃进"时期中央向地方放权奠定了基础。"大跃进"时期，为了发挥地方办工业的积极性，中共中央将大部分权利下放给地方，但地方政府更多的是追求本地利益，这导致地方保护主义盛行，割裂了地区之间正常的联系，同时，各地政府为了追求工业自成体系，盲目引进生产项目，也造成各地产业结构趋同等弊端。针对这些问题，中共中央又提出要"全国一盘棋"，试图按

---

① 《毛泽东文集》第7卷，人民出版社1999年版，第31页。
② 《毛泽东文集》第7卷，人民出版社1999年版，第32页。
③ 《毛泽东文集》第7卷，人民出版社1999年版，第33页。

全国统一的计划合理地分配生产任务，组织区域分工协作。

通过回顾中国共产党在处理区域分工协作问题时对中央、地方关系的探索，可以看出，只有正确处理好中央集权与地方分权的矛盾，统筹协调好中央与地方以及地方与地方之间的关系，将"全国一盘棋"和发挥地方积极性有机结合起来，才能促进区域分工协作的有序开展。

（三）在充分利用区内优势的基础上实现区域专门化生产，是推动区域分工协作的重要驱动力

我国各区域的要素禀赋、经济基础、社会条件等存在较大差异，各区域都有自己的优势，也有自己的劣势，扬长避短，发挥优势，是区域分工协作的重要前提。但是，仅仅停留在单纯发挥优势基础上的分工只是脱出自然经济第一步的初级分工，在充分发挥区域优势的基础上实现专门化生产，才是区域分工协作的主要驱动力。区域之间如果实现了专业化的分工，就不仅可以促进区域之间的要素流动，还可以使区域之间的互补性逐渐增强，从而更有利于区域之间开展多种形式的经济协作。

改革开放前，我国内陆地区主要发展资源和原材料工业，沿海地区则以内陆地区的产品为原料发展加工制造业，这种垂直型分工体系表面上看是发挥了沿海与内地的优势，却带来了地区产业结构无法优化升级、专业化程度不高等弊端。另外，要求各地建立独立完整的工业体系，导致产业结构同构和重复建设，抹杀了不同区域之间的比较优势，各地区无法实现专业化分工，地方政府之间也失去了协作的动力。

因此，在充分利用区内优势的基础上实现区域专门化生产，对推动区域分工协作至关重要。各区域在根据比较优势进行生产的同时，要加强生产领域的技术进步和创新，实现优势资源的优化利用，并通过前向、后向和旁侧联系，发展以专业化部门为组织中心的产业联系，逐步建立地带间、省区间等多级区域分工体系，在此基础上，以整体优势积极参与区域分工协作。

[原载《兰州商学院学报》2011年第6期]

中国 FDI 区位决定因素分析
（1986—2009）

近 20 年来，世界外商直接投资（FDI）总体上一直呈显著增长态势，尽管近两年来受金融和经济危机的影响，跨国公司的总体活动量有所下滑，但国际直接投资的流量依然巨大，2008 年全球 FDI 流入量达到 16970 亿美元，其中绝大多数（超过 70%）的 FDI 活动发生在发达国家之间，流入发展中国家的 FDI 不到 30%。FDI 跨国流动的这种不平衡性，使得广大发展中国家处于引资困难的境地。但中国自 1991 年以来，中国获得的 FDI 在发展中国家一直稳居第一位[①]，即使与发达国家相比也名列前茅，2008 年中国引资额为 923.95 亿美元，仅次于美国和法国，居第三位[②]，累计利用 FDI 额已达 41.95 万亿美元。但是，FDI 在中国的地域分布是不平衡的，东部沿海地区占据了全部外资约 80% 的比例，而广大中西部地区的份额不足 20%。因此，中国引进 FDI 的空间区位决定因素

---

① 《投资中国系列报告》，中华人民共和国商务部 2007 年版，第 316 页。
② UNCTAD（United Nations Conference on Trade and Development）. World Investment Report 2009: Transnational Corporations, Agricultural Production and Development. New York: United Nations, 2009.

问题引起了众多中外学者的关注[①]，然而，以往绝大多数研究仅关注决定因素的选择，而忽略了决定因素及其影响程度可能会随一个国家或地区FDI的特性变化而变化，也缺乏对决定因素时变性特征和空间数据不同特征的考虑。为克服上述不足，本文在对中国FDI区位决定的影响因素选择进行分析的基础上，拟采用空间面板数据分析方法，通过分阶段对1986—2009年中国FDI区位决定因素进行分析，以期中国更好地引进外资提供相关对策。

一、中国FDI区位决定的影响因素选择

已有的FDI理论[②]已经识别了许多FDI区位决定的因素，为本文提供了有益的启发。与众多研究思路一样，本文也采用引力模型来作为实证分析的理论框架，即认为一国内部区域的FDI利用量是该区域特征因素的函数。在该函数中，最关键的就是区域特征因素的选择。通过归纳已有成果，结合中国特定的实际，可以概括出中国FDI区位变化的影响因素（见表1），各具体因素的解释如下。

[①] S. J.Wei. Can China and India double their inward foreign direct investment?. NBER Working Paper, 2000.

H. K.Zhang. What attracts foreign multinational corporations to China?. Contemporary Economic Policy,2001, 19（3）:336–346.

Q.Sun,W.Tong, Q.Yu. Determinants of foreign direct investment across China.Journal of International Money and Finance,2002, 21（1）:79–113（35）.

C.HE. Regional Decentralisation and Location of Foreign Direct Investment in China. Post–Communist Economies, 2006, 18(1):33–50.

F. C. John, A. Bernadette. Spatial determinants of Japanese FDI in Chin. Japan and the World Economy, 2006, 18（4）:512–527.

L.Luo,L.Brennan, C.Liu, Y.Luo. Factors Influencing FDI Location Choice in China's Inland Areas. China & World Economy, 2008, 16（2）:93–108.

[②] S.H.Hymer. The International Operations of National Firms: A Studies of Direct Foreign Investment. MIT Press: Cambridge, MA, 1976.

J.Dunning. International Production and the Multinational Enterprises. London: George Allen and Unwin, 1981.

（一）市场规模和市场潜力

市场规模和市场潜力，在几乎所有相关研究中被认为对吸引 FDI 具有正的影响[①]，因为大的市场规模及其潜力对于寻求市场扩张的外商投资者具有很大的吸引力。事实上，FDI 的主要目标之一就是开辟新的市场空间，以获取更多的利润和占有更多的市场份额。特定省域市场规模越大，其对 FDI 的吸引也就越大。本因素的代理变量为地区生产总值（GDP）、人均 GDP（GDPP）、社会消费品零售总额（RTL）和人均社会消费品零售总额（RTLP）。

（二）劳动力市场

劳动力的可获得性预期对吸引 FDI 有正的影响。因为大量劳动力的存在为企业提供了挑选符合其技能要求的劳动力的可能性。[②]然而，劳动力成本可能会对吸引 FDI 产生负面影响[③]，不过更富技能的劳动力会带来高的劳动生产率，因此劳动生产率和劳动成本都应该予以考虑。[④]本研究中，用平均工资（WAGE）来测度劳动成本，用效率工资（劳动生产率/平均工资）（RWAGE）和每万人中专业技能人员数（LbrQ）来测度劳动

[①] Q.Sun,W.Tong, Q.Yu. Determinants of foreign direct investment across China.Journal of International Money and Finance,2002, 21（1）:79–113（35）.

J. Jonathan and W.Colin. Foreign Direct Investment and the Regional Economy. Ashgate Publishing Limited［England］, Ashgate Publishing Company［USA］, 2006.

B. H.Baltagi,E.Peter and P.Michael. Estimating Regional Trade Agreement Effects on FDI in an Interdependent World. Journal of Econometrics, 2008, 145（1–2）:194–208.

[②] J. Jonathan and W.Colin. Foreign Direct Investment and the Regional Economy. Ashgate Publishing Limited［England］, Ashgate Publishing Company［USA］, 2006.

[③] Q.Sun,W.Tong, Q.Yu. Determinants of foreign direct investment across China.Journal of International Money and Finance,2002, 21（1）:79–113（35）.

R. Mudambi. The MNE Investment Location Decision: Some Empirical Evidence. Managerial and Decision Economics, 1995, 16（3）:249–257.

[④] Q.Sun,W.Tong, Q.Yu. Determinants of foreign direct investment across China.Journal of International Money and Finance,2002, 21（1）:79–113（35）.

J. Jonathan and W.Colin. Foreign Direct Investment and the Regional Economy. Ashgate Publishing Limited［England］, Ashgate Publishing Company［USA］, 2006.

力的质量，预计前者有负的影响，后者有正的影响。

（三）宏观经济政策

最常见的宏观经济影响是税率和汇率。[①] 高税率对 FDI 区位选择有负的影响，它会削弱企业可能的利润收益[②]，但汇率的影响比较复杂，东道国货币贬值使得外资企业在该国建厂变得便宜，但也会减少其汇出的利润[③]，由于中国大陆各省域的汇率没有差别，因此这里不用考虑。改革开放早期，税率在中国各省域有一定差异，但随着开放的全面铺开，这种差异在不断减弱。税收优惠政策主要在开放早期存在于东部沿海地区，因此，这里用一个哑变量（Coastal）来表示税率的地域差别。

（四）集聚与集群

此因素是指经济活动的地域集中和选择相同区位所带来的规模经济和正的外部效应。特定区域的集聚水平与 FDI 区位选择呈正相关关系。[④] 本研究中，集聚效应可用基础设施质量、工业化程度和累计利用 FDI 额来反映。根据相关研究成果[⑤]，用 GDP 密度（GDPDen）来代表基础设施的质量，并预期与 FDI 正相关。用高速公路密度（HwyDen）和铁路密度

[①] J. Jonathan and W.Colin. Foreign Direct Investment and the Regional Economy. Ashgate Publishing Limited［England］, Ashgate Publishing Company［USA］, 2006.

[②] S. P.Cassou. The Link between Tax Rates and Foreign Direct Investment. Applied Economics,1997, 29（10）:1295-1301.

B. A.Blonigen. A review of the Empirical Literature on FDI determinants. Atlantic Economic Journal,2005, 33（4）:383-403.

[③] J. Jonathan and W.Colin. Foreign Direct Investment and the Regional Economy. Ashgate Publishing Limited［England］, Ashgate Publishing Company［USA］, 2006.

B. A.Blonigen. A review of the Empirical Literature on FDI determinants. Atlantic Economic Journal,2005, 33（4）:383-403.

[④] H. K.Zhang. What attracts foreign multinational corporations to China?. Contemporary Economic Policy,2001, 19（3）:336-346.

Q. Sun,W.Tong, Q.Yu. Determinants of foreign direct investment across China.Journal of International Money and Finance,2002, 21（1）:79-113（35）.

[⑤] Q.Sun,W.Tong, Q.Yu. Determinants of foreign direct investment across China.Journal of International Money and Finance,2002, 21（1）:79-113（35）.

（RailDen）来表示实际的基础设施条件。用职工人均国内投资（PerWI）来反映工业化程度。用累计 FDI（CFDI）来捕捉外商投资者的集群效应，此外，这里还用累计 FDI 与累计国内投资的比率（CFDI/CDINV）（使用前一年的数据）来相对测度这种集群效应，该比率越大，FDI 累积的速度越快。人口密度也可以反映集聚因素[①]，因此人口密度（PopDen）也作为集聚效应的代理变量之一。

（五）科学研究水平

该因素表明了人力资本的水平和一般的科技发展水平。[②]用专利数量作代理变量，高的科研水平对区域引进 FDI 有促进作用。

（六）开放度

开放度对 FDI 区位选择的作用不是很明确。一方面，开放可以吸引 FDI，因为开放表示欢迎 FDI 和外商投资者。[③]另一方面，开放又可能因激烈的竞争导致对 FDI 有负的影响。[④]因此，开放度对 FDI 确切的作用需要实证检验。根据相关研究成果[⑤]，采用进出口贸易总额除以 GDP（即贸易依存度）的指标可能高估了中国的开放度，因此本文采用进口额占 GDP 的比重作为区域开放度的代理变量，期望与 FDI 呈正相关。

[①] J. Jonathan and W.Colin. Foreign Direct Investment and the Regional Economy. Ashgate Publishing Limited[England], Ashgate Publishing Company[USA], 2006.

Y. Wei, X.Liu, D.Parker and K.Vaidya. The Regional Distribution of Foreign Direct Investment in China. Regional Studies, 1999, 33（9）: 857–867.

[②] Q.Sun, W.Tong, Q.Yu. Determinants of foreign direct investment across China. Journal of International Money and Finance, 2002, 21（1）: 79–113（35）.

[③] Q.Sun, W.Tong, Q.Yu. Determinants of foreign direct investment across China. Journal of International Money and Finance, 2002, 21（1）: 79–113（35）.

S. Edwards. Capital Flows, Foreign Direct Investment, and Debt—equity swaps in developing countries. NBER Working Paper, No. 3497, 1990.

[④] Q.Sun, W.Tong, Q.Yu. Determinants of foreign direct investment across China. Journal of International Money and Finance, 2002, 21（1）: 79–113（35）.

[⑤] Q.Sun, W.Tong, Q.Yu. Determinants of foreign direct investment across China. Journal of International Money and Finance, 2002, 21（1）: 79–113（35）.

（七）其他因素

除了上述因素外，可能还有其他因素对吸引 FDI 有影响，如制度因素、结构刚性、环境规制等，这些因素中，有些无法得到数据，有些则很难量度。解决的办法可采用面板数据中固定效应模型加以控制。

表 1　中国 FDI 区位决定的影响因素

因素类别	代理变量	预期符号
1. 市场规模与潜力	GDP（万元）	+
	人均 GDP（元）（GDPP）	+
	社会消费品零售总额（万元）（RTL）	+
	人均社会消费品零售总额（元）（RTLP）	+
2. 集聚与集群		
（1）基础设施	GDP 密度（万元/km²）（GDPDen）	+
	铁路密度（km/km²）（RailDen）	+
	公路密度（km/km²）（HwyDen）	+
（2）工业化	国内投资额（万元）（DINV）	+
	职工人均国内投资（元）（PERWI）	+
	累计国内投资额（万元）（CDINV）	+
（3）外资水平	累计利用 FDI 额（CFDI）	+
	CFDI/CDINV（%）（使用前一年数据）	+
（4）人口密度	人口密度（人/km²）	+
3. 劳动成本与质量	平均工资（元）（WAGE）	−
	效率工资（%）（RWAGE）	+
	万人专业技能人数（人）（LbrQ）	+
4. 科研水平	专利数（件）（PANT）	+
5. 开放度	进口总额/GDP（%）（OPEN）	待检验
6. 税率和与 FDI 源地的邻近性	是否沿海（Coastal）（沿海省为 1 否则为 0）	+

二、数据与方法

（一）数据说明与处理

数据来源于中国统计年鉴（1987—2010）。对所有经济指标变量都采用 1978 年的价格进行换算并进行 GDP 平减处理，对于包括 FDI（使用年度实际利用 FDI 额）在内的通常用美元量度的经济指标采用相应年度的汇率进行换算，然后再采取上述同样方式处理，以使所有经济指标具有共同的参照和可比性。由于众多的指标变量间可能存在多重共线性和信息重叠问题，同时也为了提取对 FDI 区位决定更本质的因素，本文采取了相关分析来处理这一问题。操作上，首先将所有指标（除哑变量外）的数据取自然对数形式，并计算相关系数矩阵，然后剔除相关系数高的变量（本文将相关系数的门槛值设为 0.75，并对其中高相关数据进行了高亮度显示见表 2）。最后，剔除冗余指标后还剩 8 个变量指标（GDP, HwyDen, PERWI, CFDI/CDINV, WAGE, RWAGE, OPEN and Coastal）。

（二）方法

对于 FDI 区位变化影响因素的实证分析，通常有 3 类方法（模型）：（1）时间序列模型（联合回归模型）。该模型能够反映变量因素的时间变化，一般可获得分析期内的平均效应，但通常不能反映个体（空间）效应。[①]（2）截面回归模型（包括静态的和时期汇总的截面回归）。截面回归通常是一种静态分析，不管是单期的截面回归还是多时期汇总的截面回归，都难以从截面证据中推断分析对象的动态变化。[②]（3）常规面板数据分析模型。面板数据模型有很多优点：相比单方程截面数据模型，面板数据模型为研究者提供了扩展建模的可能性；面板数据模型信息量更丰富；在变量中包含了更多的变化和较少的多重共线性；自由度更高并因而提高了估计效率；允许设定中包含更复杂的行为假设，这一点在截面数据模型中难以办到。[③]但常规面板数据模型并不能反映空间相互作用关系及其作用机制。

为克服常规面板数据模型的上述缺点，本文采用空间面板数据模型，即将常规面板数据模型进行扩展，加入空间相互作用因素，使之能处理

[①] Q. Sun, W. Tong, Q. Yu. Determinants of foreign direct investment across China. Journal of International Money and Finance, 2002, 21（1）: 79–113（35）.

[②] C. Hsiao. Analysis of Panel Data. Cambridge: Cambridge University Press, 2003.

[③] C. Hsiao. Efficient Estimation of Dynamic Panel Data Models—with an Application to the Analysis of Foreign Direct Investment. China Economic Journal, 2005, 1:11–25.

J. P. Elhorst. Spatial Panel Data Models . M. M. Fischer, A. Getis Ed. Handbook of Applied Spatial Analysis. Berlin: Springer-Verlag, 2009, 23–47.

表2 中国FDI区位因素变量作对数转换后的相关系数矩阵

	GDPP	RTL	RTLP	GDPDen	RailDen	HwyDen	DINV	PERWI	CDINV	CFDI	CFDI/CDINV	LbrQ	WAGE	RWAGE	POPDen	PANT	OPEN
GDP	0.51	0.99	0.57	0.73	0.65	0.67	0.93	0.23	0.98	0.86	0.49	0.01	0.09	0.62	0.84	0.95	0.49
GDPP		0.51	0.97	0.73	0.47	0.49	0.46	0.39	0.51	0.65	0.60	0.69	0.73	0.88	-0.04	0.61	0.87
RTL			0.59	0.73	0.66	0.68	0.92	0.22	0.97	0.87	0.50	0.02	0.10	0.61	0.83	0.95	0.49
RTLP				0.76	0.53	0.55	0.51	0.37	0.57	0.71	0.63	0.66	0.69	0.87	0.04	0.66	0.85
GDPDen					0.83	0.90	0.65	0.35	0.72	0.86	0.73	0.26	0.36	0.76	0.38	0.81	0.74
RailDen						0.80	0.65	0.39	0.66	0.70	0.50	0.23	-0.03	0.65	0.46	0.71	0.48
HwyDen							0.62	0.13	0.66	0.79	0.65	0.02	0.20	0.54	0.46	0.73	0.55
DINV								0.33	0.95	0.75	0.36	0.02	0.08	0.55	0.79	0.90	0.41
PERWI									0.24	0.29	0.26	0.40	0.04	0.52	0.02	0.32	0.39
CDINV										0.82	0.41	0.06	0.11	0.60	0.81	0.94	0.47
CFDI											0.86	0.09	0.20	0.75	0.58	0.88	0.71
CFDI/CDINV												0.11	0.25	0.67	0.19	0.57	0.75
LbrQ													0.48	0.63	-0.43	0.12	0.53
Wage														0.32	-0.35	0.20	0.57
RWage															0.16	0.68	0.82
Pop																0.72	0.02
Pant																	0.61

空间单元间的相互作用效应并给出影响程度估计，[①] 这样既可以消除常规模型的不足，又可以为政策分析提供更丰富的信息。根据空间作用发生机制的不同，空间面板数据模型有空间滞后模型（SAR）和空间误差模型（SEM）之分。而空间滞后模型（SAR）又可分为固定效应空间滞后模型（SAR_FE）和随机效应空间滞后模型（SAR_RE），同样，空间误差模型（SEM）也可分为固定效应空间误差模型（SEM_FE）和随机效应空间误差模型（SEM_RE）。本文中将主要采用 SAR_FE 和 SEM_FE 对 1986—2009 年中国 FDI 的区位变化影响因素进行分析。

固定效应空间滞后模型（SAR_FE），即在模型中包含一个空间滞后的被解释变量。其模型设定如下：

$$\ln(FDI_{it}) = \rho \sum_{j=1}^{N} w_{ij} FDI_{jt} + \beta_1 \ln(GDP_{it-1}) + \beta_2 \ln(HwyDen_{it-1}) + \beta_3 \ln(PERWI_{it-1}) + \beta_4 \ln(CFDI/CDINV) + \beta_5 \ln(PERWI_{it-1}) + \beta_6 \ln(RWAGE_{it-1}) + \beta_7 \ln(OPEN_{it-1}) + \beta_8 (Coastal) + \mu_i + \varepsilon_{it}$$

这里，i 表示省份（i=1, 2, …, N），N 是省份的个数；t 表示时期（t=1, 2, …, T），即年，T 是时期数；FDI_{it} 表示第 i 省份第 t 年利用的 FDI；β_j（j=1, 2, …, 8）是待估参数；ε_{it} 是均值为 0、方差为 σ^2 的独立同分布误差项；μ_i 表示特定省域的个体效应（固定效应）；ρ 是空间自回归系数；W_{ij} 是描述样本中省域空间模式的空间权重矩阵 W 的元素。除 CFDI/CDINV 和 Coastal 外，所有解释变量都滞后一期，根据相关研究，采用滞后一期的处理可以有效避免内生性问题。[②] 而采用变量的对数形式（哑变量除外），可以在分析结果中直接得到解释变量对被解释变量的弹性系

[①] B. H. Baltagi, E. Peter and P. Michael. Estimating models of complex FDI: Are there third-country effects?. Journal of Econometrics, 2007, 140（1）: 260-281.

[②] Q.Sun, W.Tong, Q.Yu. Determinants of foreign direct investment across China. Journal of International Money and Finance, 2002, 21（1）: 79-113（35）.

M. Blomstrom, R. E.Lipsey, M.Zejan. What explains developing country growth?. http://www.nber.org/papers/w4132.pdf.

数，并能反映二者间的非线性关系。

固定效应空间误差模型（SEM_FE），即空间自回归处理包含在误差项中。该模型表示被解释变量依赖于一系列自身空间单元特征因素，但其误差项具有跨空间单元相关性（即未观察到的冲击）。其模型设定如下：

$$\ln(FDL_{it}) = \beta_1 \ln(GDP_{it-1}) + \beta_2 \ln(HwyDen_{it-1}) + \beta_3 \ln(PERWI_{it-1})$$
$$+ \beta_4 \ln(CFDI/CDINV) + \beta_5 \ln(WAGE_{it-1}) + \beta_6 \ln(RWAGE_{it-1})$$
$$+ \beta_7 \ln(OPEN_{it-1}) + \beta_8 (Coastal) + \mu_i + \phi_{it}$$

$$\phi_{it} = \lambda \sum_{j=1}^{N} w_{ij} \phi_{jt} + \varepsilon_{it}$$

这里，ϕ_{it} 表示空间自相关误差项，λ 是空间自相关系数。

三、结果分析

表3显示了利用常规面板数据模型和空间面板数据模型对全样本时期（1986—2009年）以及三个子样本时期（1986—1991年，1992—2001年，2002—2009年）中国省域FDI区位变化的影响因素进行分析的参数估计值。通过比较可以看出，空间面板数据模型中，所有估计均显著，说明空间面板数据模型比常规面板数据模型更为合适。本文还尝试同时运用 SAR_FE 和 SEM_FE 对各样本时期进行分析，发现在统计显著性方面，SEM_FE 比 SAR_FE 更为合适，这表明被解释变量FDI依赖于一系列省域特征因素，而且其误差项具有跨空间单元相关性（即未观察到的冲击）。因此，为了节省篇幅，在此仅仅显示了 SEM_FE 模型分析结果，通过比较，有如下发现：

1. 绝大多数因素变量在3个阶段都保持了相同的符号。
2. 在3个阶段中，RWAGE 和 GDP 是贯穿各时期最重要的决定因素。GDP 的影响相对稳定，波动不大。而 RWAGE 的影响波动较大，在后期成为最重要的决定因素，超过了 GDP 的重要性，这表明 FDI 的性质在2001年前后是不一样的。

3.WAGE 的作用一直在变化（1986—1991 年和 2002—2009 年为正，1992—2001 年为负）。在 2002—2009 年，WAGE 的作用甚至超过了 GDP，这表明只要投资者能得到他们想要的劳动生产率，FDI 将不会有意逃避劳动成本高的地方。

4.PERWI 的符号在 1986—1991 年和 1992—2001 年为负，2002—2009 年为正。这可能因为在早期，国内投资对 FDI 具有"挤出效应"，但 2002 年后，随着中国加入 WTO，外商投资的国内环境有所改善，国内投资不仅不会排斥 FDI，相反还为 FDI 进入创造了更宽松的环境条件。

5.CFDI/CDINV 是另一个贯穿 3 个时期的重要因素，这表明 FDI 集群效应的存在。该结论与一些学者的研究结果[①]相反，然而，在后期，这一因素的作用比早期有所减弱。

6.HwyDen 是一个重要因素，在三个子样本时期符号都为正，但在后期 HwyDen 未通过显著性检验，表明基础设施是吸引 FDI 的一个重要因素，但后期其重要性在相对下降，说明引进 FDI 不能仅靠硬环境条件的改善。

7.PANT 的作用很奇怪，在各子样本期都没有通过检验，甚至在早期和后期它的符号还为负，这似乎与 FDI 很少使用国内技术有关，也意味着 FDI 项目大部分不是技术密集型的。

8.OPEN 的符号早期为正，后期为负。说明在改革开放早期，贸易是外国投资者更多地了解中国的重要渠道，而且可以减少他们的信息成本。但在加入 WTO 后，中国的外商投资政策透明度越来越高，通过贸易来获得政策环境信息已不再是关键，甚至后期 FDI 与贸易存在一定的替代效应。

9.值得注意的是，各阶段中空间依赖效应一直保持比较稳定的作用，这说明空间依赖效应是 FDI 区位决定中需考虑的一个重要因素。

---

① Q.Sun,W.Tong, Q.Yu. Determinants of foreign direct investment across China.Journal of International Money and Finance,2002, 21（1）：79-113（35）.

表3 1986—2009年中国FDI区位决定因素

变量	1986—2009 Pooled FE	1986—1991 SEM_FE	1992—2001 SEM_FE	2002—2009 SEM_FE	1986—2009 SEM_FE
GDP	1.653 (2.511)*	1.264 (9.414)***	0.937 (8.979)***	1.229 (7.142)***	0.851 (8.552)***
HwyDen	−0.212 (−0.783)**	0.226 (1.963)**	0.414 (5.901)***	0.144 (1.516)	0.170 (2.172)**
PERWI	−0.2245 (−3.96)***	−0.091 (−0.722)	−0.280 (−4.410)***	0.094 (1.549)	−0.227 (4.125)***
CFDI/CDINV	0.541 (4.768)***	1.400 (8.334)***	0.392 (5.334)***	1.028 (9.838)***	0.529 (6.276)***
WAGE	−0.172 (−0.235)	0.983 (1.764)*	−0.540 (−2.442)**	1.470 (7.107)***	0.538 (3.113)***
RWAGE	1.430 (0.930)	0.831 (1.530)	1.306 (3.886)***	2.854 (4.556)***	1.163 (2.957)***
PANT	0.173 (2.953)***	−0.067 (−1.034)	0.097 (1.281)	−0.211 (−1.533)	0.221 (3.906)***
OPEN	0.514 (7.607)***	0.235 (2.214)**	0.422 (8.357)***	−0.527 (−4.572)***	0.409 (6.792)***
λ		0.117 (0.954)	0.234 (2.880)***	0.204 (1.742)*	0.429 (8.805)***
R2	0.874	0.870	0.908	0.914	0.8456
Log likelihood	−757.81	−166.79	−286.22	−124.00	−806.05
LR-test		41.92 (9.12%)	12.70 (99.85%)	98.57 (0.00%)	102.21 (0.00%)
# of obs	713	186	310	217	713

注：*,**,*** 分别表示在10%、5%和1%水平上显著。括号内的数值是t统计值。

四、结论与讨论

本研究为FDI区位决定因素及其重要性随时期变动提供了一个经验证据，也为FDI区位决定空间效应的存在提供了证据。主要研究结论为：GDP在FDI区位决定中的角色稳定，且是最重要的因素之一，因此发展地方经济是获取更多FDI的基础条件。劳动成本与劳动生产率都是FDI区位决定的重要因素，但后者更显关键，这表明FDI的性质会随着时间的改变而改变，也说明提高劳动力技能水平对吸引FDI意义更为重大。国内投资早期对 FDI 具有"挤出效应",但后来对吸引 FDI 有积极作用,因而地方增加国内投资不仅不会排斥 FDI,相反可以为 FDI 进入创造更好的环境条件,具有"挤进效应"。开放的作用在 2001 年前具有重要促进意义,但中国加入 WTO 后其影响出现逆反,这可能表明贸易对 FDI 具有一定的替代效应。技术因素与 FDI 区位决定关系不大,似乎暗示中国引进的多数 FDI 都是非技术密集型的,同时也表明中国未来提高引进 FDI 的技术水平还是一项艰巨任务。改革开放以来,我国的交通通信条件有了很大改善,区域间的基础设施的差距在逐步缩小,因此,提高投资的软环境就成为一个地区吸引 FDI 的重要因素。空间依赖效应作为 FDI 区位决定的重要因素其作用比较稳定。各省域,尤其是那些 FDI 较少的省份,应充分利用空间溢出效应来积累有利因素,以吸引更多的 FDI。

应该指出,本研究虽然得出了一些有价值的结论,但依然存在一定局限性,如研究的空间尺度(省域)比较大,缺乏对更小空间尺度的研究(事实上,省域内部 FDI 分布也存在很大差异),FDI 区位决定因素的选择还不够完善等。今后需要进一步探讨的问题包括:分行业部门进行研究,以找出特定行业部门影响 FDI 区位的敏感因素;研究更小空间尺度区域的 FDI 区位决定,如城市层次;将更多的 FDI 区位影响因素纳入分析框架;与其他发达国家和发展中国家进行对比研究也值得关注。

[原载《贵州财经学院学报》2011 年第 6 期]

陈云的协调发展观对资源型城市攀枝花可持续发展的启示

资源型城市（包括资源型地区）是以本地区矿产、森林等自然资源开采、加工为主导产业的城市类型。攀枝花是典型的资源型城市，经过40多年的开发建设，如今已成为我国西部最大的钢铁生产基地和最大的钛原料、钛白粉以及钒制品生产基地，形成了以钢铁工业为主体，包括冶金、煤炭、电力、化工等行业在内的工业结构。作为基础能源的供应地，攀枝花曾为我国经济社会发展作出了突出贡献，但由于受区位、资源、历史等因素的制约，该市在产业结构合理性、经济发展持续性、能源资源平衡性等方面缺乏统筹规划，从而造成经济结构单一、产业结构不合理、生态环境破坏严重、人居环境较差等诸多矛盾和问题。

实际上，解决城市可持续发展面临的上述现实问题，我们完全可以在重温历史时找到答案。作为第一代和第二代中央领导集体重要成员的陈云，就曾经在长期的革命和建设实践中对国民经济按比例发展、改善民生、加强资源开发和环境保护、努力实现经济社会和环境协调发展进行过深入的思考和探索。在分析陈云的科学发展理念基础上，探索攀枝花"十二五"时期经济、社会和环境可持续发展之路，不仅有利于典型资源型城市转型和可持续发展，也有助于拓宽陈云思想研究的新视野，推进陈云研究在历史与现实、理论和实践上的有机结合。

一、陈云的国民经济按比例协调发展思想对攀枝花可持续发展的启示

（一）陈云的国民经济按比例协调发展思想

关于国民经济按比例发展的问题，陈云早在 1954 年 6 月向中央汇报"一五"计划编制情况时，就专门针对农业与工业的比例、轻重工业之间的比例、重工业各部门之间的比例等问题进行了阐述，并指出："按比例发展的法则是必须遵守的，但各个生产部门之间的具体比例，在各个国家，甚至一个国家的各个时期，都不会是相同的。一个国家，应根据自己当时的经济状况，来规定计划中应有的比例。究竟几比几才是对的，很难说。唯一的办法只有看是否平衡。合比例就是平衡的；平衡了，大体上也会是合比例的。"① 1957 年 1 月，陈云在《建设规模要和国力相适应》中再次提出要重视研究国民经济的比例关系。文中分析了重工业、轻工业、农业的投资比例，煤、电、运输等先行工业部门的投资比例，钢铁工业和机械工业的关系，民用工业和军用工业之间的关系等国民经济发展中暴露出来的一系列矛盾，并指出："如果不认真研究国民经济的比例关系，必然造成不平衡和混乱状态。而研究合理的比例关系，决不能只依靠书本，生搬硬套，必须从我国的经济现状和过去的经验中去寻找。既要研究那些已经形成的比较合理的比例关系，更重要的是研究暴露出来的矛盾。"② 1959 年 5 月，陈云在中央政治局会议上针对落实钢铁指标问题，阐述了国民经济各部门协调发展的原则。他指出："钢铁、煤炭、电力、机械、运输这些重点的生产和建设，是必须加以保证的，但是，对于石油、化工、重要建筑材料和市场迫切需要的轻工业品，也应该切实加以照顾。否则，不仅国民经济各部门不能互相协调地向前发展，而且重点本身的发展也难以得到可靠的保证。总之，我们必须依据有计划按比例的原则办事。"③ 1962 年 3 月，陈云在中央财经小组会议上，结合国民经济调整的任务，进一步论

---

① 《陈云文选》第 2 卷，人民出版社 1995 年版，第 241—242 页。
② 《陈云文选》第 3 卷，人民出版社 1995 年版，第 56 页。
③ 《陈云文选》第 3 卷，人民出版社 1995 年版，第 137 页。

述综合平衡的问题。他指出:"所谓综合平衡,就是按比例;按比例,就平衡了。任何一个部门都不能离开别的部门。一部机器,只要缺一部分配件,即使其他东西都有了,还是开不动。按比例是客观规律,不按比例就一定搞不好。"① 改革开放时期,陈云继续强调国民经济按比例协调发展的重要性。1979 年 3 月,他在《坚持按比例原则调整国民经济》的讲话中指出:"按比例发展是最快的速度"②,国民经济调整的目的就是"达到按比例,能比较按比例地前进"③。他坚决反对单纯追求高速度带来的比例破坏和结构失衡,认为经济建设应脚踏实地,"照顾到各方面协调地前进",他提醒人们不要再折腾,"在不折腾的条件下有较快的发展速度"。④

陈云提出的国民第一部类与第二部类之间以及各个部类之间按比例协调发展的思想,是他在深入研究中国实际的基础上,根据基本国情提出的全局性的平衡思想。在国情、国力的制约下,统筹安排国民经济比例关系,有先有后、有重有轻,相互协调,保证国民经济朝着健康的方向稳定发展。该思想形成于新中国经济建设的实践,并在指导经济建设实践中日臻成熟。他关于综合平衡的论述,包含着理论与方法两个层次,其中的理论层次是按比例发展规律的反映,在任何社会化大生产中都是适用的;而实施方法的层次是随着各个时期经济体制的不同而变化的。⑤当前,无论是国家整体的国民经济发展,还是一个地区或城市的经济发展,我们都应该将陈云的综合平衡思想与具体的实践紧密结合,做好宏观调控,不断研究发展中暴露出来的新问题和新矛盾,努力调整不合理的经济结构,使国民经济健康、快速、可持续发展。

(二)调整产业结构,促进资源型城市攀枝花经济可持续发展

对于攀枝花市而言,其产业发展存在三个显著特点。第一,二产比重

---

① 《陈云文选》第 3 卷,人民出版社 1995 年版,第 211 页。
② 《陈云文选》第 3 卷,人民出版社 1995 年版,第 251 页。
③ 《陈云文选》第 3 卷,人民出版社 1995 年版,第 253 页。
④ 《陈云文选》第 3 卷,人民出版社 1995 年版,第 268 页。
⑤ 李成瑞、朱佳木:《陈云经济思想发展史》,当代中国出版社 2005 年版,第 23 页。

大。攀枝花是一个以钢铁业为主的资源型重工业城市，二产比重一直较大，尽管"十一五"期间该市努力调整产业结构，但成效尚不明显。从产业结构的比重来看，攀枝花三次产业比重从2005年的4.69：69.4：25.91变化为2010年的4.1：73.8：22.1，第一、三产业在国民经济中的比重持续降低，发展相对滞后；而第二产业比重逐年攀升。第二，重型化突出。第二产业中，工业仍以钢铁、钒钛、能源、化工等重工业为主，2010年攀枝花轻重工业比达到3.6：96.4，重化工业特征日益明显。第三，产业链条短，产品附加值低。攀枝花工业企业大都处于增加值较少的节点上。一些原材料、能源加工企业特别是大中型企业只是比较简单地把原材料转换成产品，对产品的价值提升程度低。从以上三个特点可以看出，攀枝花是一种以资源开采为主，对资源具有高度依赖性的较为单一的城市经济。

攀枝花产业结构的不合理必然会阻碍经济的可持续发展。因为工业占比过高，"高投入、高消耗、高污染"的粗放型经济增长方式就得不到有效改进。产业链条短，产品附加值低也会使以煤、焦、冶、电等原料燃料中上游产业为主的攀枝花经济，在追求低碳经济的大环境下，工业品出厂价格和工业企业经济效益出现下滑。因此，结构调整已迫在眉睫。当前，攀枝花要合理调整产业结构，在"两化"互动中统筹推进农业和服务业发展，形成具有攀枝花特色的工业有力带动农业和服务业、农业和服务业有力支撑工业的三次产业协调发展格局。要突出特色和优势，大力发展钒钛、钢铁、能源、矿业、化工、机械制造六大特色优势产业，积极培育太阳能、生物两大新兴产业。要全面推进新农村建设，发展壮大芒果、石榴、枇杷等在省内外具有一定影响力的优质农产品基地。着力发展以旅游业和物流业为龙头的服务业，积极构建省际商贸和物流中心，促进现代服务业蓬勃发展。要依托科技创新和技术进步，推动主导产业向下游拓展、向高端延伸、向综合利用发展，提高产品技术含量和附加值，优化产业内部结构，提升产业产品层次。

二、陈云的经济建设与改善民生紧密结合思想对攀枝花可持续发展的启示

（一）陈云的经济建设与改善民生紧密结合思想

在长期实践中，陈云不仅强调经济建设的重要性，也充分肯定人民群众的历史作用，始终强调把经济建设和改善民生结合起来。早在革命战争年代他就指出："没有人民，就没有英雄"[1]，"党脱离了群众，就成了光杆子的党，这样的党也是不能存在的"[2]。"共产党人是主张改善民生的"，"我们不应该忽视群众的政治、经济、文化地位的任何细小的可能的改善"。[3]1956年，陈云在指导商业工作的实践中，强调"经济建设和人民生活必须兼顾"，尽管搞建设，增加就业，商品供应会紧张，但"绝不能紧张到使平衡破裂，而应是紧张的平衡"。[4]同时，他还认为商业工作要树立三大观点，即政治观点、群众观点和生产观点。他指出："我们是从事社会主义商业工作的，不能没有政治观点、群众观点和生产观点。商业工作，包括卖鸡、卖蛋，都有其政治意义。商业工作的好坏，直接关系到六万万人民群众的切身利益，关系到广大的城乡人民对我们是否满意。"[5]1957年7月，陈云在13个省、市蔬菜会议上讲话时指出，一定要把蔬菜供应问题解决好。"蔬菜和其他副食品的供应问题，其意义绝不在建设工厂之下，应该放在与建设工厂同等重要的地位。如果只注意工业建设，不注意解决职工的生活问题，工人就可能闹事，回过头来还得解决。"[6]1957年9月，陈云在党的八届三中全会上，谈到人民群众吃穿用问题时指出："老百姓吃饭穿衣，是生活所必需的，经济不摆在有吃有穿的基础上，我看建设是不稳固的。"[7]1962年3月，他在中央财经小组

---

[1]《陈云文选》第1卷，人民出版社1995年版，第258页。
[2]《陈云文选》第1卷，人民出版社1995年版，第171页。
[3]《陈云文选》第1卷，人民出版社1995年版，第159页。
[4]《陈云文选》第3卷，人民出版社1995年版，第29页。
[5]《陈云文选》第3卷，人民出版社1995年版，第44页。
[6]《陈云文选》第3卷，人民出版社1995年版，第64页。
[7]《陈云文选》第3卷，人民出版社1995年版，第86页。

会议上指出："现在我们面临着如何把革命成果巩固和发展下去的问题，关键就在于要安排好六亿多人民的生活，真正为人民谋福利。"①1980年12月，陈云在中央工作会议上指出："搞经济建设的最后目的，是为了改善人民的生活。"但陈云同时也强调，经济建设也是改善民生的物质基础和前提条件。1982年1月，陈云同国家计委负责同志座谈时指出："人民的生活需要改善，可以改善，但改善的幅度要很好研究。还是那句话：从全局看，第一是吃饭，第二要建设。"②

陈云强调经济建设与改善民生紧密结合，实际上就是主张在经济建设中，始终把人民的利益放在首位，将改善人民的生活作为经济建设的最终目标。在构建社会主义和谐社会的进程中，我们应该借鉴陈云在经济社会建设中始终秉持的"以人为本"的发展理念，坚持发展为了人民、发展依靠人民、发展成果由人民共享，把经济发展的成果自觉转化为解决民生问题的物质力量，以科学发展、和谐发展、快速发展的实践造福于民，以关注民生、重视民生、保障民生、改善民生的实绩取信于民，从政治高度来认识和思考人民群众最关心的教育、就业、医疗卫生、社会保障等民生问题，把改善民生作为处理改革发展稳定关系的结合点，促进经济社会协调发展。

（二）经济建设与改善民生紧密结合，促进资源型城市攀枝花经济社会可持续发展

在攀枝花城市建设和发展进程中，产业结构的不合理和粗放型增长方式的长期存在，造成了公共卫生被削弱、贫富差距悬殊、社会不稳定等诸多问题。人民群众的利益得不到满足，民生问题不突破，最终将会阻碍"十二五"时期攀枝花经济社会的可持续发展。因此，当前攀枝花要创新社会管理，大力激发人民群众的创造活力，积极构建共建共享的生动格局，在加快发展的进程中更加有力地增进民富、改善民生、保障民安、促进民和，为攀枝花人民的幸福生活增添丰富内涵。具体而言，

---

① 《陈云文选》第3卷，人民出版社1995年版，第210页。
② 《陈云文选》第3卷，人民出版社1995年版，第309页。

要扎实抓好食品安全工作，让人民群众吃上放心食品；加大教育投入，改善办学条件，提高教师队伍素质，提升教育教学质量，促进各级各类教育协调发展；加强经济适用房、廉租房、公租房等保障性住房建设；大力实施就业促进工程，有效拓展增收渠道；进一步完善社会保障体系，扩大社会保障范围，提高保障水平；加大公益文化投入，完善城乡公共文化设施，广泛开展各种群众喜闻乐见的文体活动，全方位提升群众生活品质；加大医疗卫生投入，稳步推进医药卫生改革和发展，加强卫生基础设施、卫生信息化及突发公共卫生事件应急指挥平台建设，积极推进健康城市建设，不断提高城乡居民的健康水平。

三、陈云的经济建设与资源开发、环境保护紧密结合思想对攀枝花可持续发展的启示

（一）陈云的经济建设与资源开发、环境保护紧密结合思想

陈云十分关心资源开发与环境保护问题。他多次强调国家在发展经济的同时，一定要统筹兼顾、目光长远，保护好自然环境。对于环境污染的防治，他主张百年计划、防害于先，提出用植树造林和保护水土的办法来治理。1950年4月1日，陈云在全国林业会议情况的报告中指出：林业工作方针，应以普遍护林为主；在风沙水旱灾害严重地区选择重点造林。同时，在各森林区制定合理的采伐计划。①1961年9月27日，他在主持中共中央工业支援农业小组会议的讲话中指出：造林是国家百年大计，它既与农业增产有关，又与工业建设有关，工农业生产都离不开它。②"文革"期间，陈云在协助周恩来工作时，对环保工作也特别重视。1975年7月19日，他赴高邮视察真武地区五十八号和六十一号石油钻井时指出：要注意环境污染问题，在生产设计的同时就要做好防止污染的设计，不要等到事后再解决。③进入改革开放新时期后，陈云对环

---

① 《陈云年谱》中，中央文献出版社2000年版，第44页。
② 《陈云年谱》下，中央文献出版社2000年版，第96页。
③ 《陈云年谱》下，中央文献出版社2000年版，第198页。

境保护问题更加重视。1979年6月,陈云在致李先念、姚依林的信中指出:现已办了的工厂,哪些还未处理污染问题的,我们应该心中有数,逐步加以改变。今后办厂必须把处理污染问题放在设计的首要位置,真正做到防害于先,这是重大问题。[1]1986年5月18日,陈云在视察上海宝山钢铁总厂时指出:随着工业进一步的发展,尤其是乡镇企业的发展,要注意保护环境,一定不要使黄浦江水系受到污染。[2]1988年8月25日,陈云为纪念第一次全国环境保护工作会议召开和我国环境保护工作开创15周年题词:"治理污染,保护环境,造福子孙后代。"[3]8月27日,他在致李先念、姚依林等同志的信中指出:治理污染,保护环境,是我国一项大的国策,要当作一件非常重要的事情来抓。这件事,一是要经常宣传,大声疾呼,引起人们重视;二是要花点钱,增加投资比例;三是要反复督促检查,并层层落实责任。[4]

陈云对资源节约利用也非常重视。1979年6月17日,陈云在给李先念、姚依林的信中指出:"农业要用水,工业要用水,人民生活要用水。有些地区水资源已很紧张,如天津、北京等地。今后工厂的设立必须注意到用水量。有些工厂因为矿藏关系只能在当地开办,有些工厂可以而且应该在有水的地方办。即使有水资源的工厂,也应该有节约用水的办法。"[5]同时,陈云对社会主义建设过程中无视客观经济规律,掠夺性开发资源的错误现象也给予严厉批评,要求坚决制止这种不良倾向。1988年10月,陈云同中央负责同志谈及经济工作的几个问题时指出:要看到,现在无论是农业生产、还是工业生产都相当普遍地存在一种掠夺式的使用资源的倾向,应当引起重视。[6]

应该说,陈云较早地把经济建设与资源环境的协调问题提高到战略和国策的高度,在保护环境、治理污染和水资源、土地资源和森林资源

---

[1] 《陈云文选》第3卷,人民出版社1995年版,第263页。
[2] 《陈云年谱》下,中央文献出版社2000年版,第393—394页。
[3] 《陈云年谱》下,中央文献出版社2000年版,第614页。
[4] 《陈云文选》第3卷,人民出版社1995年版,第364页。
[5] 《陈云文选》第3卷,人民出版社1995年版,第263页。
[6] 《陈云文选》第3卷,人民出版社1995年版,第366页。

的保护使用等方面提出了许多政策主张,这些理念对我国全面贯彻落实科学发展观以及建设资源节约型、环境友好型社会有重要启示意义。当前,我国人均GDP已突破3000美元,是人口、资源、环境等瓶颈约束最为严重的时期,也是经济易失调、社会易失序、心理易失衡、社会伦理需要调整的关键时期。但许多地区在经济发展过程中,依然片面追求高速增长,忽视对投资项目的勘探、设计和社会经济效益的评估,这种"有增长、无发展"的粗放型经济增长方式,必然会造成资源浪费、生态破坏、环境污染、产业结构畸形、地区发展不平衡、公共卫生被削弱、贫富差距悬殊、社会不稳定等问题。借鉴陈云的经济与资源环境协调发展的思想,我们应该积极推进经济增长方式的转变,倡导低碳生活方式,加大节能环保投入,走出一条科技含量高、经济效益好、资源消耗低、环境污染少、人力资源优势得到充分发挥的新型工业化道路。

(二)提高资源利用水平,促进攀枝花资源开发可持续发展

攀枝花经济带有显著的资源型城市的特征:产业结构单一、国有经济比重高、交通不便、污染较重等。但与其他资源型城市相比,攀枝花也具有其独特的一面,即拥有丰富的矿产资源、水能资源、土地资源、生物资源、清洁能源等。如果这些富集资源得到科学、合理的开发利用,攀枝花的经济和资源环境发展将会更持续。然而,当前攀枝花在资源开发利用中面临的问题是:矿产资源开发的技术准备和创新能力不足,综合开发利用水平较低;矿业开发造成了严重的生态环境破坏和其他大量的环境问题;水能资源时空分布不均,开发利用率极低;旅游资源开发缺乏科学规划,管理水平落后;等等。丰富的资源是城市赖以存在和可持续发展的基础,攀枝花应充分利用这一优势,以可持续发展思想为指导,合理开发利用,将多元的自然资源转化为多元的经济资源。要加强对资源的管理,制定科学合理的资源发展战略;努力提高资源的利用率;资源开发利用过程中,把环境保护放在首要位置,防止资源开发变为环境生态的大破坏;加强生态保护的同时,加强生态建设;促进资源产业化;修订完善资源法规;等等。

具体而言,第一,要着力推进从钢铁经济向钒钛、钢铁经济并进的

战略性转变。依托丰富的钒钛磁铁矿资源，努力做精做优钢铁传统产业，打造一批有核心技术、有市场竞争力的品牌产品；集中力量发展钒钛新材料产业，实现从钛原料到钛金属的关键性突破；重点推进基础较好的钒钛、钢铁、机械制造、煤化工集群发展；注重引导企业入园发展，着力推动钒钛产业园区整合资源、突破发展。第二，着力打造阳光休闲旅游品牌，加快建设阳光生态旅游度假基地，促进旅游资源开发，切实加强行业监管、规范旅游市场，大力发展旅游创意产业，不断丰富旅游内涵。第三，综合利用水资源，做好金沙江、雅砻江流域攀枝花段及安宁河梯级水电资源开发，加快观音岩水电站、金沙水电站、安宁河梯级电站骨干水利工程建设。第四，加快攀煤集团500万吨原煤保障工程建设；加强红坭和宝鼎矿区资源勘探和资源整合，提高煤炭资源储备和资源开采利用率，积极推进"缅气入攀"天然气管网工程，改善能源消费结构。第五，充分利用现有荒山和丰富的光热资源，科学规划、合理布局，为发展生物柴油打好基础，大力推广使用沼气，推广农村户用沼气工程技术和以沼气为纽带的能源生态模式。

（三）节能减排，保护环境，促进攀枝花经济与资源环境可持续发展

攀枝花在经济建设中，钢铁、钒钛、化工和能源这些支柱产业都属于高耗能、高污染的行业，这些行业的快速发展势必增加攀枝花能源消耗，加剧环境污染。数据表明，攀枝花工业固废年发生量近5900万吨，液废3000万吨，废气937亿立方米。攀钢高炉年产铁380万吨，同时每年排出300万吨高炉渣占地堆放，现攀钢渣场堆砌有5000万吨高炉渣，加上攀枝花的工业固体废弃物综合利用率低，固体废弃物没有得到及时有效的转化，造成严重的污染问题。当前要保持攀枝花市经济持续快速健康发展，节能减排、环境保护工作势在必行。

具体而言，要调整产业结构，优先发展生产性服务业，繁荣发展消费性服务业，形成现代服务业与新型工业、现代农业联动互进、协调发展的新格局。优化工业内部结构，逐步扭转"重型化"趋势；大力发展循环经济和新能源、新材料、节能环保等绿色产业，推广低碳技术应用，

倡导绿色生活方式，改变高投入、高排放的经济增长方式和末端治理的环境保护机制；以科技进步及创新提高节能效率，鼓励企业加大节能投资力度和技术改造力度，提高重大技术装备的水平和能力，注重引进高新技术改良传统产业，围绕节能节材，开发新产品，加速转变工业经济增长方式，不断提高经济效益；全面加大环境保护和治理力度，严格执行主要污染物排放标准，规范企业环境行为，强化项目环评审批，着力推进节能降耗，有效控制和持续削减主要污染物排放；积极开展工业"三废"和汽车尾气综合治理，大力实施主干道沿线集中整治，认真解决损害群众健康的环境问题；高度重视城市生态体系建设，突出抓好沿江环境整治，扎实开展矿山生态恢复和地质灾害治理；稳步提高森林覆盖率，切实加强饮用水源保护，积极推进森林城市和生态城市建设。

四、结语

本文将历史与现实、理论和实践相结合，首先分析了陈云提出的国民经济按比例协调发展、经济建设与改善民生紧密结合、加强资源开发和环境保护、经济社会与资源环境协调发展的精辟思想，然后以陈云的协调发展观为指导，结合攀枝花资源禀赋、经济基础、社会发展等具体情况，探讨了资源型城市经济、社会、资源、环境可持续发展的路径。该文的研究为典型资源型城市转型和可持续发展提供了借鉴，也是推动陈云研究从历史走向现实、从理论走向实践的一次尝试。随着经济社会发展中一系列新矛盾和新问题的不断暴露，国史研究工作者有必要从书本走向田野，多开展社会调查，从现实问题中找视角，从国情调研中找素材，不断推动国史研究的可持续发展。

[原载《兰州商学院学报》2013年第1期]

第三篇 生态文明建设与绿色发展研究

毛泽东生态经济思想及其对中国特色
社会主义生态文明建设的启示

中共十八大报告指出，建设生态文明，是关系人民福祉、关乎民族未来的长远大计。面对资源约束趋紧、环境污染严重、生态系统退化的严峻形势，必须树立尊重自然、顺应自然、保护自然的生态文明理念，把生态文明建设放在突出地位，融入经济建设、政治建设、文化建设、社会建设各方面和全过程，努力建设美丽中国，实现中华民族永续发展。这是继中共十七大报告之后，再次论及"生态文明"，并将其提升到更高的战略层面。由此，中国特色社会主义事业总体布局由经济建设、政治建设、文化建设、社会建设"四位一体"拓展为包括生态文明建设的"五位一体"。

生态文明就是人类在改造自然、造福自身的过程中，为实现人与自然和谐相处所作出的全部努力以及这种努力所取得的全部成果，它表征着人与自然相互关系的进步状态。当今社会，经济发展对环境的要求不断提高，依赖程度不断加深。中国共产党历来都非常重视生态环境对经济社会发展的影响，通过在实践中不断探索，解决了日益紧张的环境与经济发展之间的矛盾，对于推进中国现代化建设发挥了重要作用。早在20世纪30年代，毛泽东就开始关注中国的生态环境问题。在多年的革命实践和建设实践中，他立足中国的现实国情，以马克思主义为指导，不断调查、研究，提出了综合利用提高资源使用效益、增产节约维护国家经济安全、发展林业促进工农业生产、兴修水利促进经济社会效益和生态效益协调发展、计划生育促进人口与经济社会协调发展、爱国卫生运动促进人与自然和谐共处等生态经济理念。剖析毛泽东生态经济思想的内涵及其理论和实践价值，对于深入推进马克思主义中国化研究，系统总结中国共产党生态建设理论，以及思考中国特色社会主义生态文明建设路径，都具有重要意义。

一、毛泽东生态经济思想的内涵

生态经济理论是研究和解决生态经济问题，探究生态经济系统运行规律的经济科学，旨在实现经济生态化、生态经济化和生态系统与经济社会系统之间的协调发展。我国生态经济理论的形成和发展，凝聚了包括毛泽东在内的中国共产党人的心血和智慧。面对中国人口众多、自然资源分布不均、生产力落后、农业薄弱、自然灾害严重、森林资源不足等问题，毛泽东始终遵循"全心全意为人民服务"的价值取向，在对中国社会主义建设道路的探索中，将马克思主义生态理论和中国国情相结合，重视环境保护，遵循生态规律，将发展经济同保护环境紧密联系起来，提出了一系列有关资源节约，林业建设，水利建设，人口控制，爱国卫生运动，人口、经济、社会、生态环境和谐发展等生态经济方面的精辟思想，实现了自然生态和社会经济的相互融合，为维护国家经济安全、生态安全、实现人与自然和谐发展作出了重大贡献。

（一）合理利用资源保护生态环境

1. 发展经济的同时注重资源综合利用

自然资源是人类赖以生存和发展的前提。早在1956年，在《论十大关系》中，毛泽东就提出要保护自然环境资源、保护生态的问题。他指出：空气、森林、矿产等自然资源，成为社会主义建设的影响要素。这些空气、森林、矿产等自然资源，不仅是人类存在的根本条件，而且是社会生产力中不可缺少的因素，也是社会主义国家综合国力中的关键因素，对此，社会主义国家都要加以小心保护，进行合理使用。[①] 自然资源

---

① 《毛泽东文集》第7卷，人民出版社1999年版，第34页。

的稀缺性要求我们必须对其加以节约和保护，毛泽东指出发展经济的同时要注意资源的综合利用，不能以牺牲环境的代价来换取经济的发展。1965年1月，毛泽东提出："综合利用单打一总是不成，搞化工的单搞化工，搞石油的单搞石油，搞煤炭的单搞煤炭，总不成吧！煤焦可以出很多东西。采掘工业也是这样，采钨的就只要钨，别的通通丢掉。水利工程，管水利的只管水利，修了坝以后船也不通了，木材也不通了。那怎么办？是个大浪费。综合利用大有文章可做。"① 毛泽东还提出综合利用"和打麻将一样，上家的废物，就是下家的原料"，他还指出，要想多有赢牌的机会，就得吃上家的废牌。

2. 发展可再生能源保护生态环境

毛泽东指出，发展可再生能源，也是合理利用资源，保护生态环境的有效方式。一些非再生能源的开采与使用，对生态环境危害较大。为减少能源开发给生态环境造成的破坏，缓解能源短缺的状况，在毛泽东的领导下，我国积极开展了小水电、太阳灶、风力提水机、小型风力机等可再生能源的开发利用。1958年2月召开的中央政治局扩大会议，提及水电问题与三峡工程时，长江水利委员会总工程师林一山谈到每年长江流失的能量可与4000万吨优质煤的能量相匹敌时，毛泽东语重心长地说："我们祖先已经烧了2000多年的煤，现在我们会用水来发电，应尽量少用煤，让煤再埋它个2000年，留给我们的子孙吧。"② 毛泽东还提倡在农村地区开发沼气。1959年，他通过对湖北、安徽等省市的视察，指出，沼气可燃烧，可用来做饭、照明，还可用作肥料，需大力推广发展。③ 此后，沼气作为可再生能源在我国南方地区广泛使用。另外，在此期间太阳能也得到发展。据统计，到改革开放初期，我国农村有8万多亩利用太阳能进行育秧和种植蔬菜的温室，城市太阳能热水器约有12万平方米的采光面积，有太阳能干燥器30多座，建造了10多座被动式太阳房和3座主动式太阳能试验房。太阳能电池工业也有了一定发展，生

---

① 顾龙生：《毛泽东经济年谱》，中共中央党校出版社1993年版，第623页。
② 顾龙生：《毛泽东经济年谱》，中共中央党校出版社1993年版，第411页。
③ 《中国可再生能源发展经济激励政策研究》，中国环境科学出版社1998年版，第4页。

产太阳能电池的工厂达到 12 家，年生产能力约 10 千瓦。① 新能源的开发利用，减轻了自然资源的需求量，有利于改善生态环境。

（二）增产节约提高资源使用效益

1. 节约资源、反对浪费

面对历史上形成的我国原始资本积累严重不足的现状，为集中力量搞革命和建设，毛泽东从国情出发，指出我们必须勤俭节约、艰苦奋斗才能最终实现社会主义现代化，并将勤俭节约思想贯彻于经济社会领域的每一个环节。1931 年 8 月 22 日，毛泽东与朱德一起签署《节省经费的通令》，为争取第三次反"围剿"战争的全部胜利，号召节省经费。② 1932 年 3 月 12 日，与项英、张国焘签署《中华苏维埃人民委员会通令》第 4 号，要求各地苏维埃政府为发展革命战争，应大量地节省金钱，来帮助红军必需要的用费。③ 同年 3 月 17 日，与项英、张国焘签署《中华苏维埃临时中央政府给福建省第一次工农兵苏维埃大会的指示》，强调：为了加强发展革命战争的力量，节俭经济，大会应该坚决地反对过去各级政府随意浪费经费的重要现象，并规定惩戒以后浪费经济的办法。④ 同年 6 月 9 日，与项英、张国焘共署《中央政府给湘赣省工农兵代表大会电》，提出要"节省一切费用供给战争经费"，严惩贪污浪费，实行真正财政统一。⑤ 同年 7 月 7 日，与项英、张国焘一起签署《关于战争动员与后方工作》的中华苏维埃共和国中央执行委员会训令第 14 号，提出节省一切开支，养成苏区中更加刻苦更加节省的苏维埃工作作风，反对贪污腐化。⑥ 1933 年 12 月 15 日，与项英、张国焘一起签署发布关于严格惩治贪污及浪费的办法的《中华苏维埃共和国中央执行委员会命令》第 26 号，规定：工作人员贪没公款在 500 元以上者，处以死刑。浪费公款的，

---

① 谢治国等：《建国以来我国可再生能源政策的发展》，《中国软科学》2005 年第 9 期。
② 顾龙生：《毛泽东经济年谱》，中共中央党校出版社 1993 年版，第 55 页。
③ 顾龙生：《毛泽东经济年谱》，中共中央党校出版社 1993 年版，第 57 页。
④ 顾龙生：《毛泽东经济年谱》，中共中央党校出版社 1993 年版，第 58 页。
⑤ 顾龙生：《毛泽东经济年谱》，中共中央党校出版社 1993 年版，第 59 页。
⑥ 顾龙生：《毛泽东经济年谱》，中共中央党校出版社 1993 年版，第 59 页。

也要受到撤销职务等严肃处理。① 1934年1月24日、25日，在江西瑞金召开第二次全国苏维埃代表大会时指出：我们财政支出的方针，是节省。应该使一切政府工作人员明白，贪污和浪费是极大的犯罪。节省每一个铜板为着战争和革命事业，为着我们的经济建设，是我们会计制度的原则。② 1946年7月20日，为中共中央起草《以自卫战争粉碎蒋介石的进攻》的党内指示，指出，为粉碎蒋介石的进攻，必须作持久打算。必须十分节省地使用人力资源和物质资源，力戒浪费。③ 1948年4月1日，在《在晋绥干部会议上的讲话》中指出：必须注意尽一切努力最大限度地保存一切可用的生产资料和生活资料，采取办法坚决反对任何人对于生产资料和生活资料的破坏和浪费。④ 同年9月1日，在河北省平山县西柏坡召开的中共中央政治局会议上作报告时说：提出反对浪费的口号，不只限于粮食，包括人力资源与物力资源。⑤ 1951年12月1日，审阅《中共中央关于实行精兵简政、增产节约、反对贪污、反对浪费和反对官僚主义的决定》时，指出，一切从事国家工作、党务工作和人民团体工作的党员，利用职权实行贪污和实行浪费，都是严重的犯罪行为。⑥

2. 开展增产节约运动，提高资源的使用效益

毛泽东在反对浪费资源的同时，也提出通过提高劳动生产率，开展增产节约运动，来提高资源的使用效益。1957年2月27日，毛泽东在《关于正确处理人民内部矛盾的问题》的讲话中指出，要全面持久地厉行节约。我们六亿人口都要实行增产节约，反对铺张浪费。这不但在经济上有重大意义，在政治上也有重大意义。要使全体干部和全体人民经常想到我国是一个社会主义的大国，但又是一个经济落后的穷国，这是一个很大的矛盾。要使我国富强起来，需要几十年艰苦奋斗的时间，其中包括执行厉行节约、反对浪费这样一个勤俭建国的方针。⑦ 当农村社会主

---

① 顾龙生：《毛泽东经济年谱》，中共中央党校出版社1993年版，第71页。
② 顾龙生：《毛泽东经济年谱》，中共中央党校出版社1993年版，第73页。
③ 顾龙生：《毛泽东经济年谱》，中共中央党校出版社1993年版，第212页。
④ 顾龙生：《毛泽东经济年谱》，中共中央党校出版社1993年版，第239页。
⑤ 顾龙生：《毛泽东经济年谱》，中共中央党校出版社1993年版，第249页。
⑥ 顾龙生：《毛泽东经济年谱》，中共中央党校出版社1993年版，第294页。
⑦ 顾龙生：《毛泽东经济年谱》，中共中央党校出版社1993年版，第395页。

义合作社高潮来临之际,毛泽东认为,把厉行节约,积累大量的物力和财力,当成只是在极为困难的情况下要做的事情,是不对的。任何社会主义的经济事业,必须注意尽可能充分地利用人力和设备,尽可能改善劳动组织、改善经营管理和提高劳动生产率,节约一切可能节约的人力和物力,实行劳动竞赛和经济核算,借以逐年降低成本,增加个人收入和增加积累。①

(三)发展林业促进工农业生产

1. 植树造林、绿化祖国

从1840年鸦片战争开始到新中国成立,战争的破坏和长期的乱砍滥伐使我国森林覆盖面积大幅下降,为了改变环境,1928年毛泽东在江西永新倡导百姓造林。1932年,以毛泽东为主席的中华苏维埃政府颁布《植树造林》决议。1938—1942年,在毛泽东的倡议下,陕甘宁边区政府发动群众植树260万棵;1943—1946年,在陕北张家畔荒滩植树500多万棵。新中国成立初期,毛泽东明确提出消灭荒地荒山,实行绿化的任务,要"在12年内,基本上消灭荒地荒山,在一切宅旁、村旁、路旁、水旁,以及荒地上荒山上,即在一切可能的地方,均要按规格种起树来,实行绿化"。②1956年,毛泽东在《中共中央致五省(自治区)青年造林大会的贺电》中向全国人民发出"绿化祖国"号召后,紧接着提出"实行大地园林化"。③1958年"大跃进"期间,由于指导思想的失误,盲目主张向自然开战,特别是"大炼钢铁"运动,砍伐大量木材用于炼钢,毁掉大片森林。毛泽东针对"大跃进"对生态环境,尤其是对森林造成的破坏,提出了"要使我们祖国的河山全部绿化起来,要达到园林化,到处都很美丽,自然面貌要改变过来"④,"一切能够植树造林的地方都要努力植树造林,逐步绿化我们的国家,美化我国人民劳动、工作、

---

① 《毛泽东文集》第7卷,人民出版社1999年版,第461—462页。
② 《毛泽东论林业》,中央文献出版社2003年版,第26页。
③ 《毛泽东论林业》,中央文献出版社2003年版,第67页。
④ 《毛泽东论林业》,中央文献出版社2003年版,第51页。

学习和生活的环境"①的目标和任务。1958年春,毛泽东路过云阳(今属重庆市)时指示,要在荒山上栽树。县里当即成立绿化长江指挥部,掀起一场群众性造林运动。如今的云阳长江两岸8万亩防护林为三峡库区乃至长江流域带来巨大的生态防护效益。

2. 林业建设对工、农业生产具有重要意义

除发出植树造林、美化祖国的号召外,毛泽东还将林业与农业、牧业、副业、渔业并称为五业,强调综合平衡五业生产,可以促进经济发展,改善人民生活和生态环境。毛泽东提出"要努力发展粮、棉、油、麻、丝、茶、糖、菜、烟、果、药、杂等十二项生产,要实行农、林、牧、副、渔五业并举的方针"。②他还强调了农、林、牧三者之间的辩证关系,"农、林业是发展畜牧业的祖宗,畜牧业是农、林业的儿子。然后,畜牧业又是农、林业(主要是农业)的祖宗,农、林业又变为儿子了。这就是三者平衡地互相依赖的道理"。③毛泽东还用系统论的观点考察五业之间的关系,指出它们是相互联系、相互影响的,共同构成一个大的生产系统、生态系统。他说:"所谓农者,指的农林牧副渔五业综合平衡。蔬菜是农,猪牛羊鸡鸭鹅兔等是牧,水产是渔,畜类、禽类要吃饱,才能长起来,于是需要生产大量精粗两类饲料,这又是农业,牧放牲口需要林地、草地,又要注重林业、草业。由此观之,为了副食品,农林牧副渔五大业都牵动了,互相联系,缺一不可。"④在农林牧副渔业发展中,毛泽东又特别强调林业建设的重要意义,认为林业是一个大事业,每年都为国家创造财富,指示一定"要发展林业,……林业以后才是牧业、渔业,蚕桑、大豆要加上。林业是化学工业、建筑工业的基础"。⑤毛泽东曾在《关于加强山林保护管理,制止破坏山林、树木的通知》的批语中,对森林资源给予了高度肯定:"森林是社会主义建设的重要资源,又是农业生产的一种保障。积极发展和保护森林资源,对于促进我国工、

---

① 《毛泽东论林业》,中央文献出版社2003年版,第77页。
② 《毛泽东论林业》,中央文献出版社2003年版,第72页。
③ 《毛泽东论林业》,中央文献出版社2003年版,第71页。
④ 《毛泽东文集》第8卷,人民出版社1999年版,第69页。
⑤ 《毛泽东论林业》,中央文献出版社2003年版,第57页。

农业生产具有重要意义。"① 森林被誉为地球生态系统中的重要一环，毛泽东重视林业生产、保护森林资源的理念，对于保护生态环境、促进工农业生产和经济建设发挥了重要作用。

（四）兴修水利促进经济社会效益和生态效益协调发展

1. 从战略高度强调水利建设的重要性

中国是一个气候不稳定、水旱灾害频发、自然条件相对不利的国家，历史上经常发生的水旱灾害引发社会动荡，给经济社会建设带来严重影响。毛泽东对水利建设在中国农业生产中的地位有着深刻认识，1934年1月23日，毛泽东指出："水利是农业的命脉，我们也应予以极大的注意。"② 新中国成立后，毛泽东主持起草的《征询对农业十七条的意见》和《农业四十条》，都从战略高度强调水利建设的重要性。在《农业四十条》中，毛泽东指出："兴修水利，保持水土。一切小型水利工程（打井、开渠、挖塘、筑坝等等）、小河的治理和各种水土保持工作，都由地方和农业生产合作社负责有计划地大量办理。通过上述这些工作，结合国家大型水利工程的建设和大、小河流治理，要求从1956年开始，在7年至12年内，基本上消除普通的水灾和旱灾。机械制造部门和商业、供销合作部门，应当做好抽水机、水车、锅驼机等提水设备的供应工作。"③ 在《征询对农业十七条的意见》中，提出"同流域规划相结合，大量地兴修小型水利，保证在七年内基本上消灭普通的水灾旱灾"。④

2. 注重全面开发，重视大江大河的治理工作

新中国成立后，全国相继发生风、雹、水、疫等自然灾害，其中水灾尤为严重。为了整治水旱灾害，毛泽东把长江、黄河、淮河、海河等大江大河的治理与开发摆到重要工作日程上，作出"一定要把淮河修好""把黄河的事情办好""一定要根治海河"、治理长江和修建三峡工程以及南水北调等决策，在大江大河的治理方面取得突出成效。以治理

---

① 《毛泽东论林业》，中央文献出版社2003年版，第78页。
② 顾龙生：《毛泽东经济年谱》，中共中央党校出版社1993年版，第249页。
③ 《1956年到1967年全国农业发展纲要（草案）》，人民出版社1956年版，第12—13页。
④ 《毛泽东文集》第6卷，人民出版社1999年版，第509页。

淮河为例。治淮是新中国成立后第一个大型治水工程。1950年6月至7月，淮河发大水，灾情严重。1950年9月21日，毛泽东作出指示：治淮开工期不宜久延，早日做好计划，早日开工。① 1951年5月9日，他为河南省治淮总指挥部题词"一定要把淮河修好"②。经过8年治理，到1957年冬，治理淮河工程初见成效。

3. 水利建设要统筹兼顾，促进社会效益和生态效益的协调发展

水利建设中，毛泽东始终强调统筹兼顾的根本方法。他认为水利是农业的命脉，是关系国计民生的重大问题，进行水利建设必须要立足全局，统筹个人利益和集体利益、局部利益和整体利益、当前利益和长远利益。对于大江大河的治理，往往存在着上中下游、左右岸的利益关系，为了保证治水取得最佳效果，必须在立足于全局的前提下，妥善处理局部性问题，协调各方面的利益关系。在地区之间发生矛盾时，毛泽东要求各省、各地要以大局为重、分工协作。同时，重大水利工程投资大、工期长、技术要求高，工程建设必须同整个国民经济的发展相适应，与国家的人力、物力、财力相协调。如果不顾当时客观条件制约盲目上马，不仅会对国民经济发展带来不利影响，还会涉及群众的切身利益，影响社会安定。以三峡工程为例，1958年3月25日，成都会议通过了《中共中央关于三峡水利枢纽和长江流域规划的意见》，指出，从国家长远的经济发展和技术条件两个方面考虑，三峡水利枢纽是需要修建而且可能修建的。在治理长江的规划中，要正确处理远景与近景，干流与支流，上中下游，大中小型，防洪、发电、灌溉与航运，水电与火电，发电与用电等七种关系。③

新中国在以毛泽东同志为核心的党中央领导下，经过30年的不懈努力，改革开放初期，我国建成了数以亿计的大小水利工程，逐步解决了农业用水和抗旱问题，实现了对江河、湖泊水情的控制，达到了灌溉、发电等综合利用的显著效果，实现了水利工程为人民服务、为生产服务的基本要求，实现了经济效益、社会效益和生态效益协调发展。

---

① 顾龙生：《毛泽东经济年谱》，中共中央党校出版社1993年版，第285页。
② 顾龙生：《毛泽东经济年谱》，中共中央党校出版社1993年版，第290页。
③ 《建国以来重要文献选编》第11册，中央文献出版社1997年版，第227—228页。

（五）计划生育促进人口与经济社会协调发展

人类发展的历史就是人口与生态环境相互作用的历史。人口的增加意味着消费的增长。人口增加对生态环境的影响主要表现为对食物需求的增加和对能源需求的累计增加，这将导致一系列破坏生态环境的行为。人与自然之间互相制约、互相影响，其中的任何一个方面失衡都会破坏整个生态系统的平衡发展，从而直接威胁到人类自身的生存。人口增长与资源环境适应能力相协调，才能实现人与自然的和谐发展。

我国是一个人口大国，经济和社会发展中人口问题始终是极为重要的问题。1953年，新中国第一次人口普查数据表明，中国人口已经不是通常估计的4.5亿，仅祖国大陆地区的人口就已达到5.9亿。人口过快增长，给经济发展和人民生活带来多方面不利影响。毛泽东对中国人口问题历来十分关注，他一贯主张节育，是我国计划生育工作的积极倡导者和主要决策人。1956年10月，毛泽东同南斯拉夫妇女代表团的谈话中指出，目前中国的人口每年净增1200万到1500万。社会的生产已经社会化了，而人类本身的生产还是处在一种无政府和无计划的状态中。我们为什么不可以对人类本身的生产也实行计划化呢？我想是可以的。①1957年2月27日，在最高国务会议第11次会议上的讲话中，毛泽东再次提到了我国人口问题，他强调："我们这个国家有这么多的人，这是世界上各国都没有的。要提倡节育，要有计划地生育。""我国的人口增长很快，每年增加的，大约1200万以上，在许多人口稠密的城市和乡村，要求节制生育的人一天一天多起来，我们应该根据人民的要求，做出适当的节制生育的措施。"②1957年3月20日，在接见南京部队、江苏、安徽两省党员干部会议上，他指出，我们这个国家的好处就是人多，缺点也是人多，人多就嘴巴多，嘴巴多就要粮食多，增加这1400亿斤粮食就不见了，有时还觉得没有粮食。1949年缺少粮食，现在还是不够。③

毛泽东还提出，实施计划生育要逐步推行，强调规划，分步骤进行，

---

① 《毛泽东文集》第7卷，人民出版社1999年版，第153页。
② 《毛泽东著作专题摘编》上，中央文献出版社2003年版，第970页。
③ 顾龙生：《毛泽东经济年谱》，中共中央党校出版社1993年版，第397页。

先城市后农村。应当说，中国的计划生育是从 20 世纪 50 年代开始提出，60 年代在城市和少数农村推行，70 年代逐步在全国推行，经济和社会发展中人口问题得到有效解决，这与毛泽东的积极倡导是分不开的。

（六）爱国卫生运动实现人与自然和谐相处

新中国刚成立时，人民群众的卫生状况恶劣，各种传染病流行，危害严重。卫生部于 1950 年 8 月召开了第一届全国卫生会议，毛泽东为大会题词：团结新老中西各部分医药卫生人员，组成巩固的统一战线，为开展伟大的人民卫生工作而奋斗。[1]1952 年 12 月，毛泽东为第二届全国卫生会议题词，指出要"动员起来，讲究卫生，减少疾病，提高健康水平，粉碎敌人的细菌战争"。[2]1953 年 12 月，第三届全国卫生会议根据党中央和毛泽东提出的过渡时期总路线的精神，要求坚持不懈地把爱国卫生运动和预防流行性疾病的工作开展下去。1955 年 12 月 21 日，毛泽东在《征询对农业十七条的意见》中提出：在七年内，基本上消灭若干种危害人民和牲畜最严重的疾病，例如血吸虫病、血丝虫病、鼠疫、脑炎、牛瘟、猪瘟等。[3]1956 年 1 月，由毛泽东主持制定的《全国农业发展纲要（草案）》，提出了消灭血吸虫病、血丝虫病、钩虫病等危害人民最严重的疾病和积极防治麻疹、赤痢、伤寒等疾病的任务。[4]

毛泽东制定一系列卫生工作方针为新中国爱国卫生运动的开展奠定了基础。1958 年 2 月 12 日，中共中央、国务院联合发布《关于除"四害"讲卫生的指示》，掀起爱国卫生运动的高潮。据统计，截至 1958 年 11 月上旬，全国已消灭老鼠 18.8 亿只，消灭麻雀 19.6 亿只，以及大量的蚊蝇、蛆蛹和孑孓，同时清除垃圾 295 亿吨，积肥 611 亿吨，疏通沟渠长达 165 万公里，新建和改建厕所 8500 余万个。[5]通过爱国卫生运动，

---

[1] 《建国以来毛泽东文稿》第 1 册，中央文献出版社 1987 年版，第 493 页。
[2] 《建国以来毛泽东文稿》第 3 册，中央文献出版社 1989 年版，第 614 页。
[3] 《毛泽东文集》第 6 卷，人民出版社 1999 年版，第 509 页。
[4] 《建国以来重要文献选编》第 8 册，中央文献出版社 1994 年版，第 56 页。
[5] 李德全：《关于 1958 年爱国卫生运动的基本情况和今后的任务》，《新华半月刊》1959 年第 2 期。

堆积了几十年的垃圾得以清除，臭水塘、污水沟和洼地得到填平，过去又脏又臭、蚊蝇成团的恶劣环境得以根本改善，对增强人民体质、预防疾病，实现人与自然和谐相处发挥了重要作用。

二、毛泽东生态经济思想的理论价值

作为中国共产党第一代中央领导集体的核心，毛泽东在重视经济发展的同时也十分关注生态建设，提出了一系列关于生态经济方面的重要论断。毛泽东生态经济思想是在革命和建设的时代背景下，以马克思列宁主义的生态理论为指导，结合当时中国具体国情形成的，具有理论思维的前瞻性和求实性，不仅对经济发展与生态环境的关系进行了有益探索，而且丰富和发展了马克思主义生态理论，为中国共产党生态建设思想的不断成熟也奠定了重要基础。

（一）丰富和发展了马克思主义生态理论

人与自然关系是马克思主义生态理论的核心内容。马克思主义认为，人对自然有高度的依存性，人与自然的关系具有内在统一性和一致性。"人直接地是自然存在物。"[①] "我们连同我们的血、肉和头脑一起都是属于自然界，存在于自然界之中。"[②] 自然界是人类的母体，人是自然界长期发展的产物，是自然界的组成部分。马克思指出，自然界不仅是人的直接生活资料，而且是人的生命活动的材料、对象和工具。人类必须不断地从自然界获取物质生活资料，满足自己的衣食住行等基本生活需要，然后才能进行生产。"没有自然界，没有感性的外部世界，劳动者就什么也不能创造。"[③] 马克思主义生态理论还认为，人与自然的现实统一，是以社会和自然之间特殊的联系形式——劳动作为基础的。生产劳动是人最基本的实践活动形式，是人与自然之间的物质变换过程。人类要想生存和发展就必须进行劳动。但人类劳动实践不是随心所欲的，而是要受

[①] 《马克思恩格斯全集》第42卷，人民出版社1979年版，第166页。
[②] 《马克思恩格斯全集》第42卷，人民出版社1979年版，第95页。
[③] 马克思：《1844年经济学——哲学手稿》，人民出版社2000年版，第45页。

到自然界客观规律的制约。马克思指出，劳动首先是人和自然之间的过程，是人以自身的活动来引起、调整和控制人和自然之间的物质交换过程。①

马克思主义关于人与自然关系的思想及论述，阐明了人与自然的辩证统一，深刻揭示了人与自然的关系及其对经济和社会发展的重大影响和作用。毛泽东在革命和建设的实践中处理人与自然的关系时，坚持以马克思主义的生态学说为指导，他指出："如果对自然界没有认识，或者认识不清楚，就会碰钉子，自然界就会处罚我们，会抵抗。"②"马克思主义者认为人类的生产活动是最基本的实践活动，是决定其他一切活动的东西。人的认识，主要地依赖于物质的生产活动，逐渐地了解自然的现象、自然的性质、自然的规律性、人和自然的关系；而且经过生产活动，也在各种不同程度上逐渐地认识了人和人的一定的相互关系。一切这些知识，离开生产活动是不能得到的。"③毛泽东从本质上重新定义了人、自然、经济、社会的关系，建立了一种新的人类生存方式，特别强调人与自然和谐共存对人类经济社会发展的重大意义，在具体实践中丰富和发展了马克思主义生态理论。

（二）为中国共产党生态建设思想的不断成熟奠定了重要基础

毛泽东生态经济思想开创了中国共产党对生态问题的认识历程，是中国共产党生态建设思想的起点和萌芽。改革开放以来，邓小平、江泽民、胡锦涛和习近平逐步形成的当代中国化马克思主义生态思想，其理论来源之一就是毛泽东生态经济思想。具体而言，邓小平对毛泽东的生态观进行科学总结，同时，结合新时期经济社会发展的实践，从保护生态环境的本原意义出发，提出了反对过量砍伐森林、走生态环境建设可持续化道路、依靠科学技术推动生态环境建设为社会经济发展服务等一系列更为明确的生态环境建设理论，标志着中国共产党生态环境建设思

---

① 《马克思恩格斯全集》第23卷，人民出版社1972年版，第201—202页。
② 《毛泽东文集》第8卷，人民出版社1999年版，第72页。
③ 《毛泽东选集》第1卷，人民出版社1991年版，第282—283页。

想的逐步形成。党的十三届四中全会以来，江泽民对中国共产党生态环境建设思想在内容、地位和价值等方面进行了扩充，明确提出可持续发展的科学理念；将生态环境建设上升到生产力高度，作为实现全面小康社会的重要保障；建构更加科学与完善的法制体系。党的十六大以来，胡锦涛实现了生态环境建设思想的纵深发展，在发展理念上，提出科学发展观；在经济增长方式上，主张大力发展环保产业和循环经济；在社会构建上，提出资源节约型与环境友好型社会的思想；在文明形态上，提出生态文明，实现人与自然的和谐相处。党的十八大以来，习近平提出了尊重自然、顺应自然、保护自然，把生态文明建设融入经济建设、政治建设、文化建设、社会建设各方面和全过程，保护生态环境就是保护生产力、改善生态环境就是发展生产力以及山水林田湖是生命共同体等生态文明建设理念。

　　毛泽东、邓小平、江泽民、胡锦涛和习近平的生态环境建设思想是他们在长期的革命和建设实践中不断探索和总结而得出的结论，也是他们对前人思想进行总结和提升的结果。应该说，中国共产党关于生态环境建设思想的与时俱进和丰富发展与毛泽东在革命建设时期的探索和实践是分不开的。毛泽东生态经济思想为中国共产党生态环境建设思想的日益成熟奠定了重要基础，为解决我国新时期的生态环境问题开辟了道路。

三、毛泽东生态经济思想对中国特色社会主义生态文明建设的现实启示

　　近年来，环境破坏、资源短缺、人口爆炸、全球气候变暖等生态问题日益突出，生态问题已成为世界各国共同关注的全球问题。我国的生态状况亦不容乐观，人口、资源与经济社会发展之间的压力空前加剧，建设生态文明依然任重道远。系统回顾和总结毛泽东生态经济思想，对新时期中国特色社会主义生态文明建设依然具有很强的现实意义。

　　第一，按生态平衡规律办事，始终保持人与自然之间的和谐发展。毛泽东生态经济思想的核心是人与自然和谐相处，认为人与自然和谐共

处对经济社会发展具有重大意义。过去由于我们对生态平衡规律的认识的肤浅以及人们的愚昧、无知和政策上的失误,犯了不少错误,如大量砍伐森林、践踏植被、污染空气、污染江河湖海等。这些行为均使生态环境遭到巨大破坏,造成海域鱼类数量和种类大幅度减少、土地荒漠化和沙化面积扩大、洪灾泛滥等严重后果。在中国特色社会主义生态文明建设中,我们必须在开发和改造大自然之前,深入研究和掌握影响生态平衡的各种因素,切实保证把开发措施加给自然之后,使生态系统的结构和功能仍能在相对平衡的状态中持续运行,绝不能采取掠夺式的经营方式,破坏可持续发展的势头。

第二,树立正确的政绩观,坚持以人为本的发展理念。以人为本是毛泽东生态经济思想的根本宗旨。他急群众所急,想群众所想,兴修水库、植树造林、治理环境,创造了造福于民的政绩。政绩观对干部如何从政、施政具有重要导向作用。树立正确科学的政绩观有利于实现国家和人民的根本利益,有助于中国特色社会主义生态文明事业健康发展。当前,在中国特色社会主义生态文明建设事业中,领导干部要把人民利益放在第一位,将经济、政治、文化和社会全面建设、整体推进;将经济、社会、自然统筹兼顾、协调把握;将眼前利益和长远利益一起考虑,坚持以人为本,做到全面发展、协调发展、可持续发展。

第三,弘扬科学的消费观念,营造有利于生态文明发展的健康生活方式。合理利用资源、增产节约、反对浪费是毛泽东生态经济思想的重要内容。节约资源有利于促进经济社会发展,实现经济、社会和生态效益的和谐统一,节约高效的消费模式有利于节约资源、保护环境,有效解决我国目前存在的人口资源环境问题。在生态文明建设过程中,我们应当积极弘扬科学的消费观念,在利用自然资源时应当注意生态环境的承载力,维护生态环境和保持生态平衡;每一代人的消费不应以损害下一代人利益为代价,注意代际公平性和消费公正性;开辟新能源、发展生态产业,提高科技水平、发展高新技术产业,实现开源节流;加大理性消费的宣传教育力度,引导合理的消费行为,强调适度消费、文明消费、公平消费和绿色消费等观念。

第四,坚持经济效益、社会效益与生态效益的统一,搞好生态经济建设，努力实现生态文明。毛泽东在革命和建设实践中倡导的植树造林、兴修水利、治理环境等生态经济理念，对于维护国家经济安全，促进工农业生产，实现经济社会效益和生态效益协调发展都发挥了重要作用。在当前中国特色社会主义生态文明建设和中国特色社会主义事业"五位一体"总体布局的深入推进中，我们不能走西方发达国家先污染、后治理的老路，要坚持经济发展、社会效益与生态优化的统一。生态经济建设是我国经济的一个新的增长点，要大力发展生态农业、生态工业、生态信息业、生态旅游业、环境保护业；搞好绿化工程、防大气污染工程、防江河海洋污染工程、防土地荒漠沙化工程、废旧利用工程、森林城市工程，保护天然林、保护植被、保护耕地，保护水资源，努力实现生态文明。

[原载《毛泽东思想研究》2014年第31卷第4期，
收入本集时有修订]

陈云环境保护与资源利用思想及其对当前中国生态文明建设的启示

生态文明是人类文明发展到一定阶段的产物，是反映人与自然和谐程度的新型文明形态，体现了人类文明发展理念的重大进步。建设生态文明，是关系人民福祉、关乎民族未来的长远大计。中共十八大把生态文明建设纳入中国特色社会主义事业"五位一体"总布局。中共十八届三中全会通过的《中共中央关于全面深化改革若干重大问题的决定》，提出紧紧围绕建设美丽中国深化生态文明体制改革，加快建立生态文明制度，健全国土空间开发、资源节约利用、生态环境保护的体制机制，推动形成人与自然和谐发展现代化建设新格局。中共十八届四中全会通过的《中共中央关于全面推进依法治国若干重大问题的决定》提出：用严格的法律制度保护生态环境。2015年4月，《中共中央国务院关于加快推进生态文明建设的意见》强调要以健全生态文明制度体系为重点推进生态文明建设。2015年9月，中共中央政治局通过《生态文明体制改革总体方案》，初步完成了中国生态文明建设的顶层设计。2015年10月，中共十八届五中全会公布了"十三五"规划的十大任务目标，"加强生态文明建设"首次纳入五年规划。

改革开放以来，我国经济保持长期快速增长，经济总量跃居世界第二。但经济高速发展的同时，由于许多地方和不少领域未处理好经济发展和生态环境保护之间的关系，致使生态环境问题日益突出。2012年，我国经济总量约占全球的11.5%，却消耗了全球21.3%的能源、45%的钢、43%的铜、54%的水泥；原油、铁矿石对外依存度分别达到56.4%和66.5%，排放的二氧化硫、氮氧化物总量已居世界第一。这种经济发展方式若再不改变，资源环境将难以支撑中国的可持续发展。一直以来，人口多、底子薄、发展不平衡、能源资源相对不足、生态环境承载能力不强已成为我国的基本国情，当前大力推进生态文明建设的战略决策，对解决中国严峻的生态环境问题，实现工业化、信息化、城镇化、农业现代化协调发展，推进中国特色社会主义建设都具有重大现实意义和深远历史意义。陈云作为第一代和第二代中央领导集体重要成员，在长期经济建设实践中对加强环境保护和资源利用、努力实现经济社会和环境协调发展问题进行过深入的思考和探索。他提出把经济建设与资源环境的协调问题提高到战略和国策的高度、保护环境、治理污染以及保护利用森林资源和水资源等政策主张，促进了当时环保事业和国土资源保护利用工作的发展，同时对当前中国生态文明建设的推进也具有重要意义。

一、陈云环境保护与资源利用思想

面对中国人口众多，自然资源分布不均，生产力落后，农业薄弱，自然灾害严重，森林资源和水资源贫乏等问题，陈云在对中国社会主义建设道路的探索过程中，将马克思主义生态理论和中国国情相结合，遵循生态规律，将发展经济同资源环境保护紧密联系起来，对于如何处理经济发展与环境保护、资源利用之间的矛盾，如何实现经济、社会、生态环境和谐发展进行了深入的思考和探索。

（一）环境保护要防害于先，协调好经济发展与环境保护之间的关系

陈云在领导经济建设的进程中，十分关心环境保护问题。他提出治理污染、环境保护是一大国策，要从战略高度认识环境保护的重要性。他多次强调国家在发展经济的同时，一定要统筹兼顾、目光长远，保护好自然环境。对于环境污染的防治，他主张百年计划、防害于先。

"文革"时期，国内环境污染和破坏达到相当严重的程度，国外环境

公害事件也频繁发生，对此，1970年6月26日，周恩来在接见卫生部军管会的负责同志时指出："卫生系统要关心人民健康，特别是对水、空气，这两种容易污染。"针对美日等国发生的工业污染问题，他指出："毛主席讲预防为主，要包括空气和水。要综合利用，把废气、废水都回收利用，资本主义国家不搞，我们社会主义国家要搞。"①此后，周恩来多次强调要注意环境保护问题。根据周恩来的指示，1972年，我国对北京官厅水库污染进行了规模较大的治理。同年，我国派代表团出席了有100多个国家参加的人类环境会议。1973年，我国在北京召开第一次全国环境保护会议。会议通过了"全面规划，合理布局，综合利用，化害为利，依靠群众，大家动手，保护环境，造福人民"的环保工作方针，还制定了保护和改善环境的十条规定。1974年，国家成立了国务院环境保护领导小组，各省、市、自治区和国务院有关部委也陆续建立起环境管理机构，以及环保科研、监测机构，我国的环境保护工作开始起步。陈云在"文革"期间协助周恩来工作时，对环境问题也特别关注，提出了防害于先的思想。1975年6月至8月，陈云到全国各地进行经济工作调查。他在扬州听取江苏省石油勘探指挥部负责人关于真武地区勘探情况的汇报和视察石油钻井时，鼓励石油工人要搞好地质情况的勘探，不要一碰到困难就灰心；同时指出要注意环境污染问题，在生产设计的同时就要做好防止污染的设计，不要等到事后再解决。②

进入改革开放新时期以后，随着农业的发展，农村劳动力的解放，乡镇企业得到了蓬勃增长。1984年，全国乡、村两级企业已达165万个，从业人员已有3800多万，当年总产值为1433亿元，实现纯利润128亿元，上缴国家税金达79亿元。整个乡镇企业全年总产值已超过1700亿元，占工农业总产值的17%以上，相当于1957年的全国社会总产值，占工业总产值的24%以上，相当于1964年的全国工业总产值。到1985年底，全国乡镇企业从业人员已达6000多万人，总产值2300多亿元，接近全国工农业总产值的20%，接近全国工业总产值的30%，占农村社会总

---

① 李琦主编：《在周恩来身边的日子——西花厅工作人员的回忆》，中央文献出版社1998年版，第332页。

② 《陈云年谱》下，中央文献出版社2000年版，第198页。

产值的50%左右,给国家上缴税金120亿元。乡镇企业的兴起成为振兴我国农村经济的重要途径,为解决我国农村剩余劳动力的出路问题开辟了广阔前景。然而,乡镇企业带来的大气污染和水体污染问题也不容忽视。1983年,乡镇企业硫黄产量达11.5万吨。在采矿烧硫过程中,资源平均利用率不到20%,有80%的硫和大量的铁以"三废"的形式排入环境。据调查,每炼1吨硫黄,所排的硫化物达1.8—2.2吨,含铁30%和含硫2%的黄渣8—10吨,造成炼硫区黄烟笼翠、毒气熏人,废渣堆积如山。乡镇企业还带来了水体污染。1983年全国乡镇造纸企业有210多个,从业人员13万余人,生产机制纸及纸版137万吨,占全国同期总产量661万吨的21%。造纸工业每生产1吨产品约排放400—500吨废水和60—250吨生化耗氧量以及100—200公斤悬浮物,且小造纸厂碱回收率平均仅20%左右,往往一个小造纸厂造成一条小河全被污染。①

对于改革开放后工业化发展中的环境保护问题,陈云非常重视,并提出许多宝贵意见。1979年6月17日,陈云在致李先念、姚依林的信中,讲了经济建设必须尽早注意的两个问题,一是水资源问题,二是工业污染问题。他指出:"现已办了的工厂,哪些还未处理污染问题的,我们应该心中有数,逐步加以改变。今后办厂必须把处理污染问题放在设计的首要位置,真正做到防害于先,这是重大问题。"②1982年10月26日,陈云将新华社题为《上海出现酸性雨污染环境》的内部材料批转胡耀邦等,并在批语中指出:"治理费要放在前面。否则后患无穷。"③1986年5月18日,陈云在视察上海宝山钢铁总厂时,为宝钢长江引水工程水库题名"宝山湖",同时指出随着工业进一步的发展,尤其是乡镇企业的发展,要注意保护环境,一定不要使黄浦江水系受到污染。④1988年8月25日,陈云为纪念第一次全国环境保护工作会议召开和我国环境保护工

---

① 彭天杰:《我国乡镇企业的污染现状与环境保护对策》,《环境科学丛刊》1986年第7卷第5期,第30—31页。
② 《陈云文选》第3卷,人民出版社1995年版,第262页。
③ 《陈云年谱》下,中央文献出版社2000年版,第308页。
④ 《陈云年谱》下,中央文献出版社2000年版,第393—394页。

作开创 15 周年题词：" 治理污染，保护环境，造福子孙后代。"①

（二）环境保护是一大国策，要加强宣传、增加投资、层层负责

1988 年 8 月 27 日，陈云将新华社和《人民日报》两篇反映环境污染情况的内部材料（这两份材料是新华社记者写的《" 卫星看不见的城市"——本溪市环境污染情况调查》和《人民日报》记者写的《四川排放污物总量约占全国十分之一》）批转李鹏、姚依林等，并在给他们的信中指出："治理污染，保护环境，是我国一项大的国策，要当作一件非常重要的事情来抓。这件事，一是要经常宣传，大声疾呼，引起人们重视；二是要花点钱，增加投资比例；三是要反复督促检查，并层层落实责任。请告诉有关部门，这方面的材料，以后注意送我看看。"② 1988 年 9 月 14 日，《人民日报》报道了这篇题词。

陈云对环境保护工作提出的三点意见，促进了环保课题的提出。根据陈云对环保工作所作的重要指示，国务委员、国务院环境保护委员会主任宋健提出了治理污染的三大课题。宋健指出，党的十一届三中全会以来，国家确立了经济建设、城乡建设和环境建设同步规划、同步实施、同步发展，把经济效益、社会效益和环境效益结合起来的总方针，颁布了一系列环境保护的法律法规。但我国环境污染和生态破坏还很严重，环境保护的任务相当艰巨。当前有 3 个突出问题需要解决。③ 一是要切实提高对于环境保护作为基本国策的认识。无论哪个省、市、部委和企业，都必须在本职工作中切实落实这项国策。在工业特别是乡镇企业蓬勃发展的今天，必须从一开始就要注意环境保护。否则，以后就积重难返，治理时要付出十倍、百倍的代价。二是要广开资金渠道治理污染。除了继续严格实行"谁污染，谁治理"的政策之外，国家、地方政府和企业都要把治理环境和防治污染列入发展计划，同步实施。还要把控制污染

---

① 《陈云年谱》下，中央文献出版社 2000 年版，第 414 页。
② 《陈云年谱》下，中央文献出版社 2000 年版，第 414 页。
③ 《陈云提出环境保护三点意见——宋健阐述治理污染的三大课题》，《中国环境管理》1988 年第 5 期，第 1 页。

列为考核企业上等级的一个条件，加强企业治理环境的责任感。三是要继续建立和完善有关环境保护的法律法规，进一步强化环境管理，逐步完善加强各级环境科研、监测机构。环保部门要严格依法办事，大胆管理，担负起国家和人民赋予的光荣职责。宋健认为，解决以上3个环境保护面临的中心课题，也是落实陈云同志3条意见的重要措施。

陈云提出的治理污染、保护环境是一大国策的思想，也推动了20世纪90年代环保政策和环保工作的逐步完善。1988年国务院机构改革，国家环保局从城乡建设环境保护部中分出，作为国务院直属机构，以加强全国环境保护的规划和监督管理。1989年4月底召开的第三次全国环境保护会议确立了环境保护的"三大政策"和"八大制度"。会议同时提出"经济建设、城乡建设和环境建设同步规划、同步实施、同步发展"和实现"经济效益、社会效益与环境效益的统一"的"三同时三统一"环保目标以及"努力开拓有中国特色的环境保护道路"的意见。1990年国务院要求宣传教育部门应当把环境保护的宣传教育列入计划。1991年国家教委讨论把环境科学列入一级学科。1992年，全国除西藏、青海等少数省、自治区和台湾地区外，均开展了排放水污染物许可证发放工作。1993年开始在全国21个省、市、自治区试点建立环保投资公司。1996年8月，国务院出台《关于环境保护若干问题的决定》，提出要实施污染物排放总量控制，抓紧建立全国主要污染物排放总量指标体系和定期公布的制度。强调到2000年，全国所有工业污染源排放污染物要达到国家或地方规定的标准。《决定》还提出在1996年9月30日以前，对现有年产5000吨以下的造纸厂、年产折牛皮3万张以下的制革厂、年产500吨以下的染料厂，以及采用"坑式"和"萍乡式"、"天地罐"和"敞开式"等落后方式炼焦、炼硫的企业，由县级以上人民政府责令取缔；对土法炼砷、炼汞、炼铅锌、炼油、选金和农药、漂染、电镀以及生产石棉制品、放射性制品等的企业，由县级以上地方人民政府责令其关闭或停产。对逾期未按规定取缔、关闭或停产的，要追究有关地方人民政府主要领导人及有关企业负责人的责任。[①] 对于乡镇企业的环境治理，1997年3月，

---

① 《十四大以来重要文献选编》下，中央文献出版社2011年版，第85页。

国家环保局会同农业部、国家计委、国家经贸委联合制定发布《关于加强乡镇企业环境保护工作的规定》，强调要对乡镇企业的环境保护工作实行统筹安排、分类指导；对乡镇企业的污染防治要体现加强管理、预防为主的方针。同时国家环保局还联合农业部、国家计委、国家经贸委组织开展了全国乡镇工业污染源调查。根据《国务院关于环境保护若干问题的决定》的要求，全国共取缔、关闭、停产6万多家污染严重的小型企业，在一定程度上解决了工业发展带来的环境污染和生态破坏加剧的趋势。

（三）遵循生态规律，重视森林资源和水资源的保护利用

马克思主义认为，人对自然有高度的依存性，"我们连同我们的血、肉和头脑都是属于自然界和存在于自然界之中的"。[①] 人类劳动要受到自然界客观规律的制约，生态系统的平衡取决于人、自然、经济、社会的和谐发展。在具体实践中，陈云将马克思主义生态学说与中国具体国情相结合，提出经济建设中要遵循生态规律，重视森林资源和水资源的保护利用。

在旧中国，森林遭到严重摧残和破坏。新中国成立后，40多亿亩荒山荒地和连年的水旱自然灾害，再加上山区群众烧垦、开荒，使森林资源非常贫乏。为了实现森林资源的持续利用，1950年3月19日，林垦部颁布了《关于春季植树造林的指示》。1950年4月1日，陈云在全国林业会议情况的报告中指出：林业工作方针，应以普遍护林为主；其次，在风沙水旱灾害严重地区选择重点造林。同时，在各森林区制订合理的采伐计划。[②]1950年5月，政务院在《关于全国林业工作的指示》中确定了"普遍护林，重点造林"的方针，要求各地严格禁止一切破坏森林的行为；在风沙水旱灾害严重的地区，根据条件有计划地进行造林，封山育林。1951年12月，陈云在全国政协一届三次会议上所作的《关于经济工作和财政工作的报告》中进一步强调："森林失火和滥砍滥伐的现

[①] 《马克思恩格斯全集》第42卷，人民出版社1979年版，第95页。
[②] 《陈云年谱》中，中央文献出版社2000年版，第44页。

象,正在引起地方政府和人民的注意,但还需继续努力。今年造林 300 多万亩,若干地方也开始营造防风林、防沙林,华北、山东的部分地区开始了封山育林,但是总的说来,规模还是不大的。我们希望由此积累经验,为长期的大规模的造林计划做准备。"①1957 年 7 月 17 日,陈云在国务院常务会议讨论国有林区实行"以林养林"的财务制度时指出:林业是个大问题,根据我国情况,解决林业问题的出路主要靠造林。个体造林、合作造林、国家造林的办法都可以用。②1961 年 9 月 27 日,陈云在主持中共中央工业支援农业小组会议的讲话中指出:造林是国家百年大计,它既与农业增产有关,又与工业建设有关,工农业生产都离不开它。③1961 年 11 月 24 日至 12 月 17 日,陈云在听取冶金工业座谈会汇报时指出:今年木材不够,煤矿要用混凝土代替 7 万立方米的木材。生产建设有 10 年 8 年为周期的,也有 50 年 100 年为周期的,植树造林就是以 50 年 100 年为周期的。植树造林既可提供工业原料,又可改变气候。④陈云保护森林资源的政策主张对当时我国林业工作的开展发挥了重要作用。1978 年,国务院批准在西北、华北北部、东北西部营造"三北"地区防护林体系;1981 年 2 月,中共中央、国务院作出《关于保护森林发展林业若干问题的决定》;1984 年颁布了我国第一部《森林法》,中国森林资源保护工作建设迈入新的历史发展阶段。据全国第三次森林资源清查资料显示,全国林业用地面积为 26743 万公顷;森林面积为 12465 万公顷,其中针叶林 5241 万公顷,阔叶林 5483 万公顷,经济林 1374 万公顷,竹林 366 万公顷;全国活立木总蓄积量为 105.72 亿立方米;森林蓄积量为 91.41 亿立方米,其中针叶林 49.81 亿立方米,阔叶林 41.60 亿立方米;全国森林覆盖率为 12.98%。⑤

我国是一个水资源贫乏的国家,陈云一向也非常关心水资源的保护利用问题。1951 年 5 月 16 日,陈云在中国共产党第一次宣传工作会议

---

① 《陈云文集》第 2 卷,中央文献出版社 2005 年版,第 314 页。
② 《陈云年谱》中,中央文献出版社 2000 年版,第 391—392 页。
③ 《陈云年谱》下,中央文献出版社 2000 年版,第 96 页。
④ 《陈云年谱》下,中央文献出版社 2000 年版,第 102 页。
⑤ 《中国农业年鉴 1990》,中国农业出版社 1990 年版,第 38 页。

上作关于财经情况和财经工作要点的报告中指出:全国水量平均起来并不多,从长远看,要以蓄为主,蓄泄兼顾。要修水库,筑塘堰,山区更要种树种草、保持水土,华北、西北地区还要多打水井。水利建设是治本的工作,是百年大计。①1956年1月20日,陈云在中共中央召开的有关知识分子问题的会议上作关于资本主义工商业的社会主义改造和农业生产问题的发言中强调,要实现1967年粮食亩产目标,从全国看,要解决的基本问题是水、肥料和人力的合理使用,其中关键是水。②1960年10月,他在同河南省委负责人谈话中指出:解决中国农业问题,水是很重要的,一取天然之水,二取地下之水,三取外来之水。河南水不够,需要从南方借水,要研究水的来源问题。③1975年7月16日,他在扬州视察江都抽水站时指出:南水北调是造福子孙后代的大事,在条件允许时应当进行。这是一个大工程,要有长期规划。由于我国目前财力有限,工程只能分段进行。④1979年6月17日,他致信李先念、姚依林,提出经济建设必须尽早注意水资源和工业污染问题。其中关于水资源问题,他指出:农业、工业和人民生活都要用水,有些地区如京津地区,水资源已很紧张。今后工厂的设立必须注意到用水量,即使有水资源的工厂也应有节水办法。⑤1990年6月6日,他将水利专家张光斗和陈志恺合写的《我国水资源问题及其解决途径》一文批转江泽民等中央有关领导同志,并在批语中指出:张光斗、陈志恺同志就我国水资源问题进行了认真研究之后,提出了很重要的意见。水的问题始终是一个大问题。要从战略高度来认识水的问题的严重性。各级领导部门,尤其是经济、科技领导部门,应该把计划用水、节约用水、治理污水和开发新水源放在不次于粮食、能源的重要位置上,并列入长远规划、五年计划和年度计划加以实施,以逐步扭转目前水资源危机的严重状况。⑥6月10日,江泽民

---

① 《陈云年谱》中,中央文献出版社2000年版,第98页。
② 《陈云年谱》中,中央文献出版社2000年版,第285页。
③ 《陈云年谱》下,中央文献出版社2000年版,第45页。
④ 《陈云年谱》下,中央文献出版社2000年版,第198页。
⑤ 《陈云年谱》下,中央文献出版社2000年版,第248页。
⑥ 《陈云文选》第3卷,人民出版社1995年版,第375页。

作出批示：在考虑八五规划时得认真研究一下水的问题。人无远虑必有近忧。是应该未雨绸缪。①1990年底，中共十三届七中全会通过的《中共中央关于制定国民经济和社会发展十年规划和"八五"计划的建议》中，针对水资源问题作出论述：水利是农业的命脉。长江、黄河的水灾仍是中华民族的心腹之患。今后十年要加强大江大河大湖的治理，有计划地建设一批防洪、蓄水、引水的大中型项目，提高抗御自然灾害的能力。抓紧进行南水北调工程的建设，缓解北方水资源紧缺的矛盾。②陈云关于水资源保护利用的政策主张以及中共中央关于资源保护的一系列政策文件的颁布，促进了我国水利事业的发展。"八五"期间，长江三峡、黄河小浪底和北江飞来峡水利枢纽相继开工建设；建成了黄淮海平原灌溉、引大入秦等一批水利工程；农村人畜饮水工程建设有了较大发展；农田灌溉面积净增 200 万公顷。③

二、陈云环境保护与资源利用思想对当前中国生态文明建设的启示

当前，以习近平同志为核心的新一届党中央，明确提出走向社会主义生态文明新时代，强调要正确处理经济发展同生态环境保护之间的关系，牢固树立保护生态环境就是保护生产力、改善生态环境就是发展生产力的理念，更加自觉地推动绿色发展、循环发展、低碳发展，决不以牺牲环境为代价去换取一时的经济增长。在这些重要理论和战略思想的指导下，我国在生态文明建设方面采取一系列重大举措，环境保护和生态资源利用工作取得较大成效。但同时，我国环境状况总体恶化的趋势尚未得到根本遏制。部分区域和城市大气灰霾现象突出，一些重点流域、海域水污染严重，许多地区主要污染物排放量超过环境容量，农村环境污染加剧，部分地区生态系统功能退化，生态环境比较脆弱；环境保护和资源利用制度建设尚不完善，环保投入仍然不足，公众参与意识不强，

---

① 《陈云年谱》下，中央文献出版社 2000 年版，第 434 页。
② 《十三大以来重要文献选编》中，人民出版社 1991 年版，第 1384 页。
③ 《中国水利年鉴 1997》，中国水利水电出版社 1997 年版，第 2 页。

监管能力也相对滞后。为更好地推进中国的生态文明建设,当前我们应充分借鉴陈云长期倡导的经济建设与资源环境协调发展等思想,转变发展思路和路径,尊重自然、顺应自然、保护自然,促进经济社会发展与生态环境保护协调发展。

第一,调整优化结构,强化创新驱动,促进经济社会发展与生态环境保护协调发展。当前,中国工业化和城镇化进程中面临的环境污染问题日益严重。2014年中国环境状况公报显示,全国开展空气质量新标准监测的161个城市中,仅有16个城市空气质量年均值达标,145个城市空气质量超标。近年来,我国接连发生水污染事件。全国470个开展降水监测城市(区、县)中,酸雨城市比例为29.8%,酸雨频率平均为17.4%。4896个地下水监测点位中,水质优良级的监测点比例仅为10.8%。① 面对日益严峻的环境污染问题,陈云提出的环境保护要防害于先,处理好经济发展与环境保护之间关系的思想在当前依然具有重要的现实启示意义。面对经济增长速度由高速转向中高速,经济发展动力由要素驱动、投资驱动转向创新驱动,经济发展方式从规模速度型粗放增长转向质量效率型集约增长的新常态,应改变过去重经济发展、轻环境保护的发展路径,改变过去认为能源资源和生态环境空间依然相对较大的思想认识,清醒认识当前保护生态环境的紧迫性和艰巨性,尊重自然、顺应自然、保护自然,把调整优化结构、强化创新驱动和保护生态环境结合起来,淘汰高消耗、高污染、高排放"三高"产业,转型升级传统产业,推动绿色发展、循环发展、低碳发展。

第二,加强环保宣传,增强公众参与机制,提升公众环保意识。公众参与是保护与治理环境的关键。在环保事业中,要加强宣传,努力提高公众积极参与的意识,扩大公众参与的程度。陈云提出的"治理污染,保护环境,要经常宣传,大声疾呼"的政策主张,对提升公众环保意识依然具有启示意义。当前,要完善并广泛宣传公民相关权利的法律规定,保障公民有效行使其在环境健康权、知情权、检举权、参与权等各方面的权利;扩大相关信息的公开性和透明性,加强对生态文明的舆论引导和公众监

---

① 《2014年中国环境状况公报》,2015年5月。

督；扩展公众参与经济社会发展决策的途径和方式，开展重大环境政策、规划和法规的社会经济影响评价；充分发挥政府组织在生态文明建设中的整合作用，健全地方政府环境治理相关部门和民众自发组成社会环保组织，建立政府主导下社会多元主体广泛参与的生态治理运作模式。

第三，加强生态文明制度实施中的监管力度。近年来，由于政府行政效能不高、执法力度不够，往往影响生态文明制度实施中政府环境监管的权威性及有效性的发挥。陈云提出的"治理污染，保护环境，要层层负责"的政策主张启示我们，要改变过去一些地方政府对环境质量负责落实不到位的状况，把资源消耗、环境损害、生态效益等生态文明建设指标纳入地方党政领导班子和领导干部政绩考核评价的重要内容，创新监督考核制度，督促地方政府提高环境质量；要建立领导干部生态文明建设问责制和终身追究制，以自然资源资产离任审计结果和生态环境损害情况为依据，明确对地方党委和政府部门负责人的追责情形和认定程序。

第四，完善自然生态资源保护利用制度。根据《2010全球森林资源评估报告》分析，我国森林蓄积居巴西、俄罗斯、美国、刚果民主共和国、加拿大之后，位列世界第6位；人均森林蓄积10.98立方米，相当于世界平均人均占有量的14%。我国森林资源总量相对不足、质量不高、分布不均的状况还未得到根本改变，森林资源的保护利用还面临着压力和挑战。由于节水意识淡薄、水利用率低、节水灌溉技术落后等原因，我国水资源也较为短缺，我国目前年均水资源量为28000亿立方米，人均占有水量为2000立方米，只占世界平均水量的1/4。为了更好地保护自然生态资源，当前，要充分借鉴陈云提出的资源保护利用思想，树立自然价值和自然资本的理念，构建水资源、土地资源、森林资源等的资产和负债核算方法，探索编制自然资源资产负债表，定期评估自然资源资产变化状况；健全用水总量控制制度、节约集约用水机制、建设项目水资源论证制度，保障水安全、促进水资源使用结构调整和优化配置；建立天然林保护制度、国家用材林储备制度、国有林场公益林管护机制以及完善集体林权制度，健全林权抵押贷款和流转制度，大力保护森林资源。

[原载《开发研究》2015年第6期]

改革开放以来中国生态文明建设的
经验启示与展望

  自然生态环境是人类社会赖以生存和发展的基础。在处理人与自然关系的过程中，只有学会尊重自然、善待自然，在遵循自然规律的基础上改造自然，才能形成人与自然和谐统一的关系。生态文明作为一种崭新的人类文明形态，是人类社会发展的新阶段和新境界。改革开放以来，历届党和政府高度重视粗放式发展方式带来的一系列环境污染和生态问题，从环境保护基本国策的确立到可持续发展战略的提出，从科学发展观、和谐社会观到生态文明观的逐步推进，中国在生态建设与环境保护领域作出了不懈的努力，生态文明建设纳入"五位一体"总体布局，努力建设美丽中国的战略部署逐步实施，环境保护与经济发展之间的矛盾日益改善，生态文明体制制度体系加快形成，低碳、循环、绿色发展取得明显成效，生态修复保护、生态环境治理进展顺利，环境状况有效改善。在国际社会上，中国已成为生态文明建设从概念到行动的一个良好典范。当前，立足新时代，回顾改革开放以来生态文明建设走过的历程和取得的成就，总结经验教训，挖掘我国生态文明建设中的问题并提出对策建议，对于新时代下更有效地推进生态文明建设具有重要的历史和现实意义。

一、改革开放以来中国生态文明建设的历史进程

  改革开放以来，党中央、国务院历来高度重视环境保护和生态文明

建设，在邓小平理论、"三个代表"重要思想、科学发展观和习近平新时代中国特色社会主义思想的正确指引下，从环境保护确立为基本国策到可持续发展战略、统筹人与自然和谐发展以及生态文明建设的提出和不断推进，党和政府不断探索正确处理环境保护与经济发展关系的符合中国国情的生态文明建设路径，不断探索环境保护政策、法律、制度、措施的完善，在保证国民经济快速发展的同时，着力遏制了环境污染和生态破坏，努力改善和优化了城乡环境。

（一）环境保护基本国策的确立与环保事业的发展（1978—1992年）

1978年12月，党的十一届三中全会决定把党和国家的工作重点转移到社会主义现代化建设上来，这一具有深远意义的伟大转折把各项事业的发展推向前进，我国的环境保护事业也步入一个崭新的快速发展时期。1983年12月，第二次全国环境保护会议召开，会议宣布，"环境保护，是我国现代化建设中的一项战略任务，是一项重大国策"。"国务院各部门、各级地方政府，都要把环境保护这件关系到我们的生存条件、关系到四化建设的基本国策，列入重要议事日程，认真负责地抓好。"[①]为深入贯彻落实环境保护这一基本国策，会议还提出了"三同步""三统一"的环境与发展战略方针，即经济建设、城乡建设、环境建设要同步规划、同步实施、同步发展，实现经济效益、社会效益、环境效益相统一。随着环境保护作为基本国策重要地位的确立，环境保护的重要性日益显现，并逐步纳入国民经济和社会发展计划（规划）的重要内容。1985年9月，《中共中央关于制定国民经济和社会发展第七个五年计划的建议》提出要把改善生活环境作为提高城乡人民生活水平和生活质量的一项重要内容。1991年4月，《中华人民共和国国民经济和社会发展十年规划和第八个五年计划纲要》提出，要加强环境保护工作，合理开发、利用和保护自然资源，重点抓好大气、水、固体废物污染控制，防止和控制环境污染

---

① 《保护环境是我国面临的一个重大任务——李鹏副总理在第二次全国环境保护会议上的讲话（摘要）》，《人民日报》1984年1月8日。

和生态环境的恶化。

这一时期，国家还出台了一系列环境保护政策法规，环境保护工作步入法制化轨道。1978年的《中华人民共和国宪法》第11条明确规定："国家保护环境和自然资源，防治污染和其他公害。"1979年颁布了我国第一部环境保护基本法律《中华人民共和国环境保护法（试行）》。1982年2月，国务院发布了《征收排污费暂行办法》。1989年12月，第七届全国人大常委会第十一次会议通过了《中华人民共和国环境保护法》，对于推进我国环境法体系的完备化发挥了重要作用。以环境保护法为基础，我国还先后颁布了《水污染防治法》《大气污染防治法》《噪声污染防治法》《固体废物污染环境防治法》《海洋环境保护法》《环境影响评价法》等多部环境保护实体法律。

同时，我国的环境管理制度化建设也不断推进。1989年第三次全国环境保护会议上提出了我国环境管理要坚持预防为主、谁污染谁治理、强化环境管理三项政策以及环境保护目标责任制、城市环境综合整治定量考核、排放污染物许可证、污染集中控制和限期治理五项新的制度和措施，形成了我国环境管理的"八项制度"。同时，这一时期，为加强环境管理，推进环境法律制度的有效实施，国务院于1984年成立了国务院环境保护委员会，负责研究审定环境保护的方针、政策，领导和组织、协调全国的环境保护工作。1984—1997年，国务院环委会共召开37次工作会议，研究审议了80多项涉及国家和地方重大环境问题的规划、政策、规定、条例、决定等。在国务院环境保护委员会的推动下，国务院一些部门、解放军和全国22个省、自治区、直辖市成立了环境保护委员会，初步形成了从中央到地方的环境管理体系，初步建立和逐步完善了环保政策和管理制度。

20世纪80年代是中国环境保护工作形势最好、发展最快的时期。这一时期，环境保护重要地位确立，环境保护管理机构建立，环境保护立法和环境管理政策持续推进，提高了污染防治的成效，改善了城乡环境质量。中国经济平均每年增长10%左右，但环境污染没有出现急剧恶化的后果。万元工业产值工业废水排放量从1983年的358吨减少到1988年的221吨，万元工业产值固体废物产生量从6.43吨减少到4.63吨；工业废水排放达标率提高9%，工业废气净化率提高3%，工业固体废物综合利用率提高5%；城市环境综合整治初见成效，一些重点城市大气中的降尘明显减少，总悬浮微粒没有增加或略有降低，部分城市水域环境有所改善；主要江河水系干流和主要海域的水质基本保持良好状态；平原、沿海和"三北"防护林建设进展较快；全国已建立480多个自然保护区，约占国土面积的2.5%；农村农药污染显著减轻。[①]实践证明，中国实施的经济与环境协调发展的战略方针是符合中国国情的。在人口大量增长、工业高速发展、能源消耗大幅度上升的背景下，正是由于我们采取了正确的环境保护方针政策，才在一定程度上避免了"经济翻番环境污染也翻番"的严重局面。

（二）实施可持续发展战略、谋求经济与资源环境协调发展（1992—2002年）

20世纪90年代，中国乃至全球经济高速发展带来的环境问题日益突出。1992年6月3日至14日，联合国环境与发展大会通过了《里约环境与发展宣言》《21世纪议程》和《关于森林问题的原则声明》，确立了以可持续发展思想为主导的一系列政策以及需要优先解决的重点领域。里约会议后，按照联合国环境与发展大会的精神，根据我国具体国情，1992年8月，党中央、国务院提出了《我国环境与发展十大对策》，实施可持续发展战略被列为十大对策之首。1994年，我国率先公布了《中国21世纪议程——中国21世纪人口、环境与发展白皮书》，明确提出了中国可持续发展的战略与对策、主要目标和具体行动方案。

可持续发展战略明确提出后，实现经济建设与资源、环境的协调发展摆上党和国家重要议事日程。1996年3月，八届全国人大四次会议通过了《中华人民共和国国民经济和社会发展"九五"计划和2010年远景目标纲要》，把实现经济与社会的协调和可持续发展作为未来15年我国经济社会发展的重要方针之一。1997年9月，党的十五大报告中指出："资源开发和节约并举，把节约放在首位；提高资源利用效率"，"加强对

---

① 参见曲格平：《中国的环境管理》，中国环境科学出版社2007年版，第171页。

环境污染的治理,改善生态环境"。①2000 年 10 月,党的十五届五中全会通过的《中共中央关于制定国民经济和社会发展第十个五年计划的建议》中将"加强人口和资源管理,重视生态建设和环境保护"单列一章,阐述了 21 世纪实施可持续发展战略的新思路。2001 年 3 月,九届全国人大四次会议批准了《中华人民共和国国民经济和社会发展第十个五年计划纲要》,提出了"十五"期间可持续发展的主要预期目标,并围绕实现可持续发展要解决的主要问题和重点发展领域,作出了相应的工作部署。

  可持续发展战略提出以来,在实施中取得较大成效。第一,中国的可持续发展已经从国家层面推进到地方层面。全国 25 个省(区、市)成立了地方 21 世纪议程领导小组并设立了办事机构,半数以上的省(区、市)制定了地方 21 世纪议程和行动计划。在 16 个省、市开展了实施《中国 21 世纪议程》地方试点,建立了 100 多个可持续发展实验区,并制定了《国家可持续发展实验区管理办法》《国家可持续发展实验区验收管理办法》。第二,初步形成可持续发展法律体系。截止到 2001 年底,国家制定和完善了人口与计划生育法律 1 部,环境保护法律 6 部,自然资源管理法律 13 部,防灾减灾法律 3 部。国务院还制定了人口、资源、环境、灾害方面的行政规章 100 余部。第三,国民经济实现了持续、快速、健康发展。国内生产总值由 1992 年的 26638 亿元增长到 2000 年的 89404 亿元;财政收入由 1992 年的 3483 亿元增加到 2000 年的 13395 亿元;人口自然增长率由 1992 年的 11.60‰ 下降到 2000 年的 6.95‰。第四,重点领域的可持续发展取得进展。一是城镇化水平提高和人居环境得到改善。1992—2000 年,城镇化水平由 27.6% 提高到 36.1%;开展城镇环境综合整治,提高了城乡居民的居住质量。二是积极转变工业污染防治战略,大力推行清洁生产,提高了资源利用效率。到 2000 年底,有污染的工业企业中 90% 实现了达标排放,工业废水排放量比 1995 年减少 1/3;积极利用高新技术提升传统产业,1995—2000 年,中国环保产业年均增长率达 15%。三是重视节约能源和调整能源结构。万元国内生产总值能耗由 1990 年的 5.32 吨标准煤下降到 2000 年的 2.77 吨标准煤;

---

① 《江泽民文选》第 2 卷,人民出版社 2006 年版,第 26 页。

煤炭消费量在一次能源消费中所占比重由1990年的76.2%下降到2000年的68%。四是重视资源保护和开发利用。全面推行节水灌溉，发展节水型产业，开展了重点流域的水污染防治；通过划定基本农田保护区，使全国83%的耕地得到有效保护；建立了耕地占用补偿制度，1997—2000年，全国通过开发、整理和复垦增加耕地164万公顷，高于同期建设占用耕地数量；制定了森林资源保护法规和林业可持续发展行动计划，实现了森林面积和蓄积量双增长；制定了草原法等法规，加强了草原资源的保护与管理；制定和完善了海洋污染控制、生态保护、资源管理的法规体系。到2000年底，已建立海洋自然保护区69个，总面积13.1万平方公里。五是加强了固体废物管理。1992—2000年，工业固体废物排放量下降了69.2%，综合利用率提高了15.1%；加快城市生活垃圾收集处理设施的建设，加强了危险废物的管理。六是大气保护取得成效。划定二氧化硫和酸雨控制区，在区域内实行二氧化硫总量控制制度；通过推广洁净煤和清洁燃烧、烟气脱硫、除尘技术，以及大力发展城市燃气和集中供热，使酸雨和二氧化硫污染得到控制；认真履行《关于消耗臭氧层物质的蒙特利尔议定书》，控制和淘汰消耗臭氧层物质。[①]

（三）落实科学发展观，提出建设生态文明（2002—2012年）

在实施可持续发展战略的过程中，我国的生态环境建设取得了较大成就，但经济社会迅速发展和生态环境的矛盾依然突出，"重经济增长、轻环境保护"的传统发展观极大地限制了我国经济社会持续健康发展。2002年11月，党的十六大依据我国国情和现代化建设的实际提出了全面建设小康社会的奋斗目标，其中之一是"可持续发展能力不断增强，生态环境得到改善，资源利用效率显著提高，促进人与自然的和谐，推动整个社会走上生产发展、生活富裕、生态良好的文明发展道路"。[②]2003年10月，中共十六届三中全会通过的《中共中央关于完善社会主义市场

[①] 参见《中华人民共和国可持续发展国家报告》，中国环境科学出版社2002年版，第1—4页。
[②] 《十六大以来重要文献选编》上，中央文献出版社2005年版，第15页。

经济体制若干重大问题的决定》，正式提出了以人为本，全面、协调、可持续的科学发展观。中共十六届三中全会第二次全体会议强调指出："各级党委和政府一定要坚持科学发展观，不断探索促进全面发展、协调发展和可持续发展的新思路新途径，进一步提高发展质量，实现更快更好的发展。"①2005年10月，中共十六届五中全会通过的《中共中央关于制定国民经济和社会发展第十一个五年规划的建议》提出："要把节约资源作为基本国策，发展循环经济，保护生态环境，加快建设资源节约型、环境友好型社会，促进经济发展与人口、资源、环境相协调。"②2005年12月，《国务院关于落实科学发展观加强环境保护的决定》明确指出：为全面落实科学发展观，加快构建社会主义和谐社会，实现全面建设小康社会的奋斗目标，必须把环境保护摆在更加重要的战略位置。2006年10月，党的十六届六中全会通过了《中共中央关于构建社会主义和谐社会若干重大问题的决定》，明确提出了促进人与自然和谐相处的要求。

2007年10月，党的十七大提出，要"适应国内外形势的新变化，顺应各族人民过上更好生活的新期待，全面把握我国经济社会发展趋势，更加自觉地走科学发展道路，积极促进社会和谐，继续推动全面建设小康社会进程，确保到2020年实现全面建成小康社会的奋斗目标"。③为了更好地实现全面建设小康社会奋斗目标的新要求，党中央明确指出要"建设生态文明，基本形成节约能源资源和保护生态环境的产业结构、增长方式、消费模式"。④这是党中央首次明确提出建设生态文明的战略任务。之后，2007年12月，中央经济工作会议再次强调，必须把推进现代化与建设生态文明有机统一起来，努力在优化结构、提高效益、降低消耗、保护环境的基础上，完成现代化的历史任务。2008年1月，胡锦涛在中共中央政治局第三次集体学习时明确提出："贯彻落实实现全面建设小康社会奋斗目标的新要求，必须全面推进经济建设、政治建设、文化建设、社会建设以及生态文明建设，促进现代化建设各个环节、各个方

---

① 《十六大以来重要文献选编》上，中央文献出版社2005年版，第484页。
② 《十六大以来重要文献选编》中，中央文献出版社2006年版，第1064页。
③ 《十七大以来重要文献选编》上，中央文献出版社2009年版，第93页。
④ 《十七大以来重要文献选编》上，中央文献出版社2009年版，第16页。

面相协调,促进生产关系与生产力、上层建筑与经济基础相协调。"[1]2010年10月,党的十七届五中全会审议通过的《中共中央关于制定国民经济和社会发展第十二个五年规划的建议》中提出,要"加快建设资源节约型、环境友好型社会,提高生态文明水平"。2011年10月,《国务院关于加强环境保护重点工作的意见》对加强环境保护重点工作、提高生态文明建设水平作出具体部署。

随着科学发展观的落实和生态文明建设的逐步推进,我国在循环经济发展、资源综合利用、节能减排和环境质量改善等方面都取得较大进展。第一,循环经济发展取得较好成效。据统计,"十一五"时期,我国能源产出率、水资源产出率、矿产资源总回收率、工业固体废物综合利用率、工业用水重复利用率、主要再生资源回收利用总量,2010年比2005年分别提高24%、59%、5%、13.2%、10.6%、77.4%。[2]第二,节能减排和环境质量改善取得较大进展。"十一五"期间,国家将主要污染物排放总量显著减少作为经济社会发展的约束性指标,着力解决突出环境问题取得成效。化学需氧量、二氧化硫排放总量比2005年分别下降12.45%、14.29%,超额完成减排任务。污染治理设施快速发展,设市城市污水处理率由2005年的52%提高到72%,火电脱硫装机比重由12%提高到82.6%。让江河湖泊休养生息全面推进,重点流域、区域污染防治不断深化,环境质量有所改善,全国地表水国控断面水质优于Ⅲ类的比重提高到51.9%,全国城市空气二氧化硫平均浓度下降26.3%。[3]

(四)统筹推进"五位一体"总体布局,努力建设美丽中国(2012年至今)

党的十八大以来,以习近平同志为核心的党中央,深刻总结人类文

---

[1] 《胡锦涛在中共中央政治局第三次集体学习时强调 精心谋划 周密组织 突出重点 狠抓落实 切实贯彻全面建设小康社会奋斗目标新要求》,《人民日报》2008年1月31日。

[2] 参见《中华人民共和国法规汇编(2013年1月—12月)》,中国法制出版社2014年版,第915页。

[3] 《国务院关于印发国家环境保护"十二五"规划的通知》,《中华人民共和国国务院公报》2012年第1期。

明发展规律,将生态文明建设纳入中国特色社会主义"五位一体"总体布局和"四个全面"战略布局,大力开展了一系列富有长远性和开创性的生态文明建设重大实践,推动中国绿色发展取得显著成效。

2012年11月,党的十八大报告指出,建设生态文明是关系人民福祉、关乎民族未来的长远大计。要把生态文明建设放在突出地位,融入经济建设、政治建设、文化建设、社会建设各方面和全过程,努力建设美丽中国,实现中华民族永续发展。2013年11月,党的十八届三中全会通过的《中共中央关于全面深化改革若干重大问题的决定》指出,要紧紧围绕建设美丽中国深化生态文明体制改革,加快建立生态文明制度,健全国土空间开发、资源节约利用、生态环境保护的体制机制,推动形成人与自然和谐发展现代化建设新格局。①2014年10月,党的十八届四中全会提出,要用严格的法律制度保护生态环境,加快建立有效约束开发行为和促进绿色发展、循环发展、低碳发展的生态文明法律制度。2015年9月,中共中央、国务院出台《生态文明体制改革总体方案》,对生态文明领域改革作出了顶层设计和部署。2015年10月,党的十八届五中全会提出"创新、协调、绿色、开放、共享"的新发展理念。2016年1月,习近平在省部级主要领导干部学习贯彻十八届五中全会精神专题研讨班上强调,要坚定推进绿色发展,让中华大地天更蓝、山更绿、水更清、环境更优美。2017年10月,党的十九大报告首次提出要建设富强民主文明和谐美丽的社会主义现代化强国,将生态文明和美丽中国提升到了前所未有的高度,指出生态文明建设是中华民族永续发展的千年大计,坚持人与自然和谐共生是新时代坚持和发展中国特色社会主义的基本方略之一。2018年3月,十三届全国人大一次会议第三次全体会议通过了《中华人民共和国宪法修正案》。"生态文明建设"第一次被写入宪法。同时,十三届全国人大一次会议第四次全体会议上提出要组建生态环境部,整合分散的生态环境保护职责,统一行使生态和城乡各类污染排放监管与行政执法职责,加强环境污染治理,保障国家生态安全,建设美丽中国。2018年5月,习近平在全国生态环境保护大会上

---

① 《十八大以来重要文献选编》上,中央文献出版社2014年版,第512—513页。

强调，要自觉把经济社会发展同生态文明建设统筹起来，充分利用改革开放40年来积累的坚实物质基础，加大力度推进生态文明建设。

党的十八大以来，各地区、各部门认真落实党中央、国务院决策部署，生态文明建设取得显著成就。一是环境状况明显改善。国务院发布实施大气、水、土壤污染防治三大行动计划，坚决向污染宣战。2017年，全国338个地级及以上城市可吸入颗粒物（PM10）平均浓度比2013年下降22.7%，京津冀、长三角、珠三角细颗粒物（PM2.5）平均浓度分别下降39.6%、34.3%、27.7%。全国地表水优良水质断面比例不断提升，劣V类水质断面比例持续下降，大江大河干流水质稳步改善。[1] 二是生态建设取得明显进展。我国年均新增造林超过9000万亩，良种使用率从51%提高到61%，造林苗木合格率稳定在90%以上，累计建设国家储备林4895万亩。恢复退化湿地30万亩，退耕还湿20万亩。118个城市成为国家森林城市。同时，我国治理沙化土地1.26亿亩，荒漠化沙化呈整体遏制、重点治理区明显改善的态势，沙化土地面积年均缩减1980平方公里，实现了由"沙进人退"到"人进沙退"的历史性转变。[2] 三是生态文明制度体系加快形成。党的十八大以来的5年，是我国生态文明体制改革密度最高、推进最快、力度最大、成效最多的5年。中央全面深化改革领导小组召开的38次会议中，涉及生态文明体制改革的有20次。党中央、国务院制定了《生态文明体制改革总体方案》，确定的2015年至2017年79项改革任务中，73项全部完成。[3] 当前，生态文明制度体系加快形成，自然资源资产产权制度改革积极推进，国土空间开发保护制度日益加强，空间规划体系改革试点全面启动，资源总量管理和全面节约制度不断强化，资源有偿使用和生态补偿制度持续推进，环境治理体系改革力度加大，环境治理和生态保护市场体系加快构建，生态文明绩

---

[1] 参见李干杰：《以习近平新时代中国特色社会主义思想为指导 奋力开创新时代生态环境保护新局面——在2018年全国环境保护工作会议上的讲话》，《中国环境报》2018年2月12日。

[2] 《推进美丽中国建设——党的十八大以来生态文明建设成就综述》，新华社，2017年8月12日。

[3] 《党的十九大举行第六场记者招待会 介绍践行绿色发展理念建设美丽中国情况》，新华社，2017年10月24日。

效评价考核和责任追究制度基本建立。四是持续深化中央环保督察取得进展。2015年7月,中央深改组第十四次会议审议通过《环境保护督察方案(试行)》,明确建立环保督察机制。2015年12月,中央环保督察试点在河北省展开。目前,中央环保督察完成全国31个省(区、市)的全覆盖,并公布了所有督察情况反馈。中央环保督察实施以来,大幅提升了各方面加强生态环境保护、推动绿色发展的意识,切实解决了一大批群众身边的突出环境问题,有效促进了生态文明机制的健全和完善。

二、中国生态文明建设的历史经验

生态文明建设是关系人民福祉、关系民族未来的大计。改革开放以来,尤其是党的十八大以来,党中央高度重视社会主义生态文明建设,生态文明建设从认识到实践发生了历史性、转折性、全局性变化。回顾我国生态文明建设的发展历程,始终坚持人与自然和谐共生;始终坚持绿色、低碳、循环发展理念;全方位、全地域、全过程开展生态环境保护;实行最严格的制度、最严密的法治等都是当前继续深入推进生态文明建设值得借鉴的历史经验。

(一)高度重视生态文明建设,坚持人与自然和谐共生

生态文明是人类社会进步的重大成果,是实现人与自然和谐发展的新要求。改革开放以来,从可持续发展观、科学发展观到绿色发展观的逐步推进,都贯穿了人与自然和谐共生的生态文明理念。尤其是党的十八大以来,以习近平同志为核心的党中央,深刻总结人类文明发展规律,将生态文明建设纳入中国特色社会主义"五位一体"总体布局和"四个全面"战略布局的重要内容,指出"建设生态文明,关系人民福祉,关乎民族未来","历史地看,生态兴则文明兴,生态衰则文明衰"。[①]生态文明建设既是重大经济问题,也是重大社会和政治问题。面对资源约束趋紧、环境污染严重、生态系统退化的严峻形势,只有清醒地认识保

---

① 《习近平关于社会主义生态文明建设论述摘编》,中央文献出版社2017年版,第6页。

生态环境、治理环境污染的紧迫性和艰巨性，清醒地认识加强生态文明建设的重要性和必要性，真正下决心把环境污染治理好、把生态环境建设好，才能为人民创造良好生产生活环境。习近平还强调："要把生态环境保护放在更加突出位置，像保护眼睛一样保护生态环境，像对待生命一样对待生态环境，在生态环境保护上一定要算大账、算长远账、算整体账、算综合账，不能因小失大、顾此失彼、寅吃卯粮、急功近利。"①党中央对生态文明建设的高度重视，正确处理了人、自然和社会三者之间的关系，增强了人们尊重自然的意识，保护了我们共同生存的家园。

（二）转变经济发展方式，始终坚持绿色、低碳、循环发展理念

随着资源瓶颈、环境恶化、生态破坏等问题的凸显，生态系统的良性循环和美丽中国、和谐社会的建设，需要转变经济发展方式，追求经济、社会、生态三大系统的协调并进。循环经济是使污染从末端化治理向源头防控转变的有效方式；低碳发展承载着转型发展、惠及民生、扩大内需、深化改革、对外合作的重任，关系到国民经济发展、人民群众切身利益。坚持绿色、低碳、循环发展理念，把握发展的主动权，就会为中国经济赢得更大的发展空间。同时，推进生态文明建设，坚持绿色、低碳、循环发展理念，是一项长期、复杂、艰巨的历史任务，党的十八届五中全会提出要坚持创新、协调、绿色、开放、共享的新发展理念，是针对我国发展中的突出矛盾和问题提出来的，是在深刻总结国内外发展经验教训的基础上形成的，集中反映了我们党对经济社会发展规律认识的深化。习近平指出：绿色发展，就其要义来讲，是要解决好人与自然和谐共生问题。绿色循环低碳发展，是当今时代科技革命和产业变革的方向，是最有前途的发展领域，我国在这方面的潜力相当大，可以形成很多新的经济增长点。我们必须坚持节约资源和保护环境的基本国策，坚定走生产发展、生活富裕、生态良好的文明发展道路，加快建设资源节约型、环境友好型社会，推进美丽中国建设，为全球生态安全作出新

---

① 《习近平关于社会主义生态文明建设论述摘编》，中央文献出版社2017年版，第8页。

贡献。他强调，推进绿色发展要坚决摒弃损害甚至破坏生态环境的发展模式和做法。要推动自然资本大量增值，让良好生态环境成为人民生活的增长点、成为展现我国良好形象的发力点，让老百姓呼吸上新鲜的空气、喝上干净的水、吃上放心的食物、生活在宜居的环境中、切实感受到经济发展带来的实实在在的环境效益，让中华大地天更蓝、山更绿、水更清、环境更优美，走向生态文明新时代。习近平还提出"既要绿水青山，也要金山银山；绿水青山就是金山银山"[①]的思想，强调要正确处理经济发展和生态环境保护的关系，决不能以牺牲环境为代价换取一时一地的经济增长，决不能走"先污染后治理"的路子。有效推进生态文明建设，推动形成绿色发展方式和生活方式，是发展观的一场深刻革命。只有充分认识形成绿色发展方式和生活方式的重要性、紧迫性、艰巨性、长期性，坚持节约资源和保护环境的基本国策，坚持节约优先、保护优先、自然恢复为主的方针，形成节约资源和保护环境的空间格局、产业结构、生产方式、生活方式，才能为人民创造良好的生产生活环境。

（三）全方位、全地域、全过程开展生态环境保护，推动生态文明建设在重点突破中实现整体推进

生态环境建设是一个系统工程，要完整地认识自然共同体，全方位、全地域、全过程开展生态环境保护。习近平强调，实施山水林田湖生态保护和修复工程，要全面提升自然生态系统稳定性和生态服务功能；划定生态红线和城市开发边界，着力提高城市发展持续性、宜居性，让城市融入大自然，让居民望得见山、看得见水、记得住乡愁；实行能源和水资源消耗、建设用地等总量和强度双控行动，从源头上减少污染物排放，倒逼经济发展方式转变；把海洋生态文明建设纳入海洋开发总布局之中，科学合理开发利用海洋资源，维护海洋自然再生产能力；推动长江经济带发展走生态优先、绿色发展之路；全面推行河长制，实施从水源到水龙头全过程监管；等等。要按照人口资源环境相均衡、经济社会生态效益相统一的原则，整体谋划国土空间开发，统筹人口分布、经济

---

① 《习近平关于社会主义生态文明建设论述摘编》，中央文献出版社2017年版，第23页。

布局、国土利用、生态环境保护，科学布局生产空间、生活空间、生态空间，给自然留下更多修复空间，给农业留下更多良田，给子孙后代留下天蓝、地绿、水净的美好家园。习近平还强调，环境保护和治理要以解决损害群众健康突出环境问题为重点，坚持预防为主、综合治理，强化水、大气、土壤等污染防治，着力推进重点流域和区域水污染防治，着力推进重点行业和重点区域大气污染治理，着力推进颗粒物污染防治，着力推进重金属污染和土壤污染综合治理，集中力量优先解决好细颗粒物（PM2.5）、饮用水、土壤、重金属、化学品等损害群众健康的突出环境问题。改革开放以来，我国在生态环境建设中，坚持以生态红线管控引领绿色发展。通过划定并严守生态保护红线、环境质量安全底线和自然资源利用上线，保障了国家生态环境和能源资源安全，倒逼发展质量和效益提升。同时，我国还完善了主体功能区战略和制度，从战略层面规划和保障生态功能区治理范式的有效运行。通过划分生态功能区，启动重点生态功能保护区工作，针对性地实施生态保护和自然修复，保护了生态环境资源。

（四）实行最严格的制度、最严密的法治，为生态文明建设提供可靠保障

生态环境的治理保护是一项系统工程，保护生态环境必须依靠制度、依靠法治。只有实行最严格的制度、最严密的法治，建立健全职能科学、权责统一、结构优化、运行顺畅、权威高效的生态环境保护管理体制和组织体系，才能以协调统筹的生态环保体制支撑环境治理体系现代化，为生态文明建设提供可靠保障。改革开放以来，尤其是党的十八大以来，在有效监管方面，通过建立健全区域环境影响评价制度和区域产业准入负面清单制度，提高了行政审批效率；通过实施省以下环境保护监测监察执法垂直管理与惩罚造假，维护了环境监测数据的真实性；通过环境保护党政同责、中央环境保护督察和环境保护专项督查，有力地打击了环境保护形式主义。在区域发展方面，通过全面建立上游与下游间的生态补偿以及森林、草原、湿地、荒漠、海洋、水流、耕地等重点领域和禁止开发区域、重点生态功能区等重要区域生态保护补偿机制；通过持

续推进排污权交易、碳排放权交易、水权交易、用能权交易，促进了城乡环境的综合整治取得新进展，社会文明意识和文明水平进入新阶段。在保障措施方面，绿色金融体系、环境保护投融资体系的推行，为绿色发展保驾护航；新《环境保护法》的实施，促进了环境保护有法必依氛围的形成；通过建立自然资源资产负债表、领导干部自然资源资产离任审计、区域生态文明建设目标评价与考核、党政领导干部生态环境损害责任追究制度等，让地方党政领导更加尽职履责，推动环保工作取得积极进展。在治理实效方面，通过优化区域空间发展格局，区域环境风险通过规划环境影响评价和建设项目环境影响评价得到控制；通过中央环境保护督察、环境保护专项督查，"小散乱污"型企业被清理整顿；通过严肃问责，侵占自然保护区、破坏湿地、污染环境的现象被大力遏制。党的十八大以来生态文明体制改革的实践成效说明，只有重视环境保护立法工作，健全环保法律体系，持续推进生态文明制度体系的健全，才能保障生态文明建设的持续推进。

三、新时代中国生态文明建设的启示与展望

当前，尽管我国生态文明建设各领域取得重大进展，但新时代生态文明建设依然面临诸多矛盾和问题。我们要紧扣新时代我国社会主要矛盾的变化，高度重视生态文明建设，在生态文明监管体制改革、生态文明治理机制创新、绿色发展的制度创新、环境治理体系建设等方面继续深入推进。

第一，进一步转变观念，高度重视生态文明建设。要从建设社会主义现代化强国目标、从解决中国社会主要矛盾的大局出发，全面理解新时代生态文明建设的重要地位。人民日益增长的美好生活需要和不平衡不充分的发展之间的中国社会主要矛盾，从生态文明建设的角度来理解，实际上，当前中国最突出的不平衡之一，就是经济发展和生态环境保护之间的不平衡，人口、经济和资源环境之间的不平衡。如何认识和解决这些不平衡，对于富强民主文明和谐美丽的社会主义现代化强国目标的实现具有重要意义。基于新时代生态文明建设的新目标和新要求，各级

政府既要创造更多物质财富和精神财富以满足人民日益增长的美好生活需要，也要提供更多优质生态产品以满足人民日益增长的优美生态环境需要。要加强观念更新，不断强化有助于保护生态环境的制度供给功能，实施最强有力的制度约束，切实承担起提供和维护优良生态环境这一最公平的公共产品的责任，真正做到从重经济增长、轻环境保护，转变为经济发展与环境保护并重；从环境保护滞后于经济发展，转变为环保与经济同步发展；从主要用行政办法保护环境，转变为综合运用法律、经济、技术和必要的行政手段保护环境，在可持续发展的基础上，实现经济发展和环境保护的双赢。同时在全体社会成员中加强生态伦理道德建设，使环境保护成为全民的自觉行为和习惯。

第二，继续加强环保督察和强化督查，加快构建环境管控的长效机制。虽然生态文明建设成效显著，但生态环境保护依然任重道远。据环保部介绍，中央环保督察开展以来，发现的共性问题体现在六方面：一是一些地区大气和水环境问题突出；二是环境治理基础设施建设严重滞后；三是一些自然保护区违规审批、违规建设；四是水资源过度开发；五是工业污染问题仍然较为突出；六是农村环境问题比较突出。[①]面对环境治理的新问题，要围绕污染防治攻坚战重点任务，加强环境保护督察制度建设，完善环境保护督察工作机制；加强环保督察和强化督查的力度，引导推动企业淘汰落后工艺和产能，实现清洁生产、达标排放；构建以政府为主导、企业为主体、社会组织和公众共同参与的环境治理体系，提高污染排放标准，强化排污者责任，健全环保信用评价、信息强制性披露、严惩重罚等制度；建立环境管控的长效机制，让环境管控发挥绿色发展的导向作用，有效引导企业推进技术创新。

第三，全面深化绿色发展的制度创新。一是构建市场导向的绿色技术创新体系。要强化绿色技术创新、绿色生产的经济激励，推动行业、产业实现绿色清洁生产，完善绿色产业的制度设计；基于大数据的"互联网+"、物联网、云计算等新兴互联网技术与传统产业紧密结合，建立绿色产业大数据库、绿色产业智库。二是加快建立绿色消费的法律制度

---

① 《首轮中央环保督察情况全反馈 31 省份有这些通病》，中国新闻网，2018 年 1 月 4 日。

和政策导向，完善绿色消费的制度设计，让绿色、生态成为生活消费的新导向，使绿水青山真正成为促进经济增长的自然生产力。三是完善绿色金融的制度设计，使金融系统成为经济系统绿色转型的支撑平台，通过绿色信贷、绿色债券、绿色股票指数和相关产品、绿色发展基金、绿色保险、碳金融等金融工具和相关政策，对环保、节能、清洁能源、绿色交通、绿色建筑等领域的项目投融资、项目运营、风险管理等提供金融服务。

第四，把政府、企业、社会组织和公众看成一个整体，构建以"政府为主导、企业为主体、社会组织和公众共同参与"的环境治理体系。环境建设和保护，是一项功在当代、利在千秋的伟大事业。推进生态环境治理，每个人既是"前人栽树"的获益者，也是为惠及后人而努力作出贡献的践行者。环境治理体系是我国国家治理体系的重要组成部分。提升全民环境保护意识、建立健全生态补偿机制、提高环保执法监管水平、调动公民和社会组织参与环境治理的积极性、完善环境舆情的监测引导体系，构建全民共同参与的环境治理体系，对于推进环境治理体系和治理能力现代化，全面提升政府治理现代化水平具有重要意义。

［原载《中州学刊》2018年第9期］

中国绿色低碳发展道路的实践探索及其启示

随着全球工业经济的快速发展，能源消耗和二氧化碳排放量迅速增加，全球气候呈明显变暖趋势。《政府间气候变化专门委员会第五次评估报告第一工作组报告——气候变化 2013：自然科学基础》中指出，自 20 世纪 50 年代以来，观测到的许多变化在几十年乃至上千年时间里都是前所未有的。大气和海洋已变暖，积雪和冰量已减少，海平面已上升，温室气体浓度已增加。过去三个十年的地表已连续偏暖于 1850 年以来的任何一个十年。在北半球，1983—2012 年可能是过去 1400 年中最暖的 30 年。报告指出，在 1880—2012 年，全球平均陆地和海洋表面温度升高了 0.85℃。

面对严峻的气候变化问题，从高耗能、高污染的传统经济发展模式转变到以低能耗、低污染为基础的低碳经济模式已成为全球共识和大势所趋。2003 年，英国发布了能源白皮书《我们能源的未来：创建低碳经济》，首次提出了"低碳经济"的概念；2006 年 10 月，发布了《气候变化的经济学：斯特恩报告》，呼吁全球尽早向低碳经济转型；2007 年 6 月，出台了《英国气候变化战略框架》，提出了世界各国发展低碳经济的远景设想。2007 年 3 月，欧盟委员会通过了欧盟能源技术战略规划；2008 年 12 月，通过了包括欧盟排放权交易机制修正案、可再生能源指令等在内的能源气候一揽子计划。2005 年，美国通过了《能源政策法》，鼓励提高能源利用效率；2007 年 7 月，美国参议院提出了《低碳经济法案》；2009 年 5 月，美国众议院通过了《美国清洁能源安全法案》，用立法的方式提出建立美国温室气体排放权限额;2014年,《美国清洁电力计划》强调美国将在未来15年内发电站减少近1/3的温室气体排放量,到2030年,美国发电厂碳排放目标在2005年的基础上减少32%。

推进绿色低碳发展实质上是一场涉及发展观念、生产模式、生活方式等在内的全方位变革。对中国而言,改革开放以来,面对传统粗放的发展模式带来的资源约束趋紧、环境恶化、生态系统破坏等问题,在积极应对全球气候变化的背景下,中国政府坚持节约资源和保护环境的基本国策,将能耗强度和碳强度下降作为约束性指标纳入国家经济社会发展的中长期规划,在产业结构调整、能源结构优化、节能管理和循环经济发展、低碳发展试点示范、低碳社会建设等方面积极探索和实践,加强了绿色低碳发展的相关制度建设,建立健全了绿色低碳发展的产业体系和能源体系,促进了二氧化碳排放强度的持续降低以及非化石能源消费比重的逐步提高,推动形成了绿色低碳的发展方式和生活方式,努力走出了一条具有中国特色的绿色低碳发展道路。立足新时代,绿色低碳发展依然存在制度体系不完善、大规模开发利用新能源的技术还不成熟、节能降耗面临阶段性压力、公众在低碳社会建设中参与度不够、低碳发展示范试点政策的经验总结和推广度不够等诸多问题。中国绿色低碳发展道路的探索与实践对当前有效解决中国推进绿色低碳发展中面临的若干问题,更好地加强绿色发展的制度创新、推动经济绿色转型和实现高质量发展、推进绿色发展方式和生活方式的形成、推动走适合我国国情的自上而下和自下而上相统一的绿色发展道路等都具有重要的启示意义。

一、从节约能源到绿色低碳循环发展:中国绿色低碳发展道路的探索

绿色低碳发展注重发展过程中的资源能源节约与循环利用、环境治理与保护、减少温室气体的排放等,以期用最少的能源资源消耗,最小的生态环境破坏,来实现经济、社会的全面可持续发展。改革开放以来,面对传统粗放的发展模式带来的资源环境问题,中国政府坚持节约资源和保护环境的基本国策,从节约能源到绿色低碳循环发展,中国在绿色

低碳发展道路的探索上作出了不懈努力。

（一）1978—2000 年：加强能源节约、降低能源消耗

党的十一届三中全会决定将工作重点转移到经济建设上来之后，全国的生产能力迅速得到释放的同时也带来了能源供应紧张的问题。1979 年 11 月，国务院转发国家经委工业经济结构调查研究组《关于提高我国能源利用效率的几个问题》的简报，指出，在国民经济调整期间，工业生产要按 6% 或者稍高一点的速度增长，能源不足的问题就变得更加尖锐、更加紧迫。各地区、各部门"要将加强能源管理和节约能源的工作，提到重要的议事日程上来，努力采取各种措施，积极提高能源利用效率，大力降低能源消耗，从节能中求增产，从节能中求速度"。[①]1980 年，国务院批转了国家经济委员会、国家计划委员会《关于加强节约能源工作的报告》和《关于逐步建立综合能耗考核制度的通知》。1982 年 12 月，《中华人民共和国国民经济和社会发展第六个五年计划（1981—1985）》指出，要"努力调整重工业的服务方向和产品结构，大力降低物质消费特别是能源消耗，使生产资料生产同消费资料生产的发展保持大体协调"，"有计划有重点地对现有企业进行技术改造，广泛地开展以节能为主要目标的技术革新活动"。关于节能目标和举措，"六五"计划指出，"五年内，全国节约和少用能源要求达到 7000 万—9000 万吨标准煤"，"五年内国家安排节能措施项目 1303 个，其中投资 1000 万元以上的重大技术改造项目 195 个"。[②]1985 年 9 月，《中华人民共和国国民经济和社会发展第七个五年计划（1986—1990）》提出，要进一步推动节能的技术改造。五年内，国家建设一批骨干节能项目以及技术先进、节能效果和经济效益好、有普遍推广意义的示范项目。加快量大面广和节能效益显著的节能新工艺、新技术、新设备、新材料的试验和推广。[③]1986 年，国务院颁布了《节约能源

[①] 《中国工业五十年——新中国工业通鉴》第 6 部下，中国经济出版社 2000 年版，第 3024 页。

[②] 《中华人民共和国国民经济和社会发展第六个五年计划》，《中华人民共和国国务院公报》1983 年第 9 期。

[③] 《十二大以来重要文献选编》中，中央文献出版社 2011 年版，第 427 页。

管理暂行条例》。1991年4月,《中华人民共和国国民经济和社会发展十年规划和第八个五年计划纲要》提出,能源工业要坚持开发与节约并重的方针,把节约放在突出位置。"到1995年,每万元国民生产总值消耗的能源,要由1990年的9.3吨标准煤下降到1995年的8.5吨,平均每年的节能率为2.2%。"[1]1992年8月,中共中央办公厅、国务院办公厅转发外交部、国家环保局《关于出席联合国环境与发展大会的情况及有关对策的报告》。该《报告》提出了我国环境与发展领域应采取的10条对策和措施,其中"提高能源利用效率,改善能源结构"被列为十大对策之一。《报告》指出:"为履行气候公约,控制二氧化碳排放,减轻大气污染,最有效的措施是节约能源。""要提高全民节能意识,落实节能措施。"[2]1996年3月,《中华人民共和国国民经济和社会发展"九五"计划和2010年远景目标纲要》提出节能降耗的目标是:万元国民生产总值消耗的能源由1995年的2.2吨标准煤下降到2000年的1.7吨标准煤,年均节能率5%。1998年1月,《节约能源法》正式颁布实施,相应的部门规章和地方性节能法规也相继出台,我国节能工作从此走上法制化轨道。

(二)2001—2011年:提高资源能源利用效率,努力减缓温室气体排放

进入21世纪后,随着我国经济总体规模的不断扩大,"高投入、高消耗、高排放,低效率"的传统增长模式带来的资源、能源问题更加突出。2001年3月,《中华人民共和国国民经济和社会发展第十个五年计划纲要》将"2005年主要污染物排放总量比2000年减少10%"作为可持续发展的主要预期目标之一。2002年11月,党的十六大将"可持续发展能力不断增强,生态环境得到改善,资源利用效率显著提高"作为全面建设小康社会的奋斗目标之一。2005年10月,党的十六届五中全会通过的《中共中央关于制定国民经济和社会发展第十一个五年规划的建议》提出,要从粗放型的经济增长方式转向"低投入、低消耗、低排

---

[1] 《中华人民共和国国民经济和社会发展十年规划和第八个五年计划纲要》,《中华人民共和国国务院公报》1991年第12期。

[2] 《我国环境与发展十大对策》,《环境保护》1992年第11期。

放、高效率"的资源节约型增长方式。"要把节约资源作为基本国策,发展循环经济,保护生态环境,加快建设资源节约型、环境友好型社会,促进经济发展与人口、资源、环境相协调。"①2006年3月,《中华人民共和国国民经济和社会发展第十一个五年规划纲要》明确规定,到2010年,单位GDP能耗要比"十五"期末降低20%,主要污染物排放总量要减少10%左右。2007年6月,国务院印发的《中国应对气候变化国家方案》指出,要通过加快转变经济增长方式,强化能源节约和高效利用的政策导向,加大依法实施节能管理的力度,加快节能技术开发、示范和推广,充分发挥以市场为基础的节能新机制,提高全社会的节能意识,加快建设资源节约型社会,努力减缓温室气体排放②。2007年10月,党的十七大报告提出,建设生态文明,基本形成节约能源资源和保护生态环境的产业结构、增长方式、消费模式。2011年3月,《中华人民共和国国民经济和社会发展第十二个五年规划纲要》提出,2015年要比2010年单位国内生产总值能源消耗降低16%,单位国内生产总值二氧化碳排放降低17%,非化石能源占一次能源消费比重达到11.4%。

(三)2012年至今:推动绿色发展、循环发展、低碳发展

2012年11月,党的十八大报告提出要着力推进绿色发展、循环发展、低碳发展,形成节约资源和保护环境的空间格局、产业结构、生产方式、生活方式。2013年5月,习近平在党的十八届中央政治局第六次集体学习时讲话指出,要牢固树立保护生态环境就是保护生产力、改善生态环境就是发展生产力的理念,更加自觉地推动绿色发展、循环发展、低碳发展。③2014年10月,党的十八届四中全会提出,要加快建立有效约束开发行为和促进绿色发展、循环发展、低碳发展的生态文明法律制度。2015年10月,党的十八届五中全会提出"创新、协调、绿色、开放、共享"的新发展理念。关于绿色发展理念,全会提出了推动建立绿色低碳循环发展产业体系以及建设清洁低碳、安全高效的现代能

---

① 《十六大以来重要文献选编》中,中央文献出版社2006年版,第1099页。
② 《中国环境年鉴(2008)》,中国环境年鉴社2008年版,第13页。
③ 《习近平关于社会主义生态文明建设论述摘编》,中央文献出版社2017年版,第20页。

源体系等相关举措。2016年3月,《中华人民共和国国民经济和社会发展第十三个五年规划纲要》明确提出了单位GDP能源消耗降低15%、单位GDP二氧化碳排放降低18%、非化石能源占一次能源消费比重2020年达到15%等节能降耗和减少温室气体排放的约束性指标。2016年11月,《"十三五"控制温室气体排放工作方案》提出,要统筹国内国际两个大局,顺应绿色低碳发展国际潮流,把低碳发展作为我国经济社会发展的重大战略和生态文明建设的重要途径,采取积极措施,有效控制温室气体排放[1]。2017年11月,党的十九大报告明确提出,要建立健全绿色低碳循环发展的经济体系、构建市场导向的绿色技术创新体系、构建清洁低碳和安全高效的能源体系、倡导绿色低碳的生活方式等。2018年5月,习近平在全国生态环境保护大会上强调,绿色发展是构建高质量现代化经济体系的必然要求,是解决污染问题的根本之策。全面推进绿色发展的重点是调整经济结构和能源结构,优化国土空间开发布局,调整区域流域产业布局,培育壮大节能环保产业、清洁生产产业、清洁能源产业,推进资源全面节约和循环利用,实现生产系统和生活系统循环链接,倡导简约适度、绿色低碳的生活方式,反对奢侈浪费和不合理消费[2]。2019年7月,习近平在致世界新能源汽车大会的贺信中指出,中国坚持走绿色、低碳、可持续发展道路,愿同国际社会一道,加速推进新能源汽车科技创新和相关产业发展,为建设清洁美丽世界、推动构建人类命运共同体作出更大贡献[3]。

二、中国探索绿色低碳发展道路的实践与成效

在探索绿色低碳发展道路的进程中,中国在产业结构调整、能源结

---

[1]《国务院关于印发"十三五"控制温室气体排放工作方案的通知》,《中华人民共和国国务院公报》2016年第33期。
[2]《习近平在全国生态环境保护大会上强调 坚决打好污染防治攻坚战》,新华社,2018年5月19日。
[3]《习近平主席向2019世界新能源汽车大会致贺信引发热烈反响》,《海南日报》2019年7月3日。

构优化、节能管理和循环经济发展、低碳发展试点示范、低碳社会建设等方面积极探索和实践，推动形成了绿色低碳的发展方式和生活方式，促进了二氧化碳排放强度的持续降低以及非化石能源消费比重的逐步提高。2017年，中国单位GDP二氧化碳排放比2005年下降约46%，已超过2020年碳强度下降40%—45%的目标；非化石能源占一次能源消费比重达到13.8%。

（一）调整产业结构，转变经济发展方式，构建绿色低碳产业体系

为加快转变经济发展方式，促进碳强度下降目标的完成，我国实施了淘汰落后产能、推动传统产业改造升级、扶持战略性新兴产业发展等产业结构调整战略，促进了低碳经济发展以及绿色低碳产业体系的完善和发展。

在淘汰落后产能方面，从2009年开始，我国陆续出台了《关于抑制部分行业产能过剩和重复建设引导产业健康发展的若干意见》《关于印发淘汰落后产能工作考核实施方案的通知》《关于下达19个工业行业淘汰落后产能目标任务的通知》《关于化解产能严重过剩矛盾的指导意见》《关于煤炭行业化解过剩产能实现脱困发展的意见》《关于推进供给侧结构性改革防范化解煤电产能过剩风险的意见》《关于做好重点领域化解过剩产能工作的通知》等文件，围绕控增淘劣、提质增效、转型升级、低碳发展的目标，我国在化解落后产能、转变经济发展方式、深化供给侧结构性改革方面取得显著成效。2017年，煤炭、钢铁行业完成全年化解过剩产能目标任务，其中化解钢铁过剩产能超过5500万吨，化解煤炭过剩产能2.5亿吨，淘汰停建缓建煤电项目共计超过6500万千瓦。[1]在战略性新兴产业发展方面，国务院陆续印发了《关于加快培育和发展战略性新兴产业的决定》《"十二五"国家战略性新兴产业发展规划》《关于加快发展节能环保产业的意见》《"十三五"国家战略性新兴产业发展规划》等文件，明确了培育发展战略性新兴产业的总体思路、重点任务和政策

---

[1] 《中国应对气候变化的政策与行动2018年度报告》，生态环境部，2018年11月。

措施。在相关政策指导下和重点行业、企业持续快速增长的带动下，战略性新兴产业稳步增长，促进了低耗能、低排放的绿色低碳产业体系的形成。据统计，2018年全年规模以上工业中，战略性新兴产业增加值比上年增长8.9%。高技术制造业增加值增长11.7%，占规模以上工业增加值的比重为13.9%。全年新能源汽车产量115万辆，比上年增长66.2%；智能电视产量11376万台，比上年增长17.7%。[①]

（二）优化能源结构，加快了能源清洁低碳化进程

"十一五"期间，我国大力开发天然气，推进煤层气、页岩气等非常规油气资源开发利用，出台财政补贴、税收优惠、发电上网、电价补贴等政策，制订实施煤矿瓦斯治理和利用总体方案，大力推进煤炭清洁化利用，引导和鼓励煤矿瓦斯利用和地面煤层气开发。"十二五"期间，《可再生能源发展基金征收使用管理暂行办法》《可再生能源电价附加补助资金管理暂行办法》《可再生能源发电全额保障性收购管理办法》等文件的出台，促进了可再生能源发展。2016—2017年，我国陆续出台了《能源工作指导意见》《可再生能源发展"十三五"规划实施的指导意见》《关于试行可再生能源绿色电力证书核发及自愿认购交易制度的通知》《关于推进绿色小水电发展的指导意见》等文件推进能源清洁化利用。通过采取一系列政策举措，中国能源结构进一步优化，清洁低碳化进程显著加快。据统计，2005—2018年，煤炭、石油等传统能源消费增速减缓：煤炭消费年均增长3.7%，年均增速回落2.0个百分点，占能源消费总量比重2018年比2005年下降13.4个百分点；石油消费年均增长5.0%，年均增速回落0.4个百分点，占比提高1.1个百分点。天然气、水电、核电、新能源（风电、太阳能及其他能源）等清洁能源消费高速增长，占比大幅提高：天然气消费年均增长14.8%，年均增速加快9.9个百分点，占比提高5.4个百分点；一次电力及其他能源消费年均增长9.9%，年均增速加快1.2个百分点，占比提高6.9个百分点。[②]

---

① 参见《2018年国民经济和社会发展统计公报》，国家统计局，2019年2月28日。
② 参见《能源发展实现历史巨变 节能降耗唱响时代旋律——新中国成立70周年经济社会发展成就系列报告之四》，国家统计局，2019年7月18日。

（三）强化节能管理，推动循环经济发展，节能降耗和资源节约利用取得显著成效

为推动节能工作，我国实施了《中华人民共和国节约能源法》及相关法规，出台了《节能减排综合性工作方案》，同时还大力推广节能技术和产品、推进建筑节能工作。在节能技术和产品推广方面，我国实施了节能产品惠民工程；推广使用高效节能空调、节能汽车、高效电机、绿色照明产品等节能产品；公布了煤炭、电力、钢铁、有色金属、石油石化、化工、建材等13个行业共260项重点节能技术；定期调整发布节能产品政府采购清单和环境标志产品政府采购清单，对清单产品实行强制采购和优先采购支持政策，2017年节能环保产品政府采购规模达到3444亿元，占同类产品的比重超过90%。在建筑节能方面，随着《"十二五"建筑节能专项规划》《关于进一步推进公共建筑节能工作的通知》《建筑节能与绿色建筑发展"十三五"规划》《住房城乡建设科技创新"十三五"专项规划》等一系列文件的出台，全国省会以上政府投资公益性建筑、大型公共建筑、城市保障性住房开始全面执行绿色建筑标准，北京、天津、上海、重庆、江苏、浙江、山东等地已在城镇新建建筑中全面执行绿色建筑标准。通过大力推进节能工作，我国节能降耗取得显著成效。据统计，"十一五"以来，我国单位GDP能耗整体呈现下降态势，2005—2018年累计降低41.5%，年均下降4.0%，比1952—2005年年均降幅扩大3.9个百分点。"十一五"时期，单位GDP能耗2010年比2005年降低目标为20%左右，实际下降19.3%；"十二五"时期，单位GDP能耗2015年比2010年降低目标为16%以上，实际下降18.4%；"十三五"时期，单位GDP能耗2020年比2015年降低目标为15%，2018年比2015年已下降11.4%。[①]

在循环经济发展和资源节约利用方面，"十一五"和"十二五"时期，我国陆续发布了《关于加快发展循环经济的若干意见》《循环经济促进

---

① 参见《能源发展实现历史巨变 节能降耗唱响时代旋律——新中国成立70周年经济社会发展成就系列报告之四》，国家统计局，2019年7月18日。

法》《循环经济发展战略及近期行动计划》《2014年循环经济推进计划》《2015年循环经济推进计划》等文件，扎实推进循环经济发展。据统计，以2005年为基期计算，2013年我国循环经济发展指数达到137.6，平均每年提高4个点[1]，循环经济发展取得成效的同时也有力促进了单位GDP能耗和碳排放强度的下降。据测算，中国每回收利用1吨废旧物资，平均节约自然资源4.2吨，节能1.4吨标准煤，相当于减排二氧化碳3.18吨。"十二五"期间，中国资源产出率提高了16.4%，单位GDP二氧化碳排放量下降了20%，累计实现节能8.6亿吨标准煤（相当于减少二氧化碳排放19.3亿吨）。[2] 2017年1月，国家发展改革委、财政部、环境保护部、国家统计局联合印发《循环经济发展评价指标体系（2017年版）》，对各地开展循环经济实践予以指导。2017年5月，国家发展改革委等14个部委联合印发《循环发展引领行动》，对"十三五"期间循环经济发展工作作出统一安排和整体部署。2017年11月，国家发展改革委、财政部、住建部联合发布的《关于推进资源循环利用基地建设的指导意见》提出，到2020年，在全国范围内布局建设50个左右资源循环利用基地，基地服务区域的废弃物资源化利用率提高30%以上，要探索形成一批与城市绿色发展相适应的废弃物处理模式，为城市绿色循环发展提供保障。

（四）开展低碳发展试点示范

加快推进低碳发展试点示范，是积极探索符合我国国情的绿色低碳发展道路的有效途径。近年来，我国开展了低碳省区、低碳城市、低碳园区等工作，有效推动了经济发展方式的转变，充分调动了各方面发展低碳经济的积极性。在低碳省区和低碳城市试点方面，2010年7月，国家发改委发布了《关于开展低碳省区和低碳城市试点工作的通知》，确定首先在广东、辽宁、湖北、陕西、云南五省和天津、重庆、深圳、厦门、杭州、南昌、贵阳、保定八市开展试点工作。2012年11月，国家发改委下发了《关于开展第二批低碳省区和低碳城市试点工作的通知》，确立

---

[1] 《2013年我国循环经济发展指数为137.6》，国家统计局，2015年3月19日。
[2] 参见《"十二五"期间资源循环利用产业发展回顾》，国家发展改革委，2017年8月2日。

了包括北京、上海、海南和石家庄等29个城市和省区成为我国第二批低碳试点省市。2017年1月,国家发展改革委确定在45个城市(区、县)开展第三批低碳城市试点,至此,低碳省市试点总数达到87个。试点工作开展以来,各试点地区加快建立了以低碳为特征的工业、建筑、交通、能源体系,加强了温室气体排放核算和清单编制基础能力建设,倡导了绿色低碳的生活方式和消费模式,因地制宜地开展低碳发展实践工作取得积极成效。在低碳工业园区建设试点方面,各试点园区积极探索适合我国国情的工业园区低碳管理模式,提高可再生能源消费占比,加快钢铁、建材、有色金属、石化和化工等重点用能行业低碳化改造,培育了一批低碳型企业。参与试点园区的产业结构不断地优化调整,在经济保持快速发展的同时,能源消耗和碳排放的总量值和强度值均有不同程度的下降,有些达到了国内行业的先进水平。

(五)多方参与低碳社会建设,推动形成了绿色低碳的生活方式

在低碳社会建设的实践中,政府通过开展节能宣传周、全国低碳日、绿色出行宣传月和公交出行宣传周、气候变化科普宣传、"节能校园,你我共建"主题宣传、绿色商场"减塑"和绿色餐饮倡议等活动,普及了低碳发展理念,倡导了绿色生活方式。企业全面贯彻落实国家应对气候变化及节能减排有关政策,积极优化产业结构,加快了绿色、低碳转型发展,推动了低碳社会建设。各界媒体积极宣传低碳环保理念,通过对低碳领域重要战略规划及政策文件的出台进行及时宣传报道和深入解读、介绍各省市生态文明的案例和绿色发展案例以及录制"倡导低碳生活,宣传节能减排"的广播电视节目,引导公众关注低碳发展。近年来成立的自然之友、北京地球村、绿色家园志愿者、绿色和平、乐施会等环保民间组织,积极开展各类公益活动,传播了绿色低碳发展理念。公众广泛参与自备购物袋、双面使用纸张、控制空调温度、不使用一次性筷子、购买节能产品、低碳出行、低碳饮食、低碳居住等节能低碳活动,参与了低碳生活的实践。

三、中国探索绿色低碳发展道路的启示

中国绿色低碳发展道路的实践探索对于当前加强低碳发展的顶层设计和政策创新、构建绿色低碳产业体系和清洁低碳能源体系、推进低碳发展试点示范工作、推动绿色发展方式和低碳生活方式的形成等方面都具有重要的启示意义。

（一）加强低碳发展的顶层设计和政策创新，为推动中国经济绿色转型和实现高质量发展提供制度保障

加强低碳发展的顶层设计，构建系统完整的低碳发展法律法规，完善低碳发展的政策创新，是有效促进绿色低碳发展的客观要求和重要保障。改革开放以来，面对粗放式经济增长方式对经济、社会和环境带来的弊端，为了推动传统经济发展方式向绿色低碳发展方式转型，一方面，我国在国民经济和社会发展中长期规划中，逐步将节约能源资源、提高资源能源利用效率、优化能源结构、控制温室气体排放、推动能源生产和能源革命、积极应对全球气候变化、推进绿色低碳循环发展等作为实现经济社会可持续发展的重要战略任务之一。另一方面，我国出台了促进低碳发展的相关法规和专项规划，如应对气候变化规划、战略性新兴产业发展规划、可再生能源发展规划、节能减排规划以及可再生能源法、清洁生产促进法、循环经济促进法等专项立法，同时，在低碳产业政策、能源政策等方面也进行了有力探索和实践，并取得一定成效。当前，随着低碳发展的顶层设计的加强和制度政策的逐步推进，绿色低碳发展已成为推动中国经济绿色转型和实现高质量发展的重要路径。

但和一些发达国家相比，我国低碳发展的制度体系还不够完善，在控制温室气体排放行为方面还缺乏直接的法律制度，我国现有的低碳发展相关立法还不足以满足低碳经济迅速发展的需要，低碳技术创新体系、投融资和财税等促进低碳产业和清洁能源发展的激励政策还有待优化。当前，为了推进系统完整的低碳发展制度体系的构建，一方面，我国需要制定专门的低碳经济法案，同时继续完善《可再生能源法》《节约能源

法》等法规，形成全面覆盖、彼此配合衔接、系统完整的法律体系，发挥法律法规在低碳发展中的引领、规范和保障作用。另一方面，我国需要完善低碳科技创新体系、开辟多元化投融资渠道、优化财税政策等激励低碳产业和清洁能源发展。在低碳科技创新体系建设方面，可以采取建立以企业为主体、市场为导向、政产学研用相结合的技术创新体系，构建绿色低碳产业技术创新战略联盟，提升协同创新基地的试点示范效应等方式，加强低碳技术研发。在财税政策方面，近几年，我国实施的多项低碳能源财税激励政策，往往是针对某一种特定的清洁能源而制定的，政策措施较为单一，政策之间的关联性、互补性和系统性不强，当前需要建立系统的、完整的低碳清洁能源财税支持体系。在低碳金融政策方面，可以吸引更多风险资本进入低碳清洁能源产业、建立清洁能源基金投资低碳清洁能源行业、成立清洁能源信用担保金融机构和担保公司等，开辟多元化投融资渠道，同时应加强政府监督，健全规范融资市场。

（二）构建绿色低碳产业体系和清洁低碳能源体系，增强中国经济绿色转型和实现高质量发展的动力

工业文明的发展带来的粗放型的经济增长方式，由于忽视了各产业之间的有机联系和社会经济系统与自然生态系统之间的平衡发展，导致改革开放以来，我国经济建设在取得巨大成就的同时，严重的环境污染和生态危机日益凸显。经济增长的高速度、高效率也导致了高耗能、高污染、高成本，严重制约了国民经济的可持续发展。面对资源约束趋紧、环境污染严重、生态系统退化的严峻形势，为解决发展中的不平衡、不协调和不可持续，我国积极调整产业结构、优化能源结构、强化节能管理，通过构建绿色低碳产业体系和清洁低碳能源体系，改变了以资源消耗和破坏环境为代价发展起来的以重工业为基础的经济结构，发展了各种新兴产业，挖掘了新的增长点，提高了能源使用效率，促进了单位GDP能耗的下降和非化石能源消费的提高。构建绿色低碳产业体系和能源体系，已成为实现绿色生产方式和生活方式以及增强经济增长的动力和可持续性的重要途径。

"十三五"及未来一段时期,是我国绿色低碳产业发展和清洁低碳能源发展的重要战略机遇期。在构建绿色低碳产业体系方面,近年来,我国节能环保产业年均增长率超过15%,总产值突破8万亿元,发展潜力巨大。当前,要进一步优化产业结构,以绿色低碳技术创新和应用为重点,积极发展新能源汽车、先进核电、可再生能源、高效储能、智能电网及智慧能源等领域,推动产业向价值链高端发展;加强节能关键技术攻关,提升节能设备及其关键零部件开发能力,加快节能技术系统集成;支持先进适用环保技术装备研发和产业化,推动在生态建设和治理等领域的应用示范;发展汽车零部件、办公耗材、家用电器等再制造技术,促进废弃物资源综合利用。在构建绿色低碳能源体系方面,当前,从国际上看,世界能源格局深刻调整,新一轮能源革命蓬勃兴起;从国内来看,随着我国经济发展步入新常态,传统能源产能结构性过剩问题仍较突出,节能降耗面临阶段性压力。"十三五"时期是全面建成小康社会的决胜阶段,要完成单位GDP能耗降低15%的目标,能源消费总量仍需有效控制,能源发展质量和效率亟待提升。当前,要把发展清洁低碳能源作为调整能源结构的主攻方向,坚持发展非化石能源与清洁高效利用化石能源并举,推进能源革命,着力推动能源高质量发展,建设清洁低碳、安全高效的现代能源体系,推动绿色低碳发展迈上新台阶。

(三)积极引导和规范发展低碳经济试点示范工作,推动走适合我国国情的自上而下和自下而上相统一的绿色发展道路

为推动绿色低碳发展,确保实现我国控制温室气体排放行动目标,需要将顶层设计和试点示范结合起来,结合各地区的自然条件、资源禀赋和经济基础等,积极探索适合不同地区的低碳绿色发展模式和路径,加快建立以低碳为特征的工业、能源、建筑、交通等产业体系和低碳生活方式,积累对不同地区和行业分类指导的低碳发展试点经验,走自上而下和自下而上相统一的绿色低碳发展道路。近年来,我国组织开展了三批低碳省区和城市试点工作,各试点地区根据试点工作方案提出的碳排放峰值目标及试点建设目标编制了低碳发展规划;制定了本地区碳排放指标分解和考核办法;结合本地实际制定出台了促进低碳发展的产业

政策、财税政策和技术推广政策，为全国低碳发展发挥了示范带头作用，逐步探索出一条立足于我国国情的渐近式发展低碳经济的路径。

当前，为了更有效地推广低碳试点政策，需要从低碳政策创新、清洁能源、低碳产业、低碳生活、资源环境等方面，建立一套科学、完整、统一、可操作的低碳城市评价指标体系，定量评估低碳城市试点的成效；需要出台清晰的低碳试点城市发展规划，统筹产业结构调整、能源结构优化、节能降耗等工作，并将低碳发展理念融入城镇化建设，在低碳城市建设的同时深入推进新型城镇化；低碳试点地区要在低碳技术创新、低碳社会建设、绿色消费、低碳产业发展、节能减排、绿色建筑等方面进一步总结低碳发展的经验，积极探索低碳城市的发展模式。

（四）政府、企业、公众等多方参与低碳社会建设，推动形成绿色发展方式和生活方式

低碳社会是指应对全球气候变化、能够有效降低碳排放的一种新的社会整体形态。[①] 低碳社会的实质是通过改变传统经济增长方式和生活方式，以尽量少的能源资源消耗和二氧化碳排放，实现经济社会可持续发展和人与自然和谐相处。近年来，中国政府、媒体、环保民间组织通过开展多项宣传活动、公益活动，普及和传播了低碳发展理念；企业通过加快技术创新，以绿色转型促进了低碳社会建设；公众通过积极参与各类节能低碳活动，形成了绿色生活方式和消费方式。低碳社会的构建是一项长期的系统工程，需要社会各个层面的配合与参与，政府、企业、公众等多方参与低碳社会建设是推动形成绿色生活方式的必然要求和动力。

当前，我国低碳社会建设中还存在政府主导作用不明确、企业节能减排的广度和深度不足、对环保组织发挥的作用缺乏足够认识、公众参与度不够等诸多问题，政府、企业、公众需要形成合力，共同推动低碳社会建设。首先，政府要发挥主导作用。要加强对社会公众的教育与宣传引导，使公众在消费领域成为自觉减排、低碳出行、低碳生活的主体；

[①] 薛建明：《当代中国科技进步与低碳社会构建》，中国书籍出版社 2013 年版，第 242 页。

通过制定相关政策、法律对传统企业的产业结构和生产方式进行引导和规划，为企业提供政策支持；要充分肯定社会组织在低碳社会构建中所起到的积极推动作用。其次，要加强新能源技术体系、交通技术体系、建筑节能技术体系建设，突破企业技术瓶颈，扩大企业节能减排的广度和深度。再次，要增强环保民间组织的专业性，同时社会要充分认识环保组织在低碳社会建设中发挥的作用，公众要积极参与环保民间组织的各项活动。最后，公众要积极参与低碳社会建设。一方面，公众要参与低碳相关法律、法规、发展规划、政策的制定，并积极监督低碳政策执行。另一方面，公众要参与低碳出行、低碳消费、低碳交易、低碳能源、绿色节能等各种宣传和引导活动，积极践行低碳生活。

［原载《宁夏社会科学》2019年第6期］

中国环保产业发展的历史回顾与经验启示

环保产业是为社会生产和生活提供环境产品和服务活动,为防治污染、改善生态环境、保护资源提供物质基础和技术保障的产业。[①] 随着中国经济的持续快速发展和城市化、工业化进程的不断加快,国家对环保产业发展日益重视,尤其是改革开放以来,各个五年规划(计划)对环保事业和环保产业发展都有明确的目标内容,新出台的国家"十三五"规划更是辟专章规划绿色环保产业的发展。我国环保产业从20世纪70年代初开始起步,目前已进入快速发展阶段,总体规模迅速扩大,产业领域不断拓展,产业结构逐步调整,产业水平明显提升,逐渐成为国民经济新的支柱产业。但当前环保产业发展也存在技术创新体系不完善、技术开发投入不足、市场不规范、法律法规不健全、财税优惠政策激励力度有限、企业融资难度大等诸多问题。本文回顾了中国环保产业发展的历史,在总结经验的基础上对当前如何更好地推动中国绿色环保产业发展提出相关对策。

一、中国环保产业发展的历程

中国环保产业是随着环境事业的发展而逐渐发展壮大的。20世纪60

[①] 《关于环保系统进一步推动环保产业发展的指导意见》,《中国环保产业》2011年第5期,第17页。

年代中后期到 70 年代初，面对工业化造成的环境污染，中央政府开始对工业"三废"对水源和空气造成的污染进行调查，拉开了环境保护工作的序幕，环保产业开始萌芽。1973 年全国第一次环境保护工作会议召开，以此为起点到 20 世纪 80 年代，是我国环保产业开始孕育发展阶段。20 世纪 90 年代，随着城市化和工业化进程的不断加快和环境问题的日益突出，国家出台了一系列促进环保产业发展的政策措施，环保产业进入快速发展阶段。进入 21 世纪以来，国家加快了环保产业的市场化改革进程，这一阶段环保产业作为新的经济增长点，逐渐成为革新和调整产业结构、支撑产业经济效益增长的重要力量。

（一）20 世纪 60 年代中后期到 70 年代初：环保产业发展萌芽阶段

20 世纪 60 年代中后期到 70 年代初，环境保护工作的重点是"三废"治理和综合利用。首先，成立了"三废"利用等环保机构。1971 年，国家计委成立"三废"利用领导小组。1973 年 1 月，成立了国务院环境保护领导小组筹备办公室。北京、甘肃、湖北、广东、贵州、河北、河南、辽宁、云南、浙江、湖南、山东等省市新建或重建了"三废"治理利用办公室等。到第一次全国环保会议召开前，已有 16 个省区市设立了环保机构。1972 年 6 月，官厅水库水资源保护领导小组成立，随后，又相继成立了关于保护黄河流域、淮河流域、长江流域、松花江流域、珠江流域、太湖水系等水域的环保领导小组。环保机构的成立为以后环保事业的起步准备了重要的组织条件。其次，从中央到地方开展了广泛的环境污染调查。1971 年 4 月，卫生部军管会向各省、市、自治区革命委员会卫生局下达《关于工业"三废"对水源、大气污染程度调查的通知》，指出，"三废"中的有害物质排出是害、回收是宝，回收利用可以为国家创造大量的物质财富，反之则会严重危害人民健康和工农业生产。"三废"问题的解决首先要调查清楚其对河流、大气、水源的污染情况及危害程度。《通知》要求各地对辖区主要厂矿进行全面调查，了解排污情况、排放制度、回收利用的方法以及对周围居民健康和其他行业的影响。《通知》下达后，各地污染调查工作陆续展开。1972 年，青海、甘肃、河南、山东等八省（区）联合成立协作组，长江水系六省一市成立协作组，辽宁、河北、山东三省与天津市组成协作组，分别对黄河、长江、渤海、黄海等污染情况进行了调查。在全国开展污染普查的同时，一些污染事件也引起中央政府的重视，影响较大的是官厅水库污染问题。1972年3月，北京市有关部门向中央提交《关于官厅水库污染情况的报告》。5月，李先念批示要着力解决这一问题。6月，国家计委和国家建委向国务院提交《关于官厅水库污染情况和解决意见的报告》，建议采取紧急治理措施迅速制止水质继续恶化，加强对官厅水库上游河流污染的调查；新建、扩建工厂要认真考虑"三废"综合利用，工厂建设和"三废"综合利用工程要同时设计、同时建设、同时投产；建立监测化验系统，加强检验工作。①环境污染调查工作的开展为查清污染源和有计划的治理提供了科学依据；促进了环保监测站和区域监测网的建立，为工业建设、污染防治提供了参考。最后，这一时期，还制定了诸如《工业企业设计卫生标准》《生活饮用水卫生规程》《渔业用水水质标准》《工业"三废"排放试行标准》等"三废"污染治理文件和法规，为当时的污染防治提供了制度性依据，也为以后环境保护法规的制定和完善奠定了基础。应该说，这一阶段我国的环保事业开始起步，虽然没有正式出现环保产业的概念，但"三废"治理机构的建立、治理法规的出台、污染调查监测工作的开展、污染控制设备的研制等，都为以后环保产业的孕育发展奠定了基础。

（二）20世纪70年代中期到80年代：环保产业孕育阶段

在环境保护工作受到普遍重视的情况下，1973年8月，国务院召开第一次全国环境保护会议。会议确定了环境保护工作方针："全面规划、合理布局、综合利用、化害为利、依靠群众、大家动手、保护环境、造福人民"，制定了《关于保护和改善环境的若干规定》。该规定提出要做好全面规划，经济发展与环境保护要统筹兼顾，全面安排；工业要合理布局，厂址选择要切实注意对环境的影响；要注意保护水源，消烟除尘，

---

① 《中华人民共和国环境保护法研究文献选编》，法律出版社1983年版，第7—12页。

处理、利用垃圾,改善劳动环境;综合利用,除害兴利,一切新建、扩建和改建企业的主体工程与环境保护设施要同时设计、同时施工、同时投产;加强对土壤、植物、江河、湖泊、海洋、森林、草原保护;认真开展环境监督工作,制定工业企业污染物排放标准和环境质量标准;大力开展环境保护的科学研究工作和宣传教育;环境保护需要的投资、设备和材料要尽可能予以保证。第一次环境保护会议召开后,我国的环境保护工作开始起步。1974年,国务院成立了环境保护工作领导小组,各省、市、自治区和国务院有关部委也陆续建立起环境管理机构以及环保科研、监测机构。1978年3月,第五届全国人大第一次会议通过的《中华人民共和国宪法》,明确提出"国家保护环境和自然资源,防治污染和其他公害"。1979年9月,第五届全国人大第十一次会议通过《中华人民共和国环境保护法(试行)》,确定了中国环境保护法体制框架,标志着我国环境保护工作进入法制轨道。1983年底召开第二次全国环境保护会议,明确了环境保护是一项基本国策,提出了"三建设、三同步、三统一"的战略方针,初步规划出环境保护的主要目标、步骤和措施,确定了强化环境管理作为环保工作的中心环节。1984年成立了国务院环境保护委员会,1985年中国环境保护工业协会正式成立。1988年,时任国务委员、国务院环委会主任宋健首次提出发展环保产业,"环保产业"这一新概念引起社会广泛关注。1989年,国家环境保护局组织全国第一次环保工业调查,对全国的环保工业生产、经营等情况进行了统计和分析,在被调查的3148个单位中有2529个从事环保产业的生产或研究。1988年的生产总值为38亿元,其主要产品包括用于治理环境污染的机械设备、专用仪器及专用材料等。这次调查发现大部分的企业规模小,集体企业和乡镇企业占多数。在1928个企业中,年产值在500万元以上的仅137家,只占企业总数的7.1%。[①]这一时期环保产业开始孕育发展,但由于处于发展初期,基础较薄弱,尚未形成一定规模,产业市场狭小、技术落后,亟须政府出台一系列政策措施进行引导和扶持。

---

① 范秀英等编:《环保产业与高新技术》,中国科学技术出版社2001年版,第16页。

（三）20世纪90年代到21世纪初：环保产业迅速发展阶段

1989年召开第三次全国环境保护工作会议，国务院发出《关于当前产业政策要点的决定》，将环保产业列入优先发展领域。1990年，国务院环境保护委员会第15次会议通过《关于积极发展环境保护产业的若干意见》，这是我国第一份指导环保产业发展的政策性文件。该文件详细阐明了环保产业的概念，指出发展环境保护产业的指导方针是在治理整顿和深化改革中，提高环境保护产品和环境工程的质量，为保护和改善环境、防治污染和其他公害提供物质和技术保障。1991年，国家环境保护局开始启动最佳环保实用技术的筛选与推广工作。1992年4月，全国第一次环保产业工作会议召开。会议阐明了发展环保产业对推动中国环保事业发展的重要意义，并确定了中国发展环保产业的指导思想与基本方向。会议期间同时举办了全国第一次环保产业展览会，把环保产业发展推向高潮。1992年9月，党中央和国务院批准中国环境与发展十大对策建议，其中之一是"大力推进科技进步，加强环境科学，积极发展环境保护产业"。1992年11月，国务院环境保护委员会发出《关于促进环境保护产业发展的若干措施》[①]，提出了"积极扶持，调整结构，依靠科技，提高质量，面向市场，优质服务"的指导思想，强调各级政府、各有关部门应针对环保产品市场需求量大的特点，把生产和开发环保产品和提供环保服务的企事业单位推向市场，供需结合、有偿服务、平等竞争、优胜劣汰，把发展环保产业纳入社会主义市场经济的轨道。1993年，中国环保产业协会成立。1994年，国家环境保护局发出《关于开展环保产品质量考评的通知》，这是在过去开展环境监测专用仪器质量考评的基础上，第一次在全国范围内开展多种环保产品质量考评。1995年，《中国环保产业》杂志出版。该杂志是中国环保产业协会主办的全国唯一的国内外公开发行的环保产业综合性期刊，在宣传环保方针、政策，沟通市场信息，交流行业管理经验，介绍国内外先进环保技术和产品，推动

---

① 《中国环境政策全书》下，中国环境科学出版社2005年版，第1344—1345页。

环保科技成果的商品化、产业化、国际化等方面发挥了积极作用。1995年4月，国家环境保护局发布《关于环保产业科技开发贷款有关事项的通知》，指出环保产业科技开发贷款是运用国家银行资金来支持发展环保产业的企事业单位进行环保开发、环保最佳实用技术推广、环保示范工程建设、环保信息服务、资源综合利用、生态保护开发等项目。[①]1995年，国家环保局会同国家计委、国家经贸委、国家科委和国家统计局联合开展了全国环境保护产业基本情况调查。此次调查是新中国成立以来由政府部署的第一次全国范围内的环保产业调查。历时15个月，共获得了全国29个省、市、自治区8651个从事环保产业活动的企事业单位约100万个调查数据和29套总结分析资料。[②]1996年4月，国家环境保护局发出《关于对环保产品实行认定的决定》[③]，强调要对用于防治污染和保护生态环境的环保产品实行认定，对通过认定的环保产品颁发环保产品认定证书。在建项目的污染防治和其他污染防治工程以及在环境监测中，必须使用获得认定证书的环保产品。1996年8月，国家环境保护局发布《环保产品监督检验机构管理办法》，保证了环保产品监督检验机构工作的规范化。1997年5月，国家环境保护局发布《关于环境科学技术和环保产业若干问题的决定》[④]，提出"大力发展环保产业，规范环保产业市场"，指出要有重点、有计划地推动环保产业上规模、上水平，提高环保产品的技术含量、质量和档次。要引导环保企业集约化经营，扩大环保产业规模；鼓励、支持国有大中型企业进入环保产业，从事环保产品的开发和生产；重点扶植一批环保骨干企业，组建环保产业集团和环保高科技基地；整体推进环保产业发展。同时要加强环保产业的监督管理，建立环保产业管理体系，规范环保产业市场，坚决打破部门封锁和地方保护主义，防止不正当竞争，实现环保产业市场的有序运行。1998年，国家环保总局召开全国环保系统环保产业工作会议，会议提出要大力推动环保产业发展，使其成为国民经济新的增长点。要把环保产业发

---

① 《环境保护文件选编（1993—1995）》，中国环境科学出版社1996年版，第505页。
② 《中国环境年鉴（1996）》，中国环境科学出版社1996年版，第217—218页。
③ 《中国环境年鉴（1997）》，中国环境年鉴社1997年版，第37页。
④ 《环境保护文件选编（1997）》，中国环境科学出版社1998年版，第145页。

展摆到重要的议事日程，积极探索促进环保产业发展的新思路和新方法，维护环保产业市场公平竞争的环境，促进污染治理机制的转化，引导环保产业全面走向社会化、市场化、专业化和企业化，形成环保产业自我发展的内在机制。1999年，国家环保总局发挥对环保产业引导、规范、监督、服务的职能，采取各项措施，推进环保产业向深层次发展。国家环境保护总局与科技部、国家机械局联合发布了《机动车排放污染防治技术政策》，与国家轻工业局联合发布了《草浆造纸污染防治技术政策》。向社会公布污染防治技术路线、工作进度和时限要求，规范和指导污染防治工作；以环境保护设施运营资质认可工作为突破口，提倡发展环保设施运营业和污染治理服务业，实行环保设施建设和运营两权分离。2000年，为适应社会主义市场经济发展的需要，国家将环境保护产品认定由行政性认定转为第三方认定，逐步建立起全国统一的第三方认定管理体系，推进了环境工程资质认可工作的规范化。为促进环保产业形成规模优势，促进环保产业化发展进程，培育新的经济增长点，国家环保总局还制定了国家环保产业基地和环保产业园区建设总体方案。

20世纪90年代至21世纪初，随着中国经济快速发展，经济发展和环境污染之间的矛盾日益突出，国家对环境保护工作日益重视。第三次全国环境保护工作会议将环保产业列入优先发展领域，促进了环保产业地位的提高；首次召开环保产业会议，确定了环保产业的指导思想和基本方向；出台了一系列关于环保产品质量考评、环保产业科技开发贷款、环保产品实行认定、环保产品监督检验机构管理、环境工程资质认可等方面的政策措施，对规范环保产业发展提供了思路；提出把发展环保产业纳入社会主义市场经济轨道，引导环保产业走向社会化、市场化、专业化和企业化，对于推动环保产业走向市场，促进环保产业发展规模和水平的提高发挥了重要作用。2001年2月，国家环保总局组织开展了2000年环境保护相关产业基本情况调查。结果显示，截至2000年底，从事环境保护相关产业的企事业单位总数达18144家，从业人数317.6万人。年收入总额1689.9亿元，实现利润166.7亿元。与1997年相比，我国环境保护相关产业的从业单位增加了近1倍，从业人数增加了87%，年收入总额增长了268%，年利润总额增长了187%，人均收入、人均利润分别增长了73%和53%。调查显示，中国环境保护相关产业的内涵在不断延伸和丰富，产业规模在逐步扩大，产业结构分布日趋合理，产业的整体规模和效益有了较大幅度的增长，产业的地域分布由东南沿海、沿江的经济发达地区向中西部地区扩展，中国环保产业发展呈现出良好的发展势头。尽管这一时期环保产业得到迅速发展，但由于环保产业是在计划经济体制下适应环境保护的需要发展起来的，多年来一直处于一种无序、盲目的发展状态，导致环保产业发展存在缺乏国家宏观指导，企业分散、规模小、缺乏骨干力量，产品科技含量低，市场管理不规范、社会化服务体系不健全等诸多问题。在社会主义市场经济体制下，亟须政府加强宏观调控，规范环保产业市场发展，建立以市场供求关系为主、以政府制度管理为支撑的市场主导型运行机制，促进环保产业有序健康发展。

（四）21世纪至今：环保产业持续健康发展阶段

2001年5月，为深入贯彻落实可持续发展战略和科教兴国战略，促进中国环保产业快速、健康发展，保护资源和环境，培育新的经济增长点，国家环保总局发出《关于加快发展环保产业的意见》，指出各地区和有关部门在制定国民经济和社会发展计划及远景目标时，要把环保产业作为重点发展领域。制定和实施环保产业发展规划，要认真分析国内外市场需求和技术发展趋势，明确发展方向、目标和重点，坚持"有所为，有所不为"的原则，发挥地区比较优势，防止低水平重复建设。同时强调发展环保产业，要坚持以市场为导向、以科技为先导、以效益为中心、以企业为主体的原则，强化政策引导，依靠技术进步，培育规范市场，加强监督管理，加大环境执法力度，逐步建立与社会主义市场经济体制相适应的环保产业宏观调控体系和统一、开放、竞争、有序的环保产业市场运行机制，促进环保产业健康发展，为环境保护提供技术保障和物质基础，以适应日益严格的环保要求对环保产业的需求，并使其成为新的经济增长点。[①]2001年11月，国家经贸委发出《环保产业发展"十五"

---

① 《中国环保产业（2002）》，中国环境科学出版社2003年版，第11—14页。

规划》①指出,"十五"期间,是中国经济和社会发展的重要时期,是经济结构战略性调整的重要时期,也是我国加快生态建设和环境保护的重要时期。发展环保产业是实施可持续发展战略的必然要求,是培育新的经济增长点的需要,是适应我国加入 WTO 的现实选择。"十五"期间,国家紧密结合经济结构调整和西部大开发战略的实施,以解决重点区域的重点环境问题为突破口,实施和推进了淮河、海河、辽河、太湖、巢湖、滇池、酸雨和二氧化硫控制区、北京市、渤海、三峡库区及其上游、黄河小浪底库区及其上游和松花江流域等重点区域的污染防治工作。同时,国家环保总局在机制、政策和制度创新方面,继续推进环境污染治理的市场化,推进环保产业基地、环保产业园及生态工业园的建设,规范、完善环保运营资质、环境工程设计资质工作,加强对环境保护产品的监督管理与认定工作。环保产业工作取得了新的进展。"十五"期间,我国加大了对环保基础设施建设的投资力度,全社会环境保护投资比"九五"时期翻了一番,占 GDP 的比例首次超过 1%,②促进了环保产业的整体发展,从而使环保产业总体规模不断壮大,涵盖领域不断延伸。

2007 年,政府对于环保工作的开展提出了新方法、新思维,正式将环保项目支出列入国家财政总预算中,并出台了一系列措施促进节能减排。2008 年,全球金融危机爆发,我国加大了基础设施的建设规模,其中对环保产业的投资更是显著增加。2009 年一季度,中国环保行业实现了较高增长,其中废弃资源与废旧材料回收加工业、环境污染处理专用药剂材料制造业的工业销售总产值同比增幅均超过 50%;环保、社会公共安全及其他专用设备制造业的销售总产值同比增长也超过 20%。③2009 年 9 月,温家宝主持召开三次新兴战略性产业发展座谈会,强调要重视新能源、节能环保、电动汽车、新材料、新医药、生物育种和信息产业的发展。2010 年 10 月,国务院发出《关于加快培育和发展战略性新兴产业的决定》,强调要立足我国国情和科技、产业基础,坚持创新发展,将节能环保、新一代信息技术、生物、高端装备制造、新能源、新材料、

---

① 《环保产业政策汇编》,中国友谊出版公司 2005 年版,第 70—78 页。
② 《国家环境保护"十一五"规划》,中国环境科学出版社 2008 年版,第 2 页。
③ 《中国环保行业分析报告》(2010 年 1 季度),中国经济信息网,2010 年 5 月。

新能源汽车等战略性新兴产业加快培育成为先导产业和支柱产业。节能环保产业要重点开发推广高效节能技术装备及产品，实现重点领域关键技术突破，带动能效整体水平的提高。加快资源循环利用关键共性技术研发和产业化示范，提高资源综合利用水平和再制造产业化水平。示范推广先进环保技术装备及产品，提升污染防治水平。推进市场化节能环保服务体系建设。加快建立以先进技术为支撑的废旧商品回收利用体系，积极推进煤炭清洁利用、海水综合利用。"十一五"期间，环保产业作为战略性新兴产业得到较快发展。环保产业投资总额1.375万亿元，较"十五"期间增加96.4%，占GDP的比例上升到1.35%。根据《第四次全国环境保护相关产业综合分析报告》，2011年我国环境保护相关产业从业人员达到319.5万人，年营业收入30752.5亿元，年营业利润2777.2亿元，年出口合同额333.8亿美元。与2004年相比，2011年我国环境保护相关产业的从业人数增加了100.3%，年均增长速度为10.4%；营业收入增加了572.6%，年均增长速度为31.3%；营业利润增加了605.1%，年均增长速度为32.2%；出口合同额增加了439.3%，年均增长速度为27.2%。同时，我国环境保护相关产业营业收入占同期GDP的比重由2004年的2.8%上升至2011年的6.5%。[①]

"十二五"期间，发展环保产业是我国经济绿色化发展的主要方向。2011年，环保部发出《关于环保系统进一步推动环保产业发展的指导意见》，指出要充分认识环保产业的战略性、基础性地位，进一步发挥环保系统在推动环保产业发展中的作用，并提出了"十二五"时期环保部门推动环保产业发展的指导思想、基本原则与重点发展方向。2012年6月，国务院发出《"十二五"节能环保产业发展规划》，对节能环保产业的重点发展领域作出规划。2012年7月，国务院发出《关于印发"十二五"国家战略性新兴产业发展规划的通知》[②]，指出，"十二五"时期是我国战略性新兴产业夯实发展基础、提升核心竞争力的关键时期。关

[①] 《第四次全国环境保护相关产业综合分析报告》，《中国环保产业》2014年第8期，第4—17页。

[②] 《国务院关于印发"十二五"国家战略性新兴产业发展规划的通知》，《中华人民共和国国务院公报》2012年第21期，第11—33页。

于节能环保产业,要强化政策和标准的驱动作用,充分运用现代技术成果,突破能源高效与梯次利用、污染物防治与安全处置、资源回收与循环利用等关键核心技术,大力发展高效节能、先进环保和资源循环利用的新装备和产品;完善约束和激励机制,创新服务模式,优化能源管理、大力推行清洁生产和低碳技术、鼓励绿色消费,加快形成支柱产业,提高资源利用率,促进资源节约型和环境友好型社会建设。2013年,国务院发出《关于加快发展节能环保产业的意见》[①],提出要牢固树立生态文明理念,立足当前、着眼长远,围绕提高产业技术水平和竞争力,以企业为主体、以市场为导向、以工程为依托,强化政府引导,完善政策机制,培育规范市场,着力加强技术创新,大力提高技术装备、产品、服务水平,促进节能环保产业快速发展,释放市场潜在需求,形成新的增长点,为扩内需、稳增长、调结构,增强创新能力,改善环境质量,保障改善民生和加快生态文明建设作出贡献。并指出节能环保产业的发展目标是"年均增速在15%以上,到2015年,总产值达到4.5万亿元,成为国民经济新的支柱产业"。2015年4月,中共中央、国务院制定出台《关于加快推进生态文明建设的意见》,明确提出"要大力发展节能环保产业"。2015年11月,"十三五"规划建议提出,支持绿色清洁生产,推进传统制造业绿色改造,推动建立绿色低碳循环发展产业体系,鼓励企业工艺技术装备更新改造。2016年3月5日,李克强在十二届全国人大四次会议上作政府工作报告,强调要重拳治理大气雾霾和水污染。大力发展节能环保产业,扩大绿色环保标准覆盖面;开展全民节能、节水行动;推进垃圾分类处理,健全再生资源回收利用网络,把节能环保产业培育成我国发展的一大支柱产业。2016年3月17日,"十三五"规划纲要明确提出要发展绿色环保产业,培育服务主体,推广节能环保产品,支持技术装备和服务模式创新,完善政策机制,促进节能环保产业发展壮大。2016年4月,环境保护部出台《关于积极发挥环境保护作用促进供给侧结构性改革的指导意见》,指出大气、水、土壤污染防治三大战役为

---

① 《中华人民共和国法规汇编(2013年1月—12月)》,中国法制出版社2014年版,第805—815页。

环保产业扩大产业规模、优化产业结构、提高技术水平和市场化程度提供了大好机遇，环保产业发展也将为实现环境质量改善目标提供有力支撑。2016年12月，国务院印发《"十三五"国家战略性新兴产业发展规划》，提出要推动新能源汽车、新能源和节能环保产业快速壮大，构建可持续发展新模式。在国家出台的一系列环保产业发展方针政策的指导下，"十二五"以来，我国环保产业发展的相关政策法规不断完善，国务院先后发布了《大气污染防治行动计划》《重点区域大气污染防治"十二五"规划》《水泥工业大气污染物排放标准》《水泥窑协同处置固体废物污染控制标准》《火电厂大气污染物排放标准》《环境空气质量标准》《钢铁烧结、球团工业大气污染物排放标准》《炼钢工业大气污染物排放标准》《炼焦化学工业污染物排放标准》《土壤污染防治行动计划》等一系列法规标准，促进了我国环保行业的快速发展。目前，我国环保产业领域的投资不断增长，发展规模不断扩大，已发展成为囊括环保产品、环境基础设施建设、环境服务、环境友好产品、资源循环利用等多领域的综合产业体系。据统计，我国环境污染治理投资总额由2010年的6654.2亿元增长到2014年的9575.5亿元，增长44%。[①] 环保行业产值从2012年的3万亿元增长到2014年的3.98万亿元，年复合增长率为15.2%。环保产业从业人数由2011年的319.5万人增长到2014年的328.0万人，约增长2.7%。环保产业从业单位由2011年的23820个增长到2014年的25710个，约增长7.9%。[②] 但与此同时，中国环保产业发展仍存在激励与约束机制不够健全、技术创新建设和推广进程迟缓、环境服务业发展相对滞后等诸多问题。

二、中国环保产业发展的历史经验

环保产业从20世纪60年代中后期开始萌芽，发展至今历经近50年，成就斐然，目前产业领域不断拓展，产业结构、技术和产品结构逐

[①]《2010—2015年中国污染治理行业投资总额情况回顾统计》，中国产业信息网，2015年12月1日。

[②]《2016年中国环保产业市场发展前景分析》，中国产业信息网，2015年12月21日。

步优化升级，已发展成为释放经济发展新红利的增长点和引领绿色经济的支柱产业。回顾我国环保产业的发展历程，政府宏观调控与市场机制的有机结合、环保产业法规政策的健全、环保产业技术创新体系的推进、环保产业领域多元化投融资改革措施的完善等都是当前环保产业发展值得借鉴的历史经验。

第一，政府宏观调控与市场机制的有机结合是规范环保产业发展的重要驱动力。我国环保产业孕育发展的初期，环保产业的正外部性决定了其需要政府的管制，政府的环保意识、环保政策、执法力度以及对环境设施的投入，可以反映环境污染的根源，正确处理环境问题。随着市场经济体制的日臻完善，环保产业具有的市场属性决定了其发展还需要遵循市场规律，通过市场培育不断发展壮大。面对环保产业市场存在的地方保护和行业垄断、不公平竞争或不正当竞争、市场行为的责权不分等诸多问题，我国政府提出把发展环保产业纳入社会主义市场经济轨道，引导环保产业走向社会化、市场化、专业化和企业化，强调以企业为主体、以市场为导向，强化政府宏观调控，完善政策机制，培育规范市场，推动了环保产业发展规模、水平的不断提高。通过市场手段和政府手段的有效配合，建立以市场供求关系为主、以政府宏观管理为支撑的市场主导型运行机制，激发环保产业的市场动力和活力，规范市场运作，优化发展环境，强化技术支撑，已成为发展壮大环保产业的重要经验。

第二，法规政策的健全是环保产业发展的有力支撑。健全的环境保护法规和积极的污染治理措施是环保产业发展的主要驱动力。一国环保产业的发达程度与该国环境法规的完善程度密切相关。回顾我国环保产业的发展进程，一系列不断健全的环保产业法规政策的出台已成为推动环保产业健康发展的强劲动力。20世纪80年代，《环境保护法》确立了环境保护是我国的一项基本国策，催生了我国的环保产业。20世纪90年代，关于积极发展环保产业的若干意见、国务院关于环境保护若干问题的决定等文件的出台，确立了环保产业在我国国民经济中的地位，明确了发展环保产业的指导方针和政策措施；对环保产品实行认定的决定、环保产品监督检验机构管理办法等政策的出台对当时规范环保产业发展发挥了重要作用。进入21世纪后，国家关于加快发展环保产业的系列指导意见文件，促进了与社会主义市场经济体制相适应的环保产业宏观调控体系的建立；关于加快培育和发展战略性新兴产业的决定，确立了环保产业作为国家支柱产业的战略地位；国家陆续出台的大气污染防治法、水污染防治法、固体废物污染防治法、清洁生产促进法、环境影响评价法、排污费征收管理条例等一系列重要的法律法规和政策，为新时期环保产业的改革与发展指明了方向。

第三，技术创新是推动环保产业发展的关键因素。环保产业属于技术密集型综合性产业，技术创新可以改进环保产品与服务的质量，增强环保产业的市场竞争力。环保产品从设计开发之初，经过中间环节的生产过程一直到推向市场，都强烈依赖科学技术的创新。20世纪80年代，环保产业市场狭小、技术落后。20世纪90年代，中央政府提出要大力推进科技进步，加强环境科学，积极发展环境保护产业，并开始启动最佳环保实用技术的筛选与推广工作，同时还建立了环保产业基地，环保产业技术创新取得一定进展。进入21世纪，国家提出要坚持以市场为导向、以科技为先导，依靠技术进步，培育规范市场，将环保产业作为战略性新兴产业进行培育，对环保技术创新的投资力度逐步加大，促进了节能环保技术、清洁生产和低碳技术、资源综合利用技术、污染防治技术等水平的稳步提高和环保产业技术创新体系的初步建立。在市场经济体制下，加大对环保产业重点领域关键技术的开发，加快先进、成熟技术的推广应用，促进环保产业优化升级，是推动环保产业持续健康发展的关键。

第四，开辟多元化投融资渠道是促进环保产业发展的有力保障。环保产业的投资需求量较大，技术专业性较强，发展环保产业必须突破传统的投融资模式，开辟多元化投融资渠道。在环保产业发展的初期，主要依靠政府财政投资，投资渠道较为单一。随着环保产业发展纳入市场经济轨道，环保产业作为优先发展领域和国民经济的新增长点，投资占GDP的比例不断提高，投资渠道也逐步拓展。国家强调要加强节能环保领域金融服务，鼓励和引导金融机构加大对循环经济、环境保护及节能减排技术改造项目的信贷支持。一些规模环保企业采用上市融资、BOT模式、TOT模式等运作方式，污染治理设施的市场化经营、环境保护基金、试点排污权交易等多元化的投融资渠道被逐步开拓，推动了环保产业的发展壮大。以污水处理行业为例，2013年国有资本在环保产业资产总额中所占比重降低7.6%，社会（股份和私营）资本占比上升4.7%。[①] 多元化社会投融资渠道的拓展减轻了政府的压力，突破了传统的投融资模式的障碍，是增强环保企业发展活力的有效举措。

三、重要启示

环保产业是"十三五"时期推动绿色发展的重要产业部门，对促进我国绿色经济转型发展发挥着重要作用。第一，推动环保产业投融资体制改革。一方面，应完善政府投资体制，发挥好政府投资的引导和带动作用，加大对环保领域的投资力度，确保涉污企业的治理费用投入达到环境治理的需求。另一方面，为弥补政府投入资金的不足，要鼓励政府和社会资本合作，通过运用BOO、BOT、BT、绿色环保基金、绿色环保债券等多种方式，采用市场化运作模式，积极引导民间资本进入环保产业。同时要广泛、深入地开展国际合作，积极利用国际金融组织和外国政府贷款投资，为中国绿色环保产业发展提供新动力。

第二，推进环保产业财税收体制改革。一方面，在税收、信贷、财政补贴等方面给予环保产业政策优惠，如对环保企业免征或减征营业税、增值税和城市维护建设税等；对某些盈利甚微的环保企业给予银行贷款的贴息支持；对固定资产调节税等实行减免税优惠。同时要开征环境税。通过对有可能造成污染的产品征收环境税，迫使污染企业考虑环境污染问题；鼓励政府利用环境税对节能技术研发给予资金补贴，从而推动节能环保产业发展。另一方面，加强对环保产业财税政策执行落实情况的监督检查。通过监督企业对政府补贴资金的管理和使用情况，保障财政资金引导和鼓励环境保护的效应得以充分发挥；开展环保政策可行性调研、执行反馈以及绩效评估等，客观分析评价政策的可行性，及时发现

---

① 张彬、肖俊霞：《政策发力与市场拉动，双向助力环保产业"十三五"发展》，《中国战略新兴产业》2016年第7期，第87页。

政策执行中出现的新问题，为进一步完善政策提供参考；建立信息公众平台，及时公布财政资金的使用情况，提高资金使用的透明度。

第三，提高环保企业自主创新能力和综合竞争力，加快环保产业技术创新体系建设。要加强环保科技成果共享平台建设，推动环保技术成果共享与转化；构建"政产学研"一体的环保技术研发体系，实施重大科技专项攻关，增强企业技术创新能力；加大对环保产业知识产权的保护，完善环保产业知识产权保护法律体系建设，鼓励环保企业技术研发的投入；推进环境科技资源的优化配置，形成一批上下游链条较为健全的产业体系，加速环保高新技术的研发和产业化；完善对治污领域先进技术研发的财政支持机制，健全环保先进技术示范应用的鼓励性政策。

第四，加强环保产业国际合作进程。目前，绿色环保产业已成为世界多数国家的支柱产业，"走出去"是推动中国绿色经济发展的必然要求。要加强环保技术产业国际合作顶层制度设计，构建环保企业"走出去"的政策支持体系，鼓励企业进入国际市场，参与境外环保工程与服务项目建设；创建技术交流与服务平台，提供准确可靠的合作信息和各类政策、法规执行方面的建议，分享环保产业发展的国际合作经验，协调解决产业国际合作中出现的各类矛盾；培育环保产业国际合作示范基地，支持环保产业走出去、引进来；借助"一带一路"倡议、国际经贸合作区建设等契机，提升中国环保产业国际竞争力。

[原载《中州学刊》2017 年第 4 期]

特大城市群污染密集型产业转移与决定因素
——以京津冀为例

　　特大城市群是国家发展战略核心区和新型城镇化主体区。① 我国目前已形成京津冀、长三角、珠三角、长江中游和成渝五个特大城市群,但它们在发展过程中面临着日益严重的资源环境压力。② 如何协调城镇化与资源环境关系是目前学界和决策部门普遍关注的难点问题,其中污染密集型产业的转移是热点议题。改革开放尤其是 21 世纪以来,伴随工业化、城市化的快速发展,我国特大城市群产业结构和空间分布格局不断演进,③ 污染密集型产业(下称污染产业)也发生了显著迁移变动。作为中国特大城市群之一,京津冀城市群因首都因素和空气质量问题,其产业转型升级与生态环境保护备受瞩目并具有代表性。随着京津冀建设世界级城市群目标的提出和协同发展战略的出台,其产业空间结构重塑中污染产业的转移成为焦点。本文拟以京津冀城市群为例来研究特大城市群的污染产业转移及其决定因素。

　　伴随各地环境规制的提高,污染产业在国内开始了地域转移,主

---

① 方创琳:《中国城市群研究取得的重要进展与未来发展方向》,《地理学报》2014 年第 8 期。
② 方创琳、周成虎、顾朝林等:《特大城市群地区城镇化与生态环境交互耦合效应解析的理论框架及技术路径》,《地理学报》2016 年第 4 期。
③ 孙久文、姚鹏:《京津冀产业空间转移、地区专业化与协同发展——基于新经济地理学的分析框架》,《南开学报(哲学社会科学版)》2015 年第 1 期。

要表现为从发达区域转向欠发达区域。[①] 在全球化生产和自由贸易使得污染产业国际、区际转移成为可能的条件下，污染产业有动力向环境规制较低地区转移，此即著名的"污染天堂"假说（Pollution Heaven Hypothesis，PHH）因素作用。污染产业多为要素（资本、劳动、技术、资源）密集型产业[②]，因此，有些污染产业会布局在资源富集区以节约原材料成本，有些布局在工资水平低的地区以节约劳动成本，有些则是资本、技术指向，选址在易于融资和技术水平较高的地区。随着经济全球化的深入，对外开放因素如引进外资、对外贸易等也可能影响污染产业的区位，这时临海布局无疑是不错的选择。此外，区域间的竞争、合作等空间交互作用也会对污染产业的分布产生影响[③]。京津冀地区作为建设世界级城市群、京津冀协同发展和雄安新区等国家重大战略的载体，其环境问题备受关注，与之密切相关的污染产业分布迁移更是聚焦点。本文试图利用微观企业数据研究该地区污染产业的时空演进特征及其影响因素，揭示其发展演化动力机制，并讨论其对转型期京津冀地区制定产业转移政策的启示。

一、文献回顾

推动绿色发展、创新发展以形成保护环境、提高生态文明水平的产业结构、空间布局是我国新时期贯彻"新发展理念"的重要内容和重大战略。随着全球化的加深，污染产业跨国跨区转移已成为常态，研究污

[①] 沈静、向澄、柳意云：《广东省污染密集型产业转移机制——基于2000—2009年面板数据模型的实证》，《地理研究》2012年第31卷第2期。仇方道、蒋涛、张纯敏等：《江苏省污染密集型产业空间转移及影响因素》，《地理科学》2013年第33卷第7期。周沂、贺灿飞、刘颖：《中国污染密集型产业地理分布研究》，《自然资源学报》2015年第30卷第7期。

[②] 周沂、贺灿飞、刘颖：《中国污染密集型产业地理分布研究》，《自然资源学报》2015年第30卷第7期。
Cole M A, Elliott R J R. FDI and the capital intensity of "dirty" sectors: A missing piece of the pollution haven puzzle. Review of Development Economics, 2005, 9（4）：530-548.

[③] 王文普：《环境规制、空间溢出与地区产业竞争力》，《中国人口·资源与环境》2013年第23卷第8期。

染产业时空转移和分布特征，探索生态环境保护和产业合理布局的关系与路径，是当前我国各地永续发展的热点之一。① 有关污染产业转移的国际研究始于 20 世纪 80 年代，随着欧美日等发达国家的环境准入门槛的提高，污染产业不断从这些国家转向发展中国家和地区②，而发展中国家和地区污染密集型产品份额的不断扩大引发了广为流行的"污染天堂"假说的提出③，之后又出现了"资源禀赋假说""环境竞次假说""波特假说"等有关污染产业转移学说，这些学说基本涵盖了污染产业转移的理论机制和相关影响因素。

污染天堂假说（PHH）认为，环境规制较宽松的地区更有优势发展污染产业，市场机制会引导污染产业向这些地区专业化集聚。不少研究认为，发达地区日趋从严的环境规制会给企业带来矫正环境负外部性的额外费用，会推动污染产业向落后地区转移，从而支持了该假说④。但也

---

① 仇方道、蒋涛、张纯敏等：《江苏省污染密集型产业空间转移及影响因素》，《地理科学》2013 年第 33 卷第 7 期。

② 沈静、向澄、柳意云：《广东省污染密集型产业转移机制——基于 2000～2009 年面板数据模型的实证》，《地理研究》2012 年第 31 卷第 2 期。
Castlman B I. The Export of Hazardous Factories to Developing Nations. International journal of Health Services. 1979（9）.
Low P, Yeats A. Do "Dirty" Industries Migrate?. In: Patrick Low ed. International Trade and the Environment. World Bank Discussion Paper No 159, 1992.89–104.
Dean J M. Trade and Environment: A Survey of the Literature. Policy, Research Working Paper, No. WPS 966. World development report. Washington, DC: World Bank. 1992.1–24.

③ Mani M, Wheeler D. In Search of Pollution Havens? Dirty Industry in the World Economy, 1960 to 1995. The Journal of Environment & Development, 1998（3）.
Birdsal N, Wheeler D. Trade Policy and Industrial Pollution in Latin America: Where Are the Pollution Havens?. Journal of environment and Development, 1993（2）.
Lucass R E B, Wheeler D, Hettige H. Economic Development, Environmental Regulation and the International Migration of Toxic Industrial Pollution: 1960–1988. Policy, Research Working Paper, No. WPS 159. World development report. Washington, DC: World Bank. 1992. 67–86.

④ Levinson A, Taylor S M. Unmasking the Pollution Haven Effect. International Economic Review, 2008（1）.
张可云、傅帅雄、张文彬：《产业结构差异下各省份环境规制强度量化研究》，《江淮论坛》2009 年第 6 期。黄志基、贺灿飞、杨帆、周沂：《中国环境规制、地理区位与企业生产率增长》，《地理学报》2015 年第 10 期。

有研究认为污染天堂假说并不成立，例如 Stafford 认为环境规制并非污染产业空间区位迁移的影响因素[①]，Buses 认为没有证据表明环境管制的严格程度与污染产业跨国转移相关[②]，周沂等也认为由于污染产业依赖技术、资源等要素，环境规制可能并非促使其转移的重要力量。[③]

资源禀赋假说（Factor Endowment Hypothesis, FEH）认为，产业比较优势源于要素禀赋差异，不同要素禀赋地区会聚集充分利用其禀赋优势的产业，比如资本充裕地区发展资本密集型产业，资源富集地区发展资源密集型产业，劳动力丰富地区聚集劳动密集型产业。污染产业的多样性使得有些污染产业会选择资本密集地区（如化工业），有些选择资源富集地（如陶瓷），有些则更青睐劳动力丰富且廉价的地区（如纺织印染、皮革鞣制）。Kim 发现美国各州资源禀赋对其特定产业就业规模有很好的解释力[④]，一定程度上验证了资源禀赋假说的正确性。此外，在全球化贸易不断发展条件下，优越的地理区位禀赋和交通条件对产业的吸引力不断增大，也会使得污染产业临海布局以便利地获得国际资源和进出海外市场，可见良好的交通、港口区位一定程度可替代或弱化对传统资源的依赖[⑤]，并可通过对外开放因素（如利用外资、对外贸易）来间接测度或反映其程度。

环境竞次假说（Race-to-the-Bottom Hypothesis, RBH）认为，每个地区因担心其他地区采取比本地更低的环境标准而使自身失去竞争优势，进而竞相采取比其他地区次优的环境政策以获得相对产业优势。[⑥] 该

---

① Stafford H A. Environmental Protection and Industrial Location. Annals Association American Geography, 1985（2）.

② Buses J. Trade, Environmental Regulations and the World Trade Organization: New Empirical Evidence. Journal of International Economics, 2004（2）.

③ 周沂、贺灿飞、刘颖：《中国污染密集型产业地理分布研究》，《自然资源学报》2015 年第 30 卷第 7 期。

④ Kim S. Expansion of Markets and the Geographic Distribution of Economic Activities: The Trends in U.S. Regional Manufacturing Structure, 1860–1987. The Quarterly Journal of Economics, 1995（4）.

⑤ 周沂、贺灿飞、刘颖：《中国污染密集型产业地理分布研究》，《自然资源学报》2015 年第 30 卷第 7 期。

⑥ Konisky D M. Assessing U. S. State Susceptibility to Environmental Regulatory Competition. State Politics and Policy Quarterly, 2009（4）.

假说虽然逻辑看似正确，但遭到一些学者的批驳，如 Wheeler 指出，吸引了大多数投资的巴西、墨西哥和中国等国的污染水平是下降的，认为该假说存在缺陷并加以反对。①Eliste 和 Fredriksson 研究出口竞争国家贸易自由化和贸易政策对环境规制标准影响时，在农业部门没有发现支持上述假说的充分证据。②该假说虽然与现实相悖，但揭示了由于污染空间溢出使得环境规制严格的地区无法获得其规制全部利益的特征。③

波特假说（Porter Hypothesis，PH）认为，适当的环境规制可以推动污染企业通过优化资源配置和技术创新来提高其生产效率和产业竞争力。④Lanoie 等也认为环境规制对产业竞争力的影响是短期的，中长期有利于生产效率和竞争力的提升。⑤根据波特假说，那些有实力的污染产业会固守环境规制日益严格的地区而不发生转移，并通过创新和技术改进来适应环境规制的要求。例如 Yang 和 He 利用 1997—2003 年的产业层面面板数据，发现更严格的环保力度引发了更多创新，而污染产业区位变化不大。⑥而 Berman 和 Bui 也发现尽管洛杉矶严格的大气环保标准会带来高昂的成本，但坐落在该市的炼油厂并未搬迁，并相比美国其他炼油厂有更高的生产效率。⑦

上述假说从不同视角对污染产业转移进行了揭示，但没有一种假说

---

① Wheeler D. Racing to the Bottom? Foreign Investment and Air Pollution in Developing Countries. Journal of Environment & Development, 2001（3）.

② Eliste, Paavo & Fredriksson, Per G. Environmental Regulations, Transfers, and Trade: Theory and Evidence. Journal of Environmental Economics and Management, 2002（2）.

③ 王文普：《环境规制、空间溢出与地区产业竞争力》，《中国人口·资源与环境》2013 年第 23 卷第 8 期。

④ Porter M E, Van der Linde C. Toward A New Conception of the Environment-competitiveness Relationship. The journal of economic perspectives, 1995（4）.

⑤ Lanoie P, Laurent-Lucchetti J, et al. Environmental Policy, Innovation and Performance: New Insights on the Porter Hypothesis. Journal of Economics & Management Strategy, 2011（3）.

⑥ Yang R D, He C F. The Productivity Puzzle of Chinese Exporters: Perspectives of Local Protection and Spillover Effects. Papers in Regional Science, 2014（2）.

⑦ Berman E, Bui L T. Environmental Regulation and Productivity: Evidence from Oil Refineries. Review of Economics and Statistics, 2001（3）.

能够解释所有污染产业地理分布和时空演进的所有现象。事实上，这些理论假说各有道理，都能从某些侧面对污染产业的空间格局进行一定程度的解释，但也各有自身的适用条件和局限。以获得高度评价的波特假说为例，该假说适用于那些资本、技术雄厚的企业，这些企业具有通过创新来适应高环保标准的能力，因而无需迁移，但对那些技术水平低下、资本无力投入创新的污染企业而言，迁移显然是更好的选择。其他假说也有类似的情形。因此，针对具体地区而言，事先预定某种假说来解释污染产业的分布变化并不可取，可行的方法是运用尽可能微观、详细的数据来分析其时空演进的决定机制，并检验相关假说的适用性。本文利用 2003—2013 年京津冀地区污染产业微观时空数据和相关区域数据，刻画其时空格局演变特征，探讨不同因素对污染产业地理分布的影响，既是对现有文献的补充，也可以为京津冀地区合理布局污染产业和优化产业结构提供依据。

二、京津冀地区污染产业时空格局演变

（一）污染产业的界定与数据说明

污染产业是指生产过程中若不加治理会直接或间接产生大量污染物的产业。[1]但污染产业如何界定目前学界尚不统一，归结起来大概有三类，一是依据产业环境治理成本来界定[2]；二是依据单位产值污染排放强度来界定[3]；三是依据产业污染物排放规模来界定。[4]本文采用国务院办公厅颁发的《第一次全国污染源普查方案》（国办发〔2007〕37 号）对污染产

---

[1] 夏友富：《外商投资中国污染密集产业现状、后果及其对策研究》，《管理世界》1999 年第 3 期。

[2] Tobey J A. The Effects of Domestic Environmental Policies on Patterns of World Trade: An Empirical Test. Kyklos, 1990（2）.

[3] Mani M, Wheeler D. In Search of Pollution Havens? Dirty Industry in the World Economy, 1960 to 1995. The Journal of Environment & Development, 1998（3）. 赵细康：《环境保护与产业国际竞争力：理论与实证分析》，中国社会科学出版社 2003 年版。

[4] Becker R, Henderson V. Effects of Air Quality Regulations on Polluting Industries. Journal of Political Economy, 2000（2）.

业的划分标准，选取十大重点污染行业，包括农副食品加工业（13）、食品制造业（14）、纺织业（17）、皮革毛皮羽毛（绒）及其制品业（19）、造纸及纸制品业（22）、石油加工/炼焦及核燃料加工业（25）、化学原料及化学制品制造业（26）、非金属矿物制品业（31）、黑色金属冶炼及压延加工业（32）和有色金属冶炼及压延加工业（33）。考虑到两位代码（以下称"三位数"）实际上包括了一些污染较轻或者无污染的行业，在实证分析时借鉴周沂等的做法[①]，选择上述十行业中污染最密集的五个三位数行业，即棉、化纤印染精加工（171），皮革鞣制加工（191），造纸（222），炼焦（252）和基础化学原料制造（261）。

根据上述分类，本研究以2003—2013年中国工业企业数据库和2004—2014年《中国城市统计年鉴》、京津冀三地统计年鉴以及河北省十一地市统计年鉴为数据来源，其中涉及价格的数据统一换算为2005年不变价以确保可比性。

（二）污染产业的时空演进特征

从时间发展序列来看（图1），京津冀污染产业的二位数前十行业工业总产值呈N型波动上升，由2003年的549亿元升至2013年的3132亿元，三位数前五行业工业总产值也呈波动上升，从2003年的73亿元提高到2013年的194亿元。进一步考察，京津冀污染产业发展可分为2003—2008年的稳步增长阶段、2008—2011年下降阶段和2011年后的再次上升阶段。但京津冀污染产业无论是二位数前十行业还是三位数前五行业占全国的份额都有所减少，两者分别从2003年的10.78%、8.22%降至2013年的9.84%、7.23%，均减少约1个百分点，表明京津冀地区污染产业总体在进一步发展的同时有相对转出的趋向。

通过京津冀地级以上13个城市污染产业产值占整个地区污染产业的份额来分析污染产业在该地区的时空分布（图2—图3），可以发现，对于二位数前十污染产业，期初占比10%以上的有北京、天津、唐山和石

[①] 周沂、贺灿飞、刘颖：《中国污染密集型产业地理分布研究》，《自然资源学报》2015年第30卷第7期。

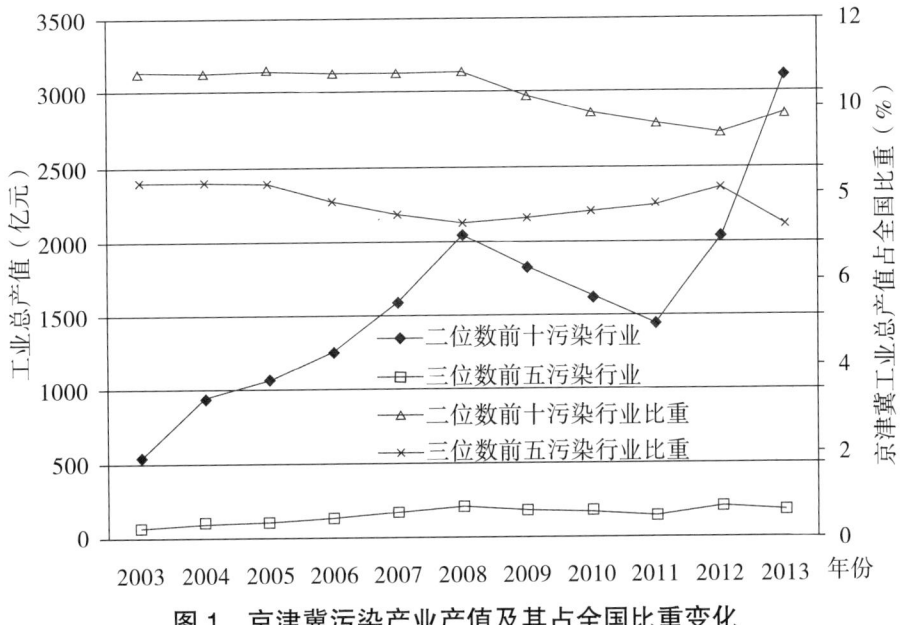

图 1 京津冀污染产业产值及其占全国比重变化

资料来源：根据中国工业企业数据库（2003—2013）绘制。

家庄，之后北京波动性持续下降，2013年份额已从期初的23%降至不足10%，唐山也有类似的表现，天津和石家庄则波动上升，天津大致维持占比20%以上的高份额，其他地市占比变化相对平稳，基本在5%及以下小幅波动，其中邯郸、邢台、秦皇岛、承德和廊坊总体呈下降趋势，沧州、保定、衡水和张家口则有所上升。对于三位数前五污染产业，石家庄一直维持30%左右的高位份额波动，其次是天津在占比20%左右浮动，唐山和邯郸有渐次上升趋势，北京占比持续下降，从期初的15%降至期末的5%，降幅最大，其他地市与二位数前十污染产业情形相似，基本在5%左右浮动，比较平稳。各城市相对份额及其排位变化表明京津冀地区污染产业存在转移现象，总体而言，京津冀的污染产业呈聚集趋势，在京、津、石（家庄）、邯（郸）及沿轴线区域集聚，整体往东部沿海和往南向内陆变动（图4—图6）。下面将对这种变动的影响因素作进一步计量分析。

258 / 中国区域发展与生态文明建设研究

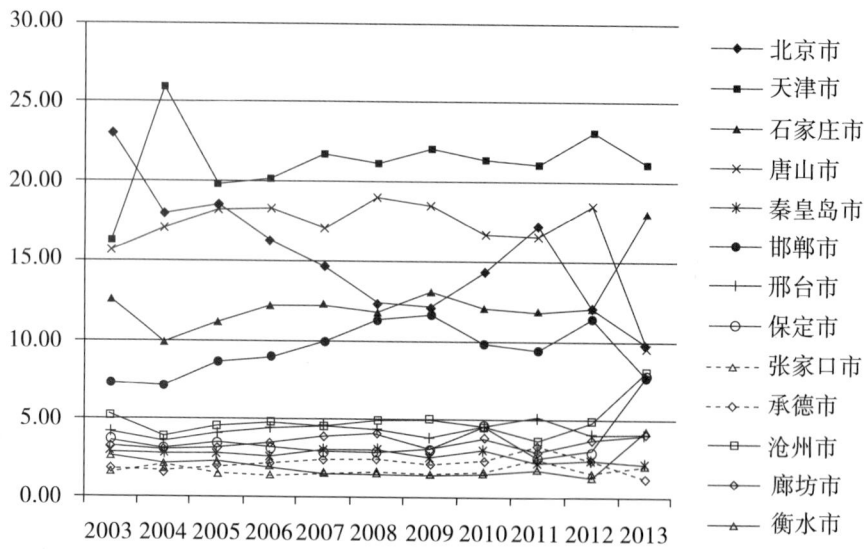

图2 2003—2013年京津冀十三城市二位数十大污染密集型
行业产值比重变化

资料来源：根据中国工业企业数据库（2003—2013）绘制。

排序	2003年	2008年	2013年
1	北京市	天津市	天津市
2	天津市	唐山市	石家庄市
3	唐山市	北京市	北京市
4	石家庄市	石家庄市	唐山市
5	邯郸市	邯郸市	沧州市
6	沧州市	沧州市	保定市
7	邢台市	邢台市	邯郸市
8	保定市	廊坊市	衡水市
9	廊坊市	秦皇岛市	廊坊市
10	秦皇岛市	保定市	邢台市
11	衡水市	承德市	张家口市
12	承德市	张家口市	秦皇岛市
13	张家口市	衡水市	承德市

图3 2003—2013年京津冀十三城市前五位污染密集型行业产值比重变化

资料来源：根据中国工业企业数据库（2003—2013）绘制。

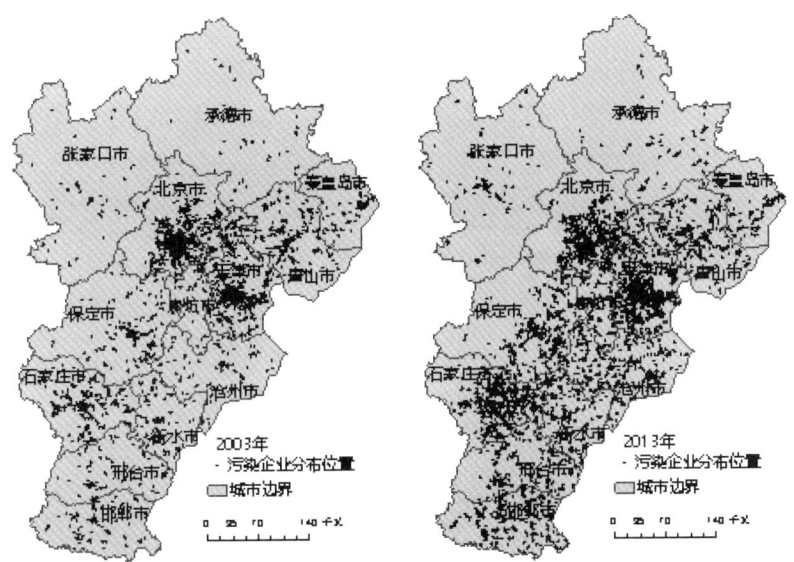

图 4　2003—2013 年京津冀十大二位数污染密集型行业企业分布格局变化

资料来源：根据中国工业企业数据库（2003、2013）绘制。

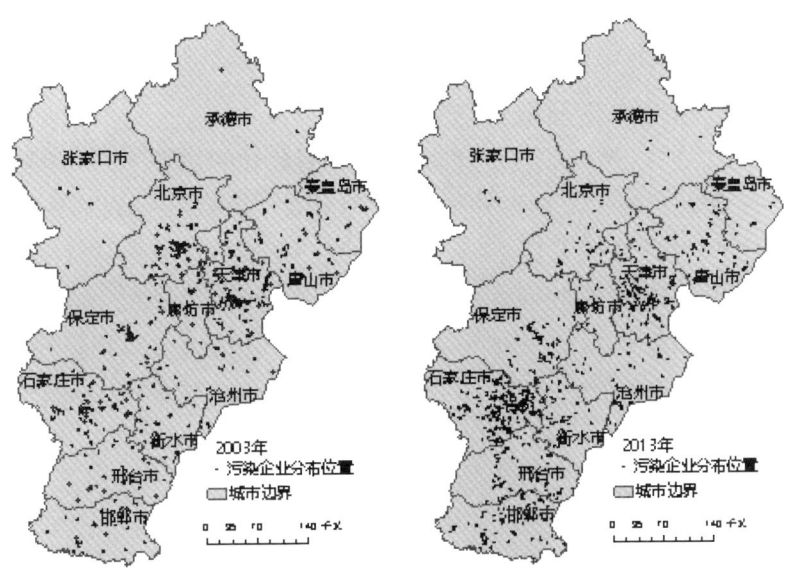

图 5　2003—2013 年京津冀五大三位数污染密集型行业企业分布格局变化

资料来源：根据中国工业企业数据库（2003、2013）绘制。

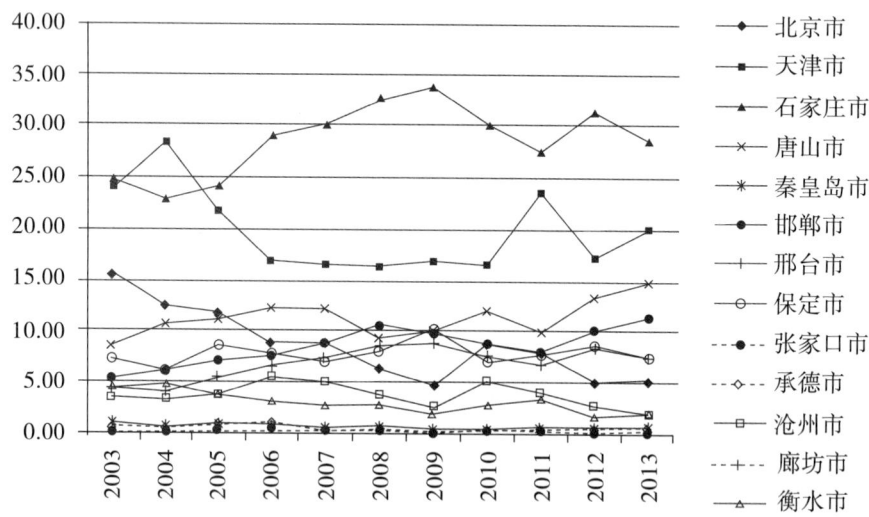

图 6　2003—2013 年京津冀十三城市污染密集型产业比重变化

资料来源：根据中国工业企业数据库（2003—2013）绘制。

三、污染产业转移的影响因素分析

（一）模型设定及变量选择

根据前述各污染产业转移假说，考虑到此处的污染产业具有混合类型属性，因此建模时既要考虑污染产业对资本、技术、劳动和资源因素的影响，也要考虑环境规制带来的成本约束，还要考虑对外开放以及其他控制性变量。研究污染产业转移的文献中，在被解释变量的选择上，有的选用工业增加值（如魏玮等）[1]，有的选择企业新成立率（如周沂等）[2]，也有的用工业产值（如沈静等）[3]。考虑到工业企业数据库有些工业增加值项

---

[1] 魏玮、毕超：《环境规制、区际产业转移与污染避难所效应》，《山西财经大学学报》2011年第 8 期。

[2] 周沂、贺灿飞、刘颖：《中国污染密集型产业地理分布研究》，《自然资源学报》2015 年第 30 卷第 7 期。

[3] 沈静、向澄、柳意云：《广东省污染密集型产业转移机制——基于 2000 —2009 年面板数据模型的实证》，《地理研究》2012 年第 31 卷第 2 期。

缺失不全，企业增减个数并不能完全反映污染产业的产能，而企业的工业总产值项数据基本没有缺失，且该项还能反映企业的真实产能，因此将被解释变量设定为污染产业的工业总产值。又由于通过 Moran's I 指数对各变量进行检验发现都存在显著的全局空间自相关，可判定京津冀地区存在空间异质性或空间交互效应，因此本文拟采用空间计量模型来分析污染产业时空演进的作用机制。为了使回归参数能够解释为弹性以及减少异方差问题，对变量取自然对数形式，基准模型设定如下：

$$LnGYCZ_{it}=\beta_0+LnREF_{it}\beta_1+LnOP_{it}\beta_2+LnER_{it}\beta_3+LnX_{it}\beta_4+\mu_i+v_t+\varepsilon_{it} \quad (1)$$

式中，$GYCZ$- 工业总产值，REF- 要素禀赋变量，OP- 对外开放变量，ER- 环境规制变量，X- 控制变量，β_i 为回归系数（向量），ε 为误差项，μ_i 和 v_t 分别是空间固定效应和时期固定效应，i 和 t 分别是区域单元和时期。

空间计量模型通常有多种设定形式，如空间自回归面板模型（SAR）、空间误差面板模型（SEM）和空间面板 $Durbin$ 模型（SDM）等。根据 LsSage 和 Kelley 的研究[①]，在空间计量模型设定上要谨慎对待选择 SAR 或 SEM 模型时的一般检验，并且在实际中有足够的理由选择 SDM 模型，因为 SAR 和 SEM 模型都是 SDM 模型的特殊情况，尤其是可能存在遗漏和纳入变量相关的情况下应采用 SDM 模型。本文尽管已经纳入多个可能变量，但并不能保证遗漏变量的可能性，因此最终的模型设定为 SDM 模型，即：

$$LnGYCZ_{it}=\beta_0+\rho\sum_{j\neq i}^{n}\omega_{ij}LnGYCZ_{it}+LnREF_{it}\beta_1+LnOP_{it}\beta_2+LnER_{it}\beta_3+LnX_{it}\beta_4+\theta_1\sum_{j\neq i}^{n}\omega_{ij}LnREF_{it}+\theta_2\sum_{j\neq i}^{n}\omega_{ij}LnOP_{it}+\theta_3\sum_{j\neq i}^{n}\omega_{ij}LnER_{it}+\theta_4\sum_{j\neq i}^{n}\omega_{ij}LnX_{it}+\mu_i+v_t+\varepsilon_{it} \quad (2)$$

式中，$W=(\omega_{ij})_{n\times n}$- 空间权重矩阵，$\rho$- 空间自回归系数，$\theta_i$- 空间回归系数（向量），$\varepsilon$ 为误差项，i 和 t 分别是区域单元和时期，其他同模型（1）。

1. 要素禀赋（REF）。根据资源禀赋理论，污染产业的空间分布会

---

① LeSage, J. and Kelley P. Introduction to Spatial Econometrics. CRC Press, 2009.

受地区资源禀赋如资源、资本、劳动和技术等要素丰裕程度影响,因此选取相关变量来分析要素禀赋对污染企业选址的影响:一是资源禀赋要素(NR),根据周沂等的做法[①],以采掘业从业人数占本地总从业人数比表示,具体操作时包括二位数为06—12开头的采掘行业;二是资本禀赋要素(Cap),根据周沂等的做法以加总企业固定资产净值年平均余额占本地GDP比重表示;三是技术要素(TFP),采用Yang和He的方法计算企业全要素生产率并以企业人数加权平均得到地区TFP,[②] 其中企业全要素生产率采用半参数的OP方法,模型为 $TFP_{it} = ln\ VA_{it} - \beta_l ln L_{it} - \beta_k ln K_{it}$,式中 VA 为企业的工业增加值;资本 K 用企业固定资产净值年平均余额表示,劳动力 L 以全部从业人员年平均人数表示;四是劳动力要素(Lbr),以职工年平均工资衡量劳动成本。

2. 对外开放(OP)。选择实际利用FDI额(FDI)和出口交货值($Expt$)来衡量全球化下对外开放因素对污染企业选址影响。

3. 环境规制(ER)。各污染产业转移假说几乎都涉及环境规制的影响,也是本文关注的重要变量之一。环境规制直接度量一般较为困难,因此现有文献多以替代变量代理。综合相关文献成果[③],本文选取 SO_2 去除率和废水排放达标率等权重合成指数衡量区域环境规制的强度。

4. 控制变量(X)。污染产业分布与地区的属性特征密切相关,本文将其纳入控制变量,包括集聚经济(用城市该产业的企业数除以城市企业总数 Agg 衡量)、经济发展水平用人均 GDP 衡量($GDPP$),基础设施用货运周转量($Tran$)衡量。所有变量如表1所示。

5. 空间权重矩阵 W。空间权重矩阵是空间计量分析中的关键环节,

---

① 周沂、贺灿飞、刘颖:《中国污染密集型产业地理分布研究》,《自然资源学报》2015年第30卷第7期。

② Yang R D, He C F. The Productivity Puzzle of Chinese Exporters: Perspectives of Local Protection and Spillover Effects. Papers in Regional Science, 2014(2).

③ 仇方道、蒋涛、张纯敏等:《江苏省污染密集型产业空间转移及影响因素》,《地理科学》2013年第33卷第7期。周沂、贺灿飞、刘颖:《中国污染密集型产业地理分布研究》,《自然资源学报》2015年第30卷第7期。黄志基、贺灿飞、杨帆、周沂:《中国环境规制、地理区位与企业生产率增长》,《地理学报》2015年第10期。

根据 Anselin 等的研究[①]，本文采用简单的地区二值邻接矩阵为基本权重矩阵，同时用地区中心城市间高速公路距离平方倒数构建空间权重进行敏感性/稳健性分析。

根据表1变量将模型（2）改写为矩阵形式并整理得模型（3）：

$LnGYCZ=(I_n-\rho W)^{-1}[l_n\beta_0+(I_n\beta_1+W\theta_1)LnNR+(I_n\beta_2+W\theta_2)LnCap+(I_n\beta_3+W\theta_3)LnTFP+(I_n\beta_4+W\theta_4)LnLbr+(I_n\beta_5+W\theta_5)LnFDI+(I_n\beta_6+W\theta_6)LnExpt+(I_n\beta_7+W\theta_7)LnER+(I_n\beta_8+W\theta_8)LnAgg+(I_n\beta_9+W\theta_9)LnGDPP+(I_n\beta_{10}+W\theta_{10})LnTran]+\mu+\nu+\varepsilon$ （3）

进一步简化为

$LnGYCZ=(I_{NT}-\rho W)^{-1}[I_{NT}\beta_0+(I_{NT}\beta+W\theta)Z+\mu+\nu+\varepsilon]$ （4）

式中，l_n表示$n\times1$单位向量，I_n表示$n\times n$单位矩阵，I_{NT}表示$NT\times NT$单位矩阵，$\beta=(\beta_1,\beta_2,......,\beta_{11})'$，$\theta=(\theta_1,\theta_2,......,\theta_{11})'$，$Z=(LnNR,LnCap,LnTFP,LnLbr,LnFDI,LnExpt,LnER,LnAgg,LnGDPP,LnTran)'$。

式（4）对第 k 解释变量求导，则有

$S_k(W)=\delta LnGYCZ/\delta z_k=(I_{NT}-\rho W)^{-1}(I_{NT}\beta_k+W\theta_k)$ （5）

根据 LeSage 和 Kelley 的研究[②]，式（5）右边矩阵中所有元素之和的均值为总效应$\overline{M}(k)_{总}$，其对角元素之和平均值和非对角元素行之和平均值分别为相应解释变量变化所引起的直接效应$\overline{M}(k)_{直接}$和间接效应（或空间溢出效应）$\overline{M}(k)_{间接}$，而直接效应与对应变量的回归系数$\hat{\beta}_k$之差为反馈效应，反馈效应度量了解释变量变动影响邻近区域，再反馈到本区域的程度。即

$\overline{M}(k)_{总}=\frac{1}{n}l_n' S_k(W) l_n$ （6）

$\overline{M}(k)_{直接}=\frac{1}{n}\text{tr}[S_k(W)]$ （7）

$\overline{M}(k)_{间接}=\overline{M}(k)_{总}-\overline{M}(k)_{直接}$ （8）

$\overline{M}(k)_{反馈}=\overline{M}(k)_{直接}-\hat{\beta}_k$ （9）

式中，$\overline{M}(k)_{总}$表示总效应，$\overline{M}(k)_{反馈}$表示反馈效应，l_n表示$n\times1$单位向量，tr表示矩阵的迹。

---

① Anselin L. Spatial Econometrics: Methods and Models. Kluwer, Dordrecht, 1988.
② LeSage, J. and Kelley P. Introduction to Spatial Econometrics. CRC Press, 2009.

表1 变量定义与符号

变量种类	变量名	含义	时期	预期符号
被解释变量	GYCZ	污染产业工业总产值	2003—2013	
资源禀赋变量（REF）	NR	采掘业从业人数占总从业人数比（%）	2003—2013	+
	Cap	企业固定资产净值年平均余额/GDP（%）	2003—2013	+
	TFP	城市生产率	2003—2013	+
	Lbr	职工平均工资（元）	2003—2013	−
对外开放（OP）	FDI	实际利用FDI额度（万美元）	2003—2013	+
	Expt	年出口交货值（万美元）	2003—2013	+
环境规制（ER）	ER	SO_2去除率（去除量/总量）与工业废水排放达标率（达标量/总量）的均值	2003—2013	−
控制变量（X）	Agg	集聚经济（用城市该产业的企业数除以城市企业总数）	2003—2013	+
	GDPP	经济发展水平，用人均GDP测量（元）	2003—2013	+
	Tran	基础设施水平，用货物周转量表示（吨）	2003—2013	+

（二）实证结果分析

通过构建2003—2013年微观企业地区汇总数据的混合数据模型，本文实证检验了各类因素对三位数前五大污染产业转移的影响。在实证前，先计算各变量的Pearson相关系数，发现变量间相关系数在0.67以下，表明变量间多重共线性问题并不突出，再采用异方差一致协方差矩阵，对回归结果的标准误差和t统计值修正，以消减模型异方差问题。先估计不含空间效应的基准面板模型，结果如表2。其中，进行了如下固定效应显著性检验：检验H_0：$\mu_i = 0$（$i = 1, \cdots, N$），其似然比（LR）值为184.11（自由度为13，p值为0.000），这表明拒绝零假设并接受空间固定效应是联合显著的；再检验H_0：$\eta_t = 0$（$t = 1, \cdots, T$），其似然比（LR）值为254.68（自由度为11，p值为0.000），这表明拒绝零假设并接受时间固定效应也是联合显著的。LR检验表明模型应包含空间和时间固定效应。因此，以下解释主要基于时空固定效应模型结果。

1. 要素禀赋变量中自然资源禀赋（NR）和资本要素（Cap）均不显著，前者表明靠近能源、原材料产地对污染密集型产生地理分布影响较小或者现代发达的交通等技术使得污染企业对能源原材料源地依赖度大为降

表2 京津冀污染产业转移基准模型回归结果

变量	OLS	空间固定效应	时间固定效应	时空固定效应
截距项	8.2685 (5.5374)***			
LnNR	0.0058 (1.1260)	−0.0564 (−0.8158)	0.0021 (0.6224)	0.0192 (0.6523)
LnCap	−0.2270 (−1.6369)	0.1542 (0.6284)	−0.0053 (−0.0560)	0.1725 (1.6195)
LnTFP	0.2120 (4.5545)***	0.2463 (1.6551)*	0.1875 (4.0982)***	0.1317 (1.9577)**
LnLbr	−0.3486 (−2.3478)**	−0.1110 (−1.7397)*	−0.3529 (−2.3819)**	−0.0869 (1.7411)*
LnFDI	0.0286 (0.5765)	−0.0372 (−0.6581)	0.0840 (1.4861)	−0.0017 (−0.0699)
LnExpt	0.0762 (1.6141)	0.0708 (1.1152)	0.0466 (1.3344)	0.0207 (0.7325)
LnGDPP	0.1521 (1.6909)*	0.4358 (1.9736)**	0.4482 (4.3820)***	0.3866 (3.9381)***
LnTran	0.6690 (10.0569)***	0.1103 (1.7242)*	0.6321 (12.9577)***	0.1593 (3.1789)***
LnER	−0.00781 (1.7027)*	−0.00451 (1.6715)*	−0.0030 (−1.6525)*	−0.0073 (−1.6561)*
LnAgg	1.0582 (10.0243)***	0.8234 (7.3634)***	1.1446 (15.3710)***	1.0678 (19.1152)***
R^2	0.9159	0.7954	0.9593	0.7731
σ^2	0.0872	0.0537	0.0328	(P=0.0090)
LogL	−21.6294	12.4744	47.7629	139.8154
LM_Lag	25.8756 (P=0.000)	92.1577 (P=0.000)	0.9302 (P=0.335)	2.6907 (P=0.101)
LM_Err	50.4532 (P=0.000)	88.4946 (P=0.000)	4.6597 (P=0.015)	0.4391 (P=0.508)
R_LM_Lag	0.5456 (P=0.460)	10.3782 (P=0.001)	5.8866 (P=0.031)	6.7138 (P=0.010)
R_LM_Err	25.1231 (P=0.000)	6.7151 (P=0.010)	9.6162 (P=0.002)	4.4622 (P=0.035)

注：括号里为t值，***、**和*分别表示1%、5%和10%的显著性水平。

低，后者表明京津冀地区的污染产业资本指向并不明显。

2. 技术要素（TFP）显著为正，与预期相符，即污染产业对技术有较高需要，可以发现，污染产业较多地转移和聚集到天津、石家庄等工业基础较好、技术水平较高的地区，北京尽管是污染产业净转出区，但其无论产值还是企业数量占比都很高，而科技水平较低、原有工业水平不高的地区对污染企业的吸引力低。可见，技术和与其密切相关的城市生产率的高低是污染企业选址的重要考虑因素。当然，也有可能是天津、石家庄和北京的环境规制水准虽然很高，但严格规制推动了部分有实力污染企业的创新或技术改进，使之达到当地环保标准而无需迁移。如此则一定程度验证了"波特假说"。

3. 以工资水平表示的劳动力（Lbr）为负，表明大多污染产业企业更多地会选择劳动力成本较低的地区，事实上，京津冀地区污染产业中劳动密集型产业产值占比达 64%（按企业数量计更大，近 70%），因而在布局上有很强的廉价劳动力指向。这与周沂等①研究全国污染产业转移所得结论一致。

4. 对外开放因素中，外商直接投资 FDI 和以企业出口交货值表示的出口因素 Expt 都不显著，表明京津冀地区污染企业吸引外资集聚不明显和污染产业对国外市场依赖不高。事实上，污染产业中外资企业占比不高，且近 10 年来有下降趋势，从 2003 年（1030 家）的 15% 降至 2013 年（970 家）的 12%，产品出口占其总产值比重也较低，从 2003 年的 13% 降至 2013 年的约 6%。"污染天堂"假说在这里似乎难以成立。这与沈静等②发现珠三角仍是"污染避难所"不同。

5. 环境规制因素 ER 显著为负，但系数绝对值较小，表明环境规制严格对污染企业的选址具有一定约束力，但约束力不是很强或者尚处于初级阶段，也有可能是环境的约束促使不少污染企业被迫进行了治污或者技术改造创新降低了污染从而满足当地的环保要求，如果是后者，则"波特假说"再次显现了其解释力。

---

① 周沂、贺灿飞、刘颖：《中国污染密集型产业地理分布研究》，《自然资源学报》2015 年第 30 卷第 7 期。

② 沈静、向澄、柳意云：《广东省污染密集型产业转移机制——基于 2000—2009 年面板数据模型的实证》，《地理研究》2012 年第 31 卷第 2 期。

6. 模型设定是否存在以及采用何种空间相关性形式，需要进行检验，根据 Elhorst 的观点[①]，本文实施拉格朗日乘数空间滞后检验 LM_Lag、空间误差检验 LM_Err 及其稳健性检验量 R_LM_Lag 和 R_LM_Err 的检验结果表明，京津冀地区污染产业的布局存在显著空间相互作用，而且检验结果指向空间 Durbin 模型（SDM）是合适的模型设定形式。这也表明在分析污染产业转移中应考虑空间作用和溢出的影响。表 2 给出了有时空固定效应的空间面板 SDM 回归结果，第 2 列给出了二元邻接权重矩阵下不考虑有偏修正，即直接法的估计结果，第 3 列给出了 Lee 和 Yu 建议进行有偏修正[②]的估计结果。比较第 2、第 3 列可知，考虑有偏修正与否对解释变量和 σ^2 影响很小，但对被解释变量系数 ρ 有较大影响，有偏修正后该系数更为敏感。第 4 列给出了敏感性或稳健性检验，即采用基于反距离平方构建空间权重矩阵并作有偏修正的回归结果。同样发现，解释变量符号与显著性都没有明显变化。因此这里主要基于有偏修正估计结果来分析污染产业转移因素。

表 2 中面板数据的各种 LM 检验结果表明空间效应存在，因而表中回归系数是有偏的，这种有偏性并不能直接比较是否纳入空间效应的模型的估计系数。因为未考虑空间效应的模型，其系数表示解释变量变化对污染产业产值的边际影响，而 SDM 模型的系数并不能直接解释为这种边际影响，而应该对其进行分解。[③]因此，根据公式（6）—（9）对表 3 中有偏修正的估计结果对解释变量变化所引起的直接和间接效应（溢出）进行估算，见表 4。从表 4 中可知，解释变量的直接效应与对应的估计系数（表 3 第 3 列）并不相等，这是前面提到的反馈效应所引起，反馈效应是解释变量的变化对临近区域的影响再反馈到其自身，其组成来源于被解释变量和解释变量二者空间滞后项系数。下面仅对统计显著的变量进行解释。

---

① Elhorst J P. Spatial Econometrics from Cross-sectional Data to Spatial Panes. Berlin Heidelberg: Springer, 2014.
② Lee L F, Yu J. Estimation of Spatial Autoregressive Panel Data Models with Fixed Effects. Journal of Econometrics, 2010（2）.
③ Elhorst J P. Spatial Econometrics from Cross-sectional Data to Spatial Panes. Berlin Heidelberg: Springer, 2014.

表3 京津冀污染产业转移空间 Durbin 模型回归结果

变量	I. 直接法	II. 有偏修正	III. 距离权重
LnNR	0.021691（0.7333）	0.021908（0.8114）	0.03136（0.9401）
LnCap	0.134842（1.1698）	0.135570（1.2884）	0.12450（1.6079）
LnTFP	0.04451（1.7640）*	0.055743（1.6507）*	0.227742（2.9570）***
LnLbr	−0.245728（1.7108）*	−0.263275（−1.7303）*	−0.169932（−1.7745）*
LnFDI	0.007724（0.3001）	0.009061（0.3855）	−0.013170（−0.4555）
LnExpt	0.023796（0.8438）	0.021088（0.8184）	0.053273（1.6181）
LnGDPP	0.267878（2.4746）**	0.261548（2.6464）***	0.373399（3.1192）***
LnTran	0.068804（1.7309）*	0.064398（1.7591）*	0.145968（2.5797）**
LnER	−0.005978（−1.7182）*	−0.006409（−1.7737）*	−0.006140（−1.7139）*
LnAgg	1.056092（17.6013）***	1.060805（19.3559）***	0.978609（14.2778）***
W*LnNR	0.055585（0.9602）	0.055365（0.8730）	0.016300（0.2262）
W*LnCap	−0.045865（−0.1810）	−0.055051（−0.1984）	−0.038120（−0.1573）
W*LnTech	0.247330（2.6169）***	0.241768（2.3353）**	0.009130（0.1793）
W*LnLbr	1.485117（3.2997）***	1.457793（2.9566）***	0.235770（0.7836）
W*LnFDI	0.021916（0.5172）	0.021445（0.4620）	−0.021172（−0.4502）
W*LnGDPP	−0.287735（−1.3284）	−0.315444（−1.3316）	−0.472757（−2.3688）**
W*LnTran	−0.188059（−1.5426）	−0.197576（−1.4803）	−0.192501（−2.2408）**
W*LnER	0.029277（0.7904）	0.031757（0.7829）	0.078650（2.0620）**
W*LnExpt	−0.057038（−1.0229）	−0.058196（−0.9527）	0.026938（0.5486）

续表

变量	I. 直接法	II. 有偏修正	III. 距离权重
W*LnAgg	0.506040 (3.5363)***	0.389789 (2.6261)***	−0.701960 (−6.6551)***
ρ	−0.249967 (−2.3712)**	−0.144011 (−1.6638)*	−0.339983 (−6.4949)***
R²	0.9931	0.9930	0.9888
Sigma²	0.0065	0.0078	0.0116
Log_L	155.57	155.58	106.54
# of observation	143	143	143
LR_spatial_lag	28.5454 (P=0.0046)	28.5453 (P=0.0046)	21.8079 (P=0.0050)

注：括号里为 t 值，***、** 和 * 分别表示 1%、5% 和 10% 的显著性水平。

表 4　京津冀地区污染产业转移的各类效应

变量	直接效应	间接效应	总效应	反馈效应	反馈效应占比 (%)
LnNR	0.0215 (0.7418)	0.0481 (0.8201)	0.0696 (1.1076)	−0.000408	−1.90
LnCap	0.1424 (1.2875)	−0.0695 (−0.2704)	0.0729 (0.2381)	0.00683	4.80
LnTFP	0.0412 (1.7096)*	0.2155 (2.3359)**	0.2567 (2.6196)***	−0.014543	−35.30
LnLbr	−0.1927 (−1.8412)*	−0.1306 (−2.9280)***	−0.3233 (−2.8434)***	0.070575	−36.62
LnFDI	0.0081 (0.3234)	0.0188 (0.4656)	0.0269 (0.5223)	−0.000961	−11.86
LnExpt	0.0286 (1.0323)	−0.0591 (−1.0915)	−0.0305 (−0.4916)	0.007512	26.27
LnGDPP	0.2849 (2.6912)***	−0.3232 (−1.7792)*	−0.0383 (−0.1610)	0.023352	8.20
LnTran	0.0728 (1.6572)*	−0.1863 (−1.6720)*	−0.1134 (−1.7540)*	0.008402	11.54
LnER	−0.0079 (−1.7490)*	0.0300 (1.8438)*	0.0221 (1.6879)*	−0.001491	18.87
LnAgg	1.0441 (17.3495)***	0.2221 (2.5813)***	1.2662 (15.467)***	−0.016705	−1.60

注：括号里为 t 值，***、** 和 * 分别表示 1%、5% 和 10% 的显著性水平。

由城市生产率反映的技术水平变量 TFP 的直接效应为 0.0412，其估计系数为 0.0557，反馈效应为 -0.0145，占直接效应的 -35.3%，负向的反馈效应表明城市生产率受邻域反馈影响减损了部分对本地的直接效应。劳动力 Lbr 负向反馈效应为 0.0705（占 -36.62%），不过这时对直接效应的损减可以削弱高工资对污染产业的挤出影响。集聚 Agg 也产生了负向反馈但极为轻微，仅 -0.0167（占 -1.6%）。经济水平 GDPP 和基础设施 Tran 产生了正向反馈，分别为 0.0233（占 8.2%）和 0.0084（占 11.54%），反馈可以增强本地对污染企业的吸引。而环境规制 ER 的正向反馈则进一步强化了其对本地污染产业的排斥，其大小为 -0.0014（占 18.87%）。其他变量尽管也可以计算出反馈效应，但由于其回归系数或直接效应统计不显著，这里不予讨论。

技术水平变量 TFP 的直接效应为 0.0412，与非空间模型中该变量系数 0.1317 相比，说明后者严重高估。当技术水平即城市生产率每提高 1%，污染产业产值将增加 0.04%。这与新古典经济观点一致，技术进步有助于生产提高，但在空间效应下，由于空间竞争的存在，其对产业的促进作用没有传统模型估计的那么高。劳动力因素 Lbr、经济水平 GDPP、基础设施 Tran 和集聚经济 Agg 的直接效应分别为 -0.1927、0.2849、0.0728 和 1.0441，且在 10% 及以下水平上都显著，与未纳入空间效应的模型系数（表 2 第 5 列）比较，后者都被高估。而环境规制 ER 又被低估。表明存在空间相互作用时，可能形成不正确推断，也说明模型纳入空间效应的必要性。

未纳入空间因素的模型假定无溢出效应，但纳入空间因素后，模型显示空间溢出效应存在且不少因素的溢出效应有较高的显著性。这种间接效应实际上反映了所有地区累积的空间溢出效应。其政策启示意义在于，政策制定者可以了解到自己的相关政策措施在哪些方面以及何种程度对周边地区产生了（溢出）影响。首先，被解释变量空间滞后项显著为负，表明本地污染产业发展变化会对周边地区产生负向影响，即本地与邻域间污染产业有相互抑制作用，这可能体现了相邻地区环境质量的竞争和互相监督，"环境竞次假说"不成立。其次，影响因素方面，生产率 TFP、劳动力 Lbr、经济水平 GDPP、基础设施 Tran、环境规制 ER 和集聚 Agg 的溢出效应分别为 0.2155、−0.1306、−0.3232、−0.1863、0.0300 和 0.2221，且都统计显著，相当于上述变量本地变化 1%，会对临近地区相应地产生 0.22%、−0.13%、−0.32%、−0.18%、0.03% 和 0.22% 的溢出，有正向影响也有负向影响。这对于京津冀全域和各城市有关污染产业发展政策制定都有很好的启示，对于全域来讲，为了更加合理化布局污染产业，既要有针对全域的调控政策，更要有协调好各城市的措施，建立地区间的生态环境补偿机制；对于各城市来讲，要关注自身的政策措施可能引发临近区域的连锁反应，协调好与周边地区的环保协作合作机制。

总效应是直接效应与溢出效应之和，它提供了考察污染产业影响因素的另一种方式。总效应既表示某个解释变量受某个地区污染产业（产值）变化影响而对所有地区的冲击效应，也表示所有地区污染产业（产值）的变化如何影响某个地区污染产业（产值）的变动。有 5 个反映地区特征的变量其总效应统计上显著，其中生产率 TFP 对地区污染产业发展具有显著的正向总效应 0.2567，其中空间溢出贡献最大，达 84%，表明地区生产率的提升对其周边地区污染产业规模提高大有裨益；劳动力 Lbr 显著的负总效应 −0.3233（溢出贡献 40%）表明劳动成本对本地区和邻域发展污染产业都有排斥作用；基础设施 Tran 的总效应显著为负，而直接效应为正，表明良好的基础设施对本地发展污染产业有利，而于邻域而言有很强的抑制作用；环境规制 ER 有显著的正向总效应，与负向的直接效应相反，表明本地严格的规制会对邻域吸引污染企业产生积极影响，也表明地区间建立合理环境补偿机制的必要性，严格环境规制并配以补偿措施，可以刺激污染企业减污减排的技术创新，这反映了波特假说的正确；最后，集聚 Agg 的总效应显著为正，溢出贡献率 18%，表明京津冀城市尺度的集聚对污染产业的发展布局映证了马歇尔外部性的逻辑。

四、结论与讨论

本文利用 2003—2013 年中国工业企业数据库和相关统计资料，分析探讨了特大城市群京津冀地区污染产业转移的时空分布特征及其决定因素，发现：京津冀污染产业经历了增长—下降—上升三个发展阶段，其产值规模总体提高的同时在全国有相对转出趋势；京津冀地区内部污染产业正在经历空间结构大调整，北京份额持续下降，邯郸、邢台、秦皇岛、承德和廊坊等的份额也有一定下降，天津、石家庄、沧州、保定和衡水等的份额则有上升趋势，产业呈聚集趋势，在京、津、石（家庄）、邯（郸）及沿轴线区域集聚，整体往东部沿海和往南方内陆变动。京津冀污染产业转移的时空分布受多种因素影响，资源禀赋要素方面，污染产业转移分布受技术要素和劳动成本影响深刻，但对自然资源禀赋依赖性低，污染产业的资本指向也不明显；对外开放因素对京津冀污染产业转移分布影响不明显，"污染天堂"假说在此难以成立；环境规制对京津冀污染产业分布有一定限制但约束力不强，可能存在"波特假说"中更严的规制可刺激污染企业技术创新的因素。污染产业转移分布分析应考虑空间交互作用，空间效应的纳入一方面显示"环境竞次假说"不成立，另一方面纠正了变量因素影响的有偏结果，并证实了生产率、劳动力、经济发展、基础设施、环境规划和集聚经济等因素存在空间溢出，并通过回路形成反馈效应影响本地产业发展。

从研究结论可得到如下启示：（1）着力落实"新发展理念"，推动污染企业技术创新，促进绿色发展转型，最大限度降低环境压力；（2）环境规制直接效应弱负以及间接效应和总效应弱正，表明环境规制对各地污染产业发展约束力尚不够强，因此一方面要继续制定更严格的环境规制，另一方面要强化环境规制的执行与监督，确保治污措施到位，从规制角度强力推进京津冀污染企业的升级或转移；（3）环境规制具有正向空间溢出效应，为避免各地环境竞次竞争，在京津冀地区建立合理环境补偿机制及有关财政转移支付机制具有重要意义；（4）利用京津冀协同发展战略和雄安新区建设的重大契机，加强三地污染产业生态产业链的建设，从产业链角度整体促进京津冀地区向高端价值链转型升级，实现空间优化布局。

总的来说，京津冀地区污染产业时空格局发生了明显的演变，伴随产业时空结构的调整，污染的空间分布也发生了变化。因此，在经济加速转型和未来雄安新区战略快速推进时期，以结构升级、技术创新为主导的污染产业时空分布的调整，对京津冀打造世界级城市群和雄安新区的产业发展将产生极其重要的影响。本文从污染产业产值地区分布的视角来研究污染产业的转移，然而污染产业的布局与时空演进影响机制复杂，会受到多种因素交织复合以及空间相互作用的影响。因数据资料等限制，本文仅选取国务院公布的污染产业三位数中前五位产业进行了计量分析，没有区分不同行业，比较粗略，尽管揭示了一些特征但不太全面。在京津冀协同发展战略和国家推进雄安新区建设的大背景下，污染产业转移分布、转型升级的研究议题会成为重要的热点，如何从永续发展的视角来认识产业时空结构演进带来的污染问题以及相关的政策解决方案还需要进一步深入探索。

[原载《西南民族大学学报（人文社会科学版）》
2018年第2期，与文余源合著]